权威·前沿·原创

皮书系列为

“十二五”“十三五”国家重点图书出版规划项目

智库成果出版与传播平台

深圳经济发展报告（2020）

ANNUAL REPORT ON THE DEVELOPMENT OF SHENZHEN ECONOMY(2020)

主　编／吴定海
副主编／董晓远

社会科学文献出版社
SOCIAL SCIENCES ACADEMIC PRESS (CHINA)

图书在版编目（CIP）数据

深圳经济发展报告．2020/吴定海主编．--北京：
社会科学文献出版社，2020.8
（深圳蓝皮书）
ISBN 978-7-5201-6900-4

Ⅰ．①深…　Ⅱ．①吴…　Ⅲ．①区域经济发展-研究报告-深圳-2020 ②区域经济-经济预测-研究报告-深圳-2020　Ⅳ．①F127.653

中国版本图书馆 CIP 数据核字（2020）第 128091 号

深圳蓝皮书
深圳经济发展报告（2020）

主　　编／吴定海
副 主 编／董晓远

出 版 人／谢寿光
责任编辑／张丽丽
文稿编辑／李吉环

出　　版／社会科学文献出版社·城市和绿色发展分社（010）59367143
地址：北京市北三环中路甲 29 号院华龙大厦　邮编：100029
网址：www.ssap.com.cn
发　　行／市场营销中心（010）59367081　59367083
印　　装／天津千鹤文化传播有限公司

规　　格／开 本：787mm×1092mm　1/16
印 张：22.5　字 数：337 千字
版　　次／2020 年 8 月第 1 版　2020 年 8 月第 1 次印刷
书　　号／ISBN 978-7-5201-6900-4
定　　价／128.00 元

本书如有印装质量问题，请与读者服务中心（010-59367028）联系

《深圳经济发展报告（2020）》
编 委 会

主编简介

吴定海　毕业于武汉大学传播学专业，博士，主要研究方向为应用传播与国际传播、经济特区发展战略、现代城市文明等。深圳市社会科学院（深圳市社会科学联合会）党组书记、院长（主席人选），深圳市社会科学研究高级专业技术资格评审委员会主任，《深圳社会科学》与“深圳改革创新丛书”“深圳学派建设丛书”编委会主任，广东省社科联兼职副主席，中国政治学会常务理事，兼任深圳市人文社会科学重点研究基地——现代城市文明研究中心主任。

先后主编了“深圳蓝皮书·经济”“深圳蓝皮书·社会”“深圳蓝皮书·法治”，以及包括《深圳改革创新之路（1978—2018）》《深圳科技创新之路》《深圳生态文明建设之路》等在内的“中国道路的深圳样本”系列丛书。主持起草并组织实施了《深圳市民文明素养提升行动纲要（2017—2020年）》《深圳市创建第五届全国文明城市攻坚行动方案》《深圳新入户市民文明素养培训工作实施方案》等多份政策文件。

董晓远　博士，深圳市社会科学院经济研究所所长，研究员，深圳市政府决策咨询委员会专家。多年来致力于经济增长理论、计量经济学、可计算一般均衡模型等研究，主持或参与了多项市委、市政府重大调研课题。出版专著《反倾销与产业损害预警评估模型》。代表性论文有《经济增长大道模型在宏观经济分析中的作用》《欧美建立“自贸区”对深圳经济的影响研究》。近年来致力于政策效果的定量评估研究。

摘　要

《深圳经济发展报告（2020）》是由深圳市社会科学院组织编撰的年度性报告，是深圳蓝皮书系列的重要组成部分。本年度报告由总报告、宏观经济篇、行业发展篇、“双区”建设篇、城区发展篇五部分组成，提出2019年深圳经济呈现运行总体平稳、发展质量稳步提升的良好势头，对2020年深圳经济、产业、区域发展前景进行了展望，提出了建议。

2019年，面对国内外风险挑战明显上升的复杂局面，深圳坚持以习近平新时代中国特色社会主义思想为指导，深入学习贯彻习近平总书记对广东、深圳工作的重要讲话和指示批示精神，坚持稳中求进工作总基调，坚持新发展理念，坚持以供给侧结构性改革为主线，积极推动经济高质量发展。经济持续平稳增长，规模以上工业增加值增速企稳，固定资产投资保持较快增长，社会消费品零售总额增速平稳，进出口总额降幅收窄；经济结构不断调整优化，第三产业占GDP比重提升，工业和服务业内部结构优化，四大支柱产业占GDP比重持续提升，战略性新兴产业较快增长；质量效益持续提升，人均GDP突破20万元，一般公共预算收入实现较快增长，规模以上工业企业利润呈两位数增长，人均可支配收入再上新台阶。

2020年是深圳建市40周年及“双区”建设全面铺开的关键之年，也是高质量全面建成小康社会和“十三五”规划的收官之年。面对当前复杂严峻多变的外部形势和不断加大的经济下行压力，深圳应化压力为动力，积极进取、迎难而上、攻坚克难，加快推进“双区”建设，全面深化改革开放，力争经济规模合理扩大、经济质量稳步提升，继续抓重点、补短板、强弱项，不断壮大新动能、提升新势能，打造粤港澳大湾区强大核心引擎。

关键词： 深圳市　经济发展　“双区”建设

目　录

Ⅰ　总报告

Ⅱ　宏观经济篇

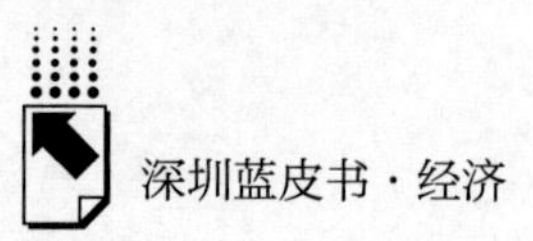

Ⅲ 行业发展篇

Ⅳ “双区”建设篇

Ⅴ 城区发展篇

皮书数据库阅读使用指南

总 报 告

General Report

B.1 深圳经济运行平稳 发展质量稳步提升

胡雪涛　夏 婧　董晓远*

摘 要： 2019年，深圳经济持续平稳增长，经济结构不断优化，质量效益持续提升，主要经济指标排名在国内可比城市中位居前列；2020年，面临新冠肺炎疫情及国际经贸格局变化等严峻挑战，深圳必须积极进取、迎难而上，确保经济规模合理扩大，经济质量稳步提升。

关键词： 深圳市　经济质量　经济指标

* 胡雪涛，深圳市统计局副处长，主要研究方向为经济学；夏婧，深圳市工业和信息化局主任科员，主要研究方向为经济统计学；董晓远，深圳市社会科学院经济研究所所长、研究员，主要研究方向为宏观经济学、经济计量学。

2019年是新中国成立70周年，是深圳先行示范区建设的开局之年。面对国内外风险挑战明显上升的复杂局面，深圳坚持以习近平新时代中国特色社会主义思想为指导，深入学习贯彻习近平总书记对广东、深圳工作的重要讲话和指示批示精神，坚持稳中求进工作总基调，坚持新发展理念，坚持以供给侧结构性改革为主线，积极推动高质量发展，扎实做好“六稳”工作，经济运行总体平稳，发展质量稳步提升。

一　经济持续平稳增长

初步核算，2019年深圳地区生产总值为26927.09亿元（以广东省统计局第四次经济普查数据修订的2018年地区生产总值为基数），按可比价计算①，比上年（下同）增长6.7%（见图1），比全国和全省分别高0.6个和0.5个百分点。在外部风险挑战明显增多的复杂局面下，深圳经济平稳运行，成绩来之不易。

分产业看，第一产业增加值为25.20亿元，增长5.2%；第二产业增加值为10495.84亿元，增长4.9%；第三产业增加值为16406.06亿元，增长8.1%。

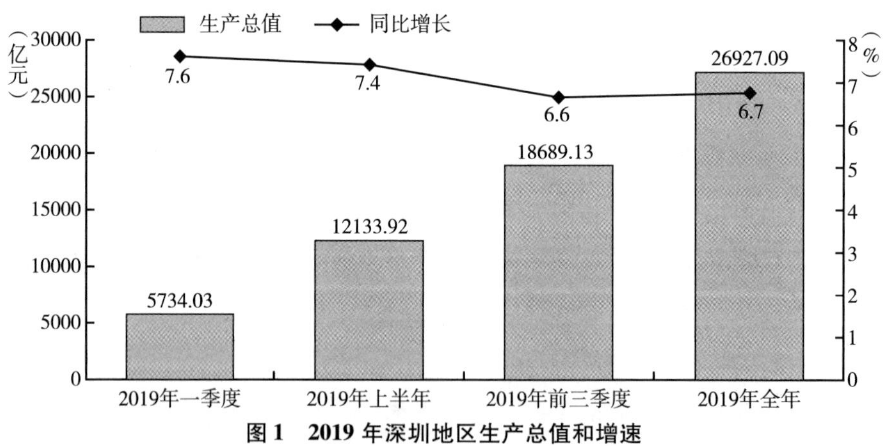

图1　2019年深圳地区生产总值和增速

资料来源：深圳市统计局。

① 本地生产总值及其分类项目、规模以上工业增加值及其分类项目、七大战略性新兴产业增长速度按可比价计算，为实际增长速度；其他指标除特殊说明外，按现价计算，为名义增长速度。

分行业看，农林牧渔业增加值为25.98亿元，增长4.7%；工业增加值为9587.94亿元，增长4.4%；建筑业增加值为930.01亿元，增长10.8%；批发和零售业增加值为2536.04亿元，增长3.5%；交通运输、仓储和邮政业增加值为765.50亿元，增长7.8%；住宿和餐饮业增加值为447.70亿元，增长3.1%；金融业增加值为3667.63亿元，增长9.1%；房地产业增加值为2284.48亿元，增长8.7%；其他服务业①增加值为6681.82亿元，增长9.6%。

分区域看，福田区生产总值为4546.50亿元，增长7.2%；罗湖区为2390.26亿元，增长6.8%；盐田区为656.48亿元，增长8.2%；南山区为6103.69亿元，增长7.6%；宝安区为3853.58亿元，增长6.6%；龙岗区为4685.78亿元，增长8.1%；龙华区为2510.77亿元，增长2.5%；坪山区为760.87亿元，增长8.5%；光明区为1020.92亿元，增长8.0%；大鹏新区为351.44亿元，增长5.5%；深汕特别合作区为46.80亿元，增长23.1%。2019年深圳各区域GDP占全市比重见图2。

（一）规模以上工业增加值增速企稳

2019年，深圳规模以上工业增加值增长4.7%（见图3），比上年回落4.8个百分点，比全国低1.0个百分点，与全省持平。受中美贸易摩擦影响，深圳规模以上工业增加值增速虽然有所回落，但第四季度各月累计增速有企稳迹象。

前十大行业中有七大行业正增长。前十大行业增加值占规模以上工业增加值比重达到87.5%，有七大行业实现正增长，其中计算机、通信和其他电子设备制造业增长5.5%，电气机械和器材制造业增长7.1%，专用设备制造业增长8.9%，石油和天然气开采业增长18.5%，电力、热力生产和供应业增长3.4%，通用设备制造业增长7.2%，医药制造业增长10.2%。

---

① 其他服务业是第三产业中除了交通运输、仓储和邮政业，批发和零售业，住宿和餐饮业，金融业，房地产业之外的其他服务业，是现代服务业的重要组成部分，包括营利性服务业和非营利性服务业。营利性服务业包括信息传输、软件和信息技术服务业，租赁和商务服务业，居民服务修理和其他服务业，文化体育和娱乐业；非营利性服务业包括科学研究和技术服务业，水利、环境和公共设施管理业，教育，卫生和社会工作，公共管理和社会组织，国际组织。

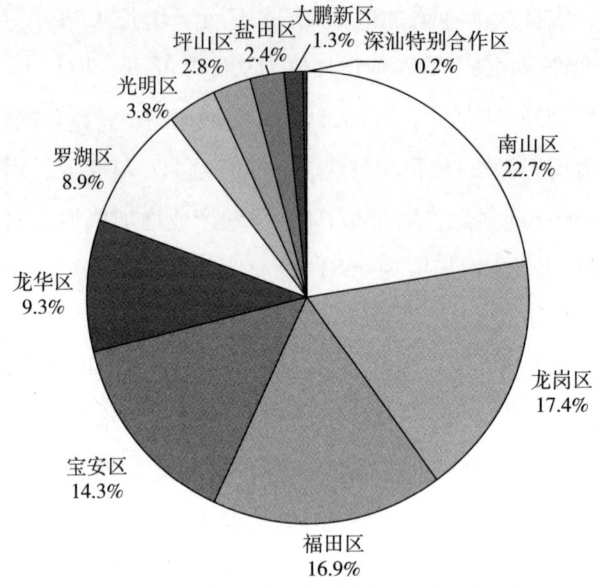

图 2　2019 年深圳各区域 GDP 占全市比重

资料来源：深圳市统计局。

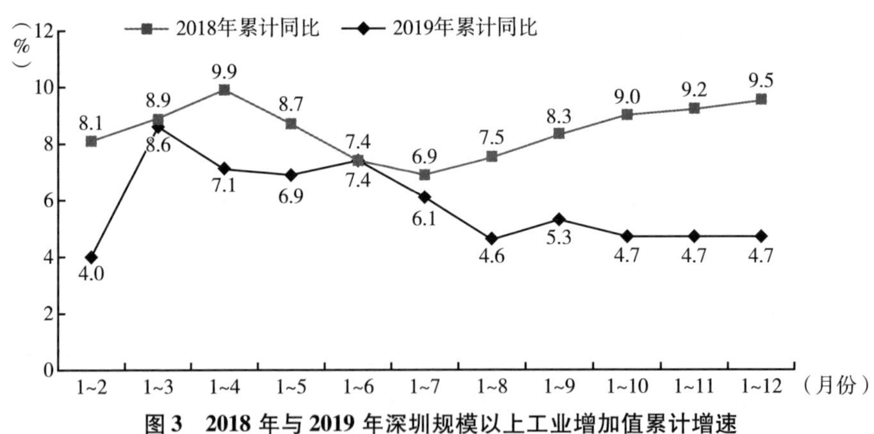

图 3　2018 年与 2019 年深圳规模以上工业增加值累计增速

资料来源：深圳市统计局。

工业百强企业总体保持较快增长。工业百强企业增加值增长 6.3%，高于规模以上工业增加值增速 1.6 个百分点，占规模以上工业增加值比重为 61.8%。工业百强企业中，67 家实现正增长，35 家实现两位数增长。

（二）固定资产投资保持较快增长

2019 年，在基础设施建设、高技术制造以及民生等领域的一大批重大投资项目带动下，深圳固定资产投资增长 18.8%（见图 4），分别高出全国和全省 13.4 个和 7.7 个百分点。

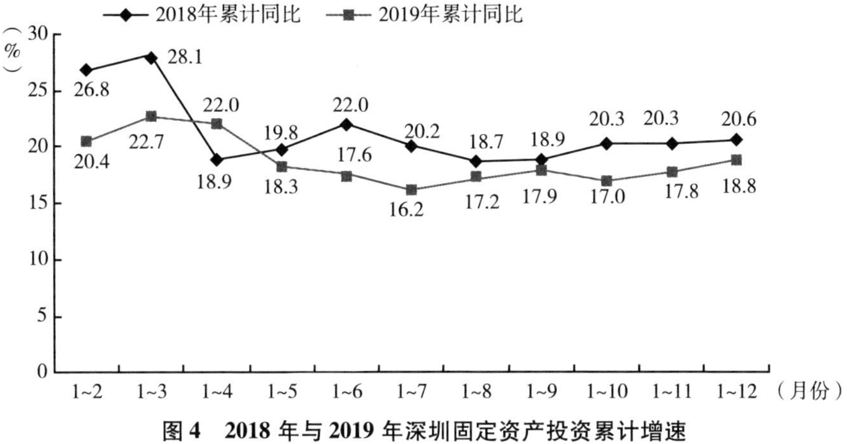

图 4　2018 年与 2019 年深圳固定资产投资累计增速

资料来源：深圳市统计局。

基础设施投资快速增长。从三大投资类别看，基础设施投资增长 33.6%，占固定资产投资比重为 25.8%，比上年提高 2.9 个百分点；房地产开发投资增长 15.9%，占固定资产投资比重为 41.6%，比上年下降 1.1 个百分点；工业投资增长 11.5%，占固定资产投资比重为 14.6%，比上年下降 1.0 个百分点，其中工业技改投资增长 20.7%，占固定资产投资比重为 7.0%，比上年提高 0.1 个百分点。

（三）社会消费品零售总额增速平稳

在深圳非户籍人口比重较高导致部分非户籍人口收入转移至内地其他城市消费、毗邻港澳等特殊的地理位置导致购买力流向境外、较高房价影响居民消费欲望、基本没有大型电商平台、小汽车已经连续五年限购等多重不利因素的影响下，2019 年深圳社会消费品零售总额为 6582.85 亿元（未经第四次经济普查数据修订），增长 6.7%（见图 5），保持较快的增长。其中，批发和零售业为 5754.74 亿元，增长 6.1%；住宿和餐饮业为 828.11 亿元，增长 11.2%。

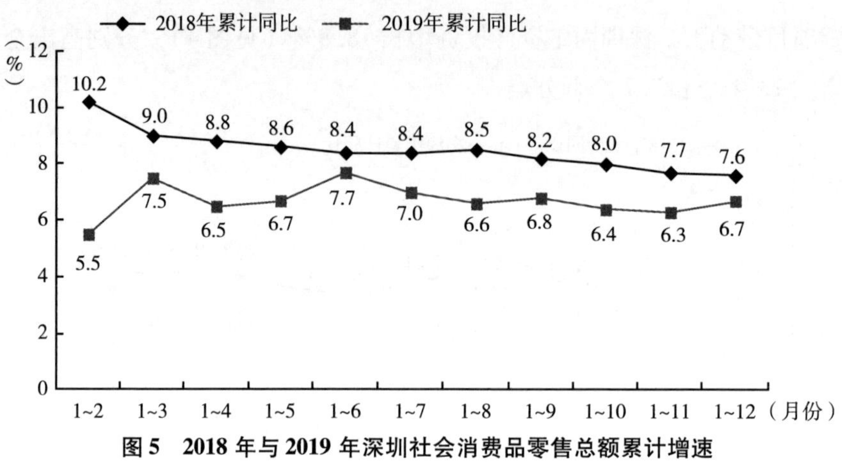

图 5　2018 年与 2019 年深圳社会消费品零售总额累计增速

资料来源：深圳市统计局。

主要商品零售保持较快增长。主要商品零售额中，家用电器和音像器材类增长 15.6%，通信器材类增长 15.3%，烟酒类增长 5.9%，日用品类增长 4.3%，金银珠宝类增长 1.8%。

网上商品零售额高速增长。通过互联网实现的商品零售额为 541.90 亿元，增长 41.4%，高于社会消费品零售总额增速 34.7 个百分点，占社会消费品零售总额的比重为 8.2%，比上年提高 3.0 个百分点，拉动社会消费品零售总额增速提高了 2.6 个百分点。

批发销售额比重持续提升。深圳商品销售总额为 35672.97 亿元，增长 7.8%，其中批发销售总额为 29920.38 亿元，增长 8.2%，占商品销售总额的比重为 83.9%，比上年提高 0.3 个百分点，表明深圳的经济中心城市辐射带动作用进一步增强。

（四）进出口总额降幅收窄

据海关统计，2019 年深圳进出口总额为 29773.86 亿元，下降 0.6%

（见图6），降幅为全年各月累计最小。在深圳处于中美贸易摩擦前沿阵地的背景下，进出口总额与上年相比，没有出现大幅度下降，表明深圳外贸向好的基本面没有改变。

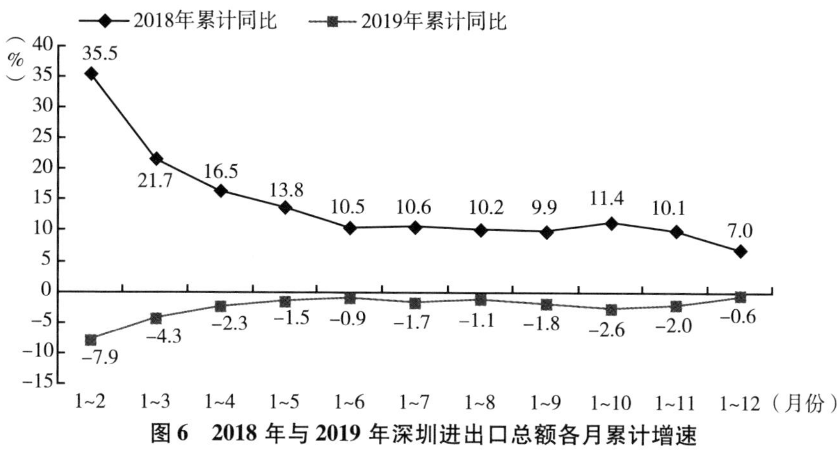

图6　2018 年与 2019 年深圳进出口总额各月累计增速

资料来源：深圳市统计局。

出口总额正增长。2019 年，深圳出口总额为 16708.95 亿元，增长 2.7%（见图7），比上年提高 4.3 个百分点。从出口企业性质来看，国有、“三资”、民营集体及其他企业出口增速分别为 5.8%、−8.4%和 11.7%；

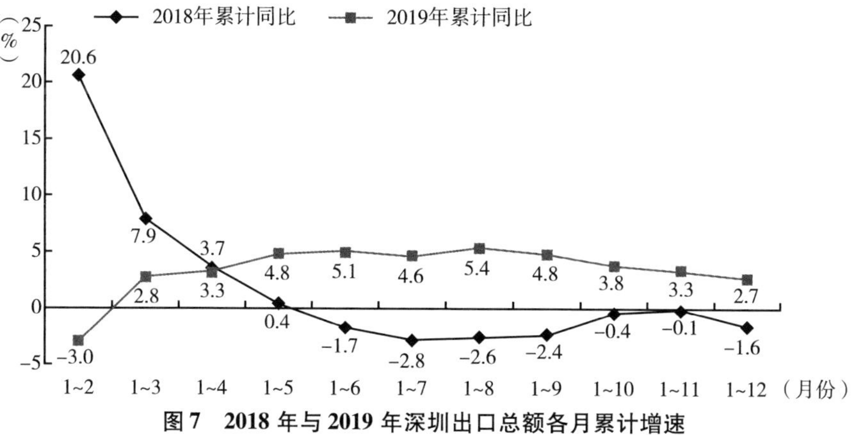

图7　2018 年与 2019 年深圳出口总额各月累计增速

资料来源：深圳市统计局。

从贸易方式来看，一般贸易、进料加工贸易、其他贸易出口增速分别为5.5%、-10.7%和28.4%；从出口地区来看，对中国香港、美国、日本、欧盟出口增速分别为-5.1%、-2.7%、5.4%和15.0%。

进口增速大幅收窄。2019年，深圳进口总额为13064.92亿元，下降4.7%（见图8），降幅总体收窄。从进口企业性质来看，国有、“三资”、民营集体及其他企业进口增速分别为11.9%、-15.8%和1.9%；从贸易方式来看，一般贸易、进料加工贸易、其他贸易进口增速分别为-1.7%、-18.8%和11.6%；从进口地区来看，从中国香港、美国、日本、欧盟的进口增速分别为11.8%、-13.1%、-6.6%和12.2%。

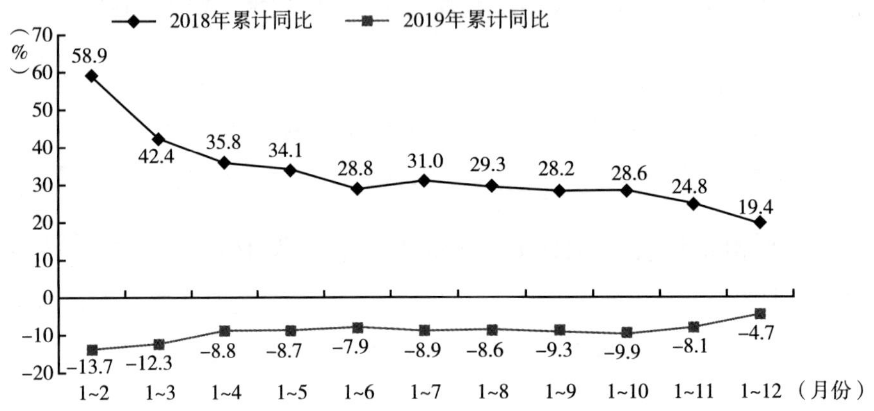

图8　2018年与2019年深圳进口总额各月累计增速

资料来源：深圳市统计局。

二　经济结构不断调整优化

（一）第三产业占GDP比重提升

三次产业结构由2018年的0.1∶39.6∶60.3调整为2019年的0.1∶39.0∶60.9（见图9）。分行业来看（见图10），农林牧渔业占GDP比重为0.1%，与上年持平；建筑业、金融业、住宿和餐饮业、其他服务业占GDP比重分别为

3.5%、13.6%、1.7%、24.8%，分别比上年提高0.3个、0.3个、0.1个、0.6个百分点；工业，批发和零售业，交通运输、仓储和邮政业，房地产业占GDP比重分别为35.6%、9.4%、2.8%、8.5%，分别比上年下降0.9个、0.2个、0.1个、0.1个百分点。

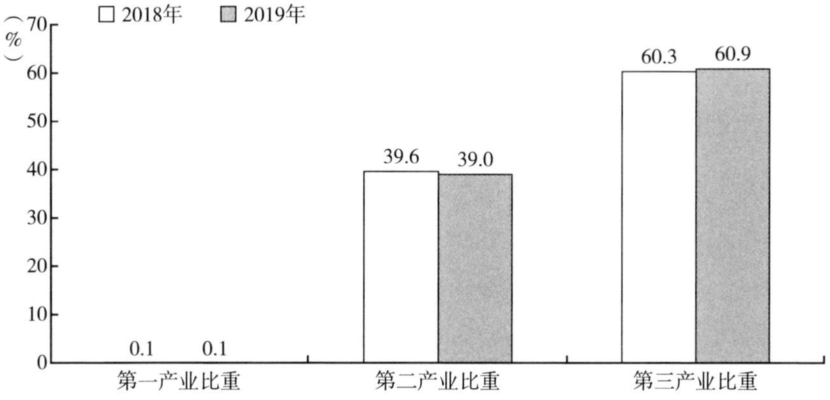

图9　2019年深圳三次产业结构及变化

资料来源：深圳市统计局。

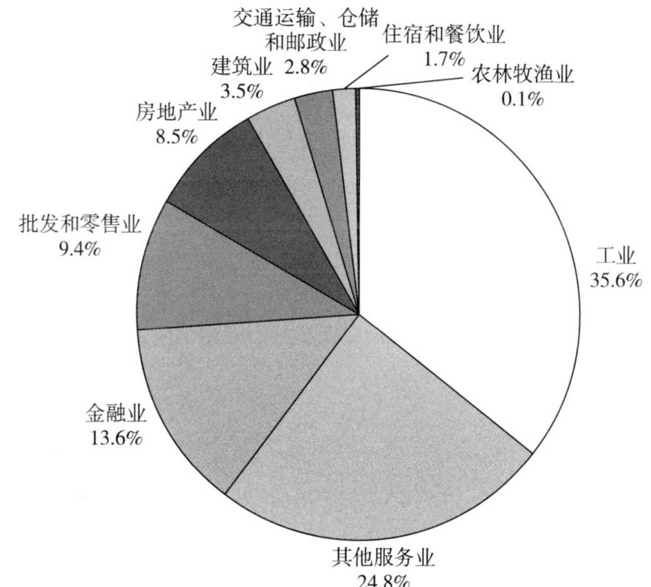

图10　2019年深圳各行业增加值占GDP比重

资料来源：深圳市统计局。

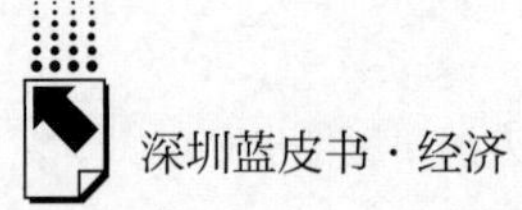

（二）工业和服务业内部结构优化

从工业内部看，先进制造业增加值增长5.5%，高于规模以上工业增加值增速0.8个百分点；高技术制造业增加值增长5.9%，高于规模以上工业增加值增速1.2个百分点。从服务业内部看，现代服务业增加值增长12.0%，高于GDP增速5.3个百分点，高于服务业3.9个百分点。

（三）四大支柱产业增加值占GDP比重持续提升

2019年，深圳四大支柱产业增加值为17487.35亿元，占GDP比重为64.9%，比上年提升1.0个百分点（见图11）。其中，高新技术产业增加值为9230.85亿元，增长11.3%，占GDP比重为34.3%；金融业增加值为3667.63亿元，增长9.1%，占GDP比重为13.6%；文化产业增加值为1849.05亿元，增长18.5%，占GDP比重为6.9%；物流业增加值为2739.82亿元，增长7.5%，占GDP比重为10.2%。

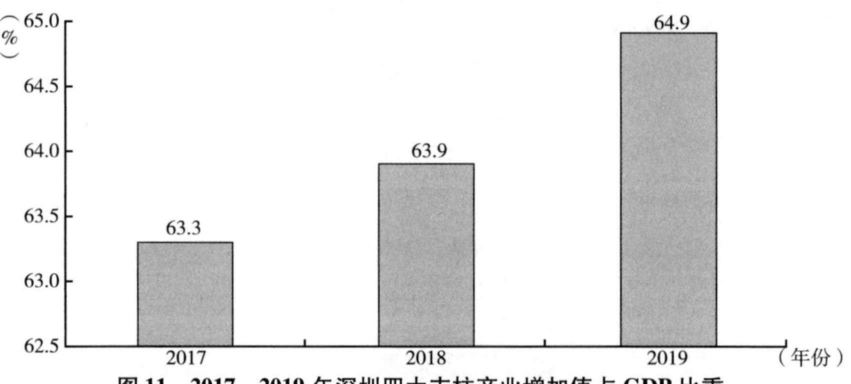

图11　2017～2019年深圳四大支柱产业增加值占GDP比重

资料来源：深圳市统计局。

（四）战略性新兴产业较快增长①

2019年，全市战略性新兴产业增加值突破1万亿元，达到10155.51亿

① 自2018年第一季度，战略性新兴产业统计实行新口径，具体包括新一代信息技术、高端装备制造、绿色低碳、生物医药、数字经济、新材料、海洋经济等七大产业。

元，按可比价计算，增长 8.8%，高于 GDP 增速 2.1 个百分点，占全市 GDP 比重达到 37.7%。其中，新一代信息技术增加值为 5086.15 亿元，增长 6.6%；数字经济为 1596.59 亿元，增长 18.0%；高端装备制造为 1145.07 亿元，增长 1.5%；绿色低碳为 1084.61 亿元，增长 5.3%；海洋经济为 489.09 亿元，增长 13.9%；新材料为 416.19 亿元，增长 27.6%；生物医药为 337.81 亿元，增长 13.3%。

三　质量效益持续提升

（一）人均 GDP 突破20万元

2019 年，全市人均 GDP 达到 20.35 万元，按照平均汇率计算，折合为 2.95 万美元，继续居于内地副省级以上城市首位。

（二）一般公共预算收入较快增长

2019 年，深圳辖区一般公共预算收入为 9424.2 亿元，增长 3.5%，其中地方级收入为 3773.2 亿元，增长 6.5%，比上年提升 0.3 个百分点（见图 12）。

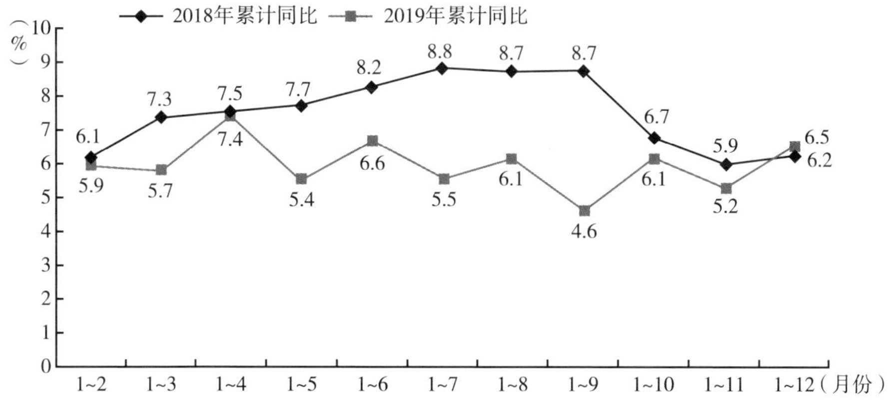

图 12　2018 年与 2019 年深圳一般公共预算收入中地方级收入各月累计增速

资料来源：深圳市统计局。

地方级收入中，税收收入为3067.7亿元，增长5.7%，占地方级收入的比重为81.3%。这充分显示了深圳经济运行稳中有进、稳中提质，以及经济发展的较强韧性和高质量发展态势。

（三）规模以上工业企业利润两位数增长

2019年，深圳规模以上工业企业利润总额增长17.6%（见图13），分别高于全国和全省20.9个和12.0个百分点。工业经济效益综合指数为283.7%，比上年提高24.5个百分点。

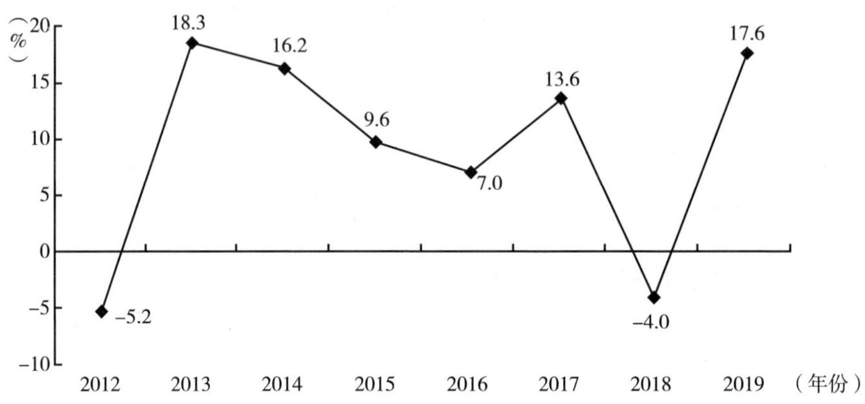

图13　2012～2019年深圳规模以上工业企业利润总额增速

资料来源：深圳市统计局。

（四）规模以上服务业[①]营业收入两位数增长

2019年1～11月，深圳规模以上服务业营业收入增长11.9%，十大行

① 规模以上服务业统计范围包括年营业收入2000万元及以上的交通运输、仓储和邮政业，信息传输、软件和信息技术服务业，水利、环境和公共设施管理业行业门类和卫生行业大类；年营业收入500万元及以上的居民服务、修理和其他服务业，文化、体育和娱乐业行业门类和社会工作行业大类；年营业收入1000万元及以上的其他服务业法人单位。

业门类中有九个门类正增长，五个门类两位数增长。其中，互联网和相关服务营业收入增长15.3%，软件和信息技术服务业营业收入增长21.5%，租赁和商务服务业营业收入增长9.2%。

（五）人均可支配收入再上新台阶

2019年，深圳居民人均可支配收入为62522元（见图14），名义增长8.7%，与上年持平，扣除价格因素实际增长5.1%；人均消费支出为43113元，名义增长6.4%，比上年提高0.6个百分点，扣除价格因素实际增长2.9%。

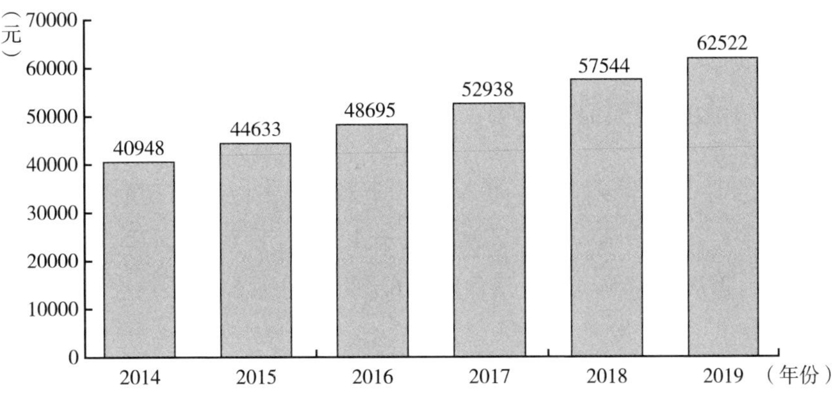

图14 2014～2019年深圳人均可支配收入

资料来源：深圳市统计局。

四 主要经济指标与京沪穗渝对比

（一）GDP继续位居第三，增速位居第二

上海GDP为38155.32亿元，增长6.0%；北京为35371.30亿元，增长6.1%；深圳为26927.09亿元，增长6.7%；广州为23628.60亿元，增长6.8%；重庆为23605.77亿元，增长6.3%（见图15）。

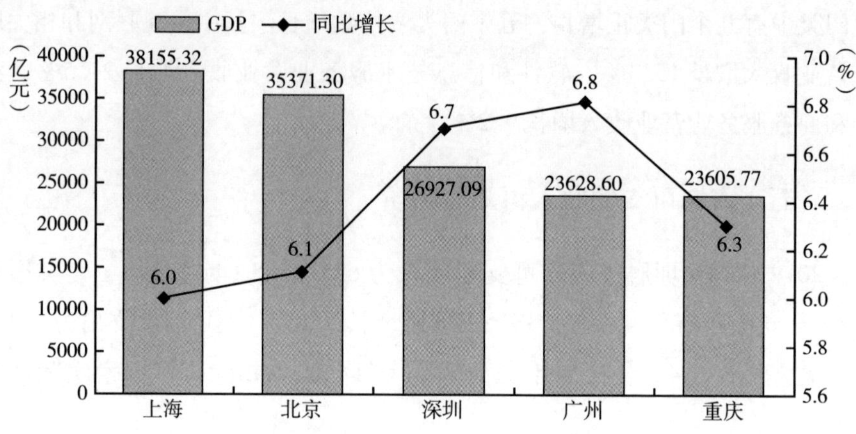

图 15　2019 年内地五大城市 GDP 及增速对比

资料来源：相关城市统计局网站。

（二）工业增加值位居第二，增速位居第三

上海工业增加值为 9670. 68 亿元，增长 0. 4%；北京为 4241. 10 亿元，增长 3. 0%；深圳为 9587. 94 亿元，增长 4. 4%；广州为 5722. 94 亿元，增长 4. 8%；重庆为 6656. 72 亿元，增长 6. 4%（见图 16）。

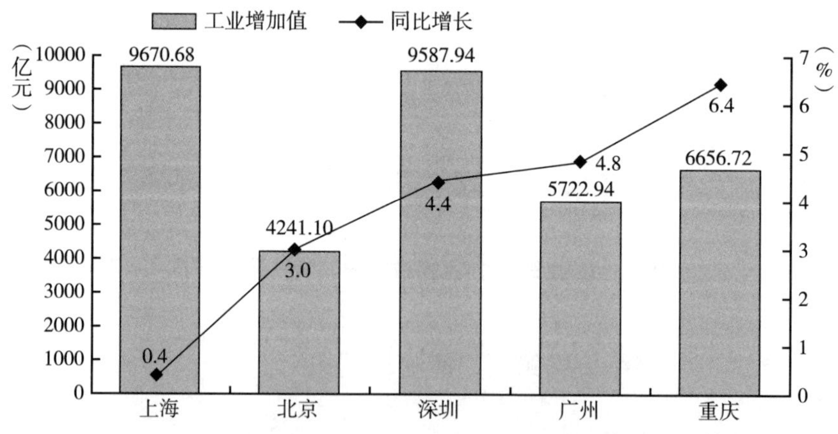

图 16　2019 年内地五大城市工业增加值及增速对比

资料来源：相关城市统计局网站。

（三）固定资产投资增速位居第一

上海固定资产投资增长 5.1%；北京下降 2.4%；深圳增长 18.8%；广州增长 16.5%；重庆增长 5.7%（见图 17）。

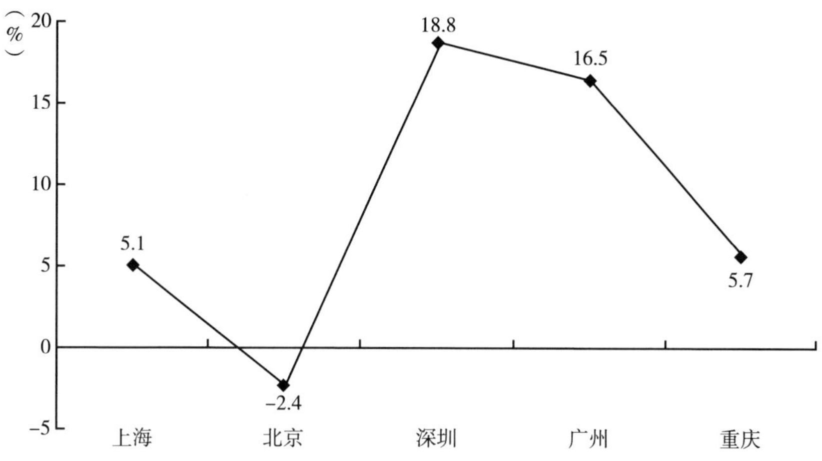

图 17　2019 年内地五大城市固定资产投资增速对比

资料来源：相关城市统计局网站。

（四）社会消费品零售总额位居第五，增速位居第三

上海社会消费品零售总额为 13497.21 亿元，增长 6.5%；北京为 12270.10 亿元，增长 4.4%；深圳为 6582.85 亿元，增长 6.7%；广州为 9975.59 亿元，增长 7.8%；重庆为 8667.34 亿元，增长 8.7%（见图 18）。

（五）一般公共预算收入位居第三，增速位居第一

上海一般公共预算收入为 7165.10 亿元，增长 0.8%；北京为 5817.10 亿元，增长 0.5%；深圳为 3773.21 亿元，增长 6.5%；广州为 1697.21 亿元，增长 4.0%；重庆为 2134.9 亿元，下降 5.8%（见图 19）。

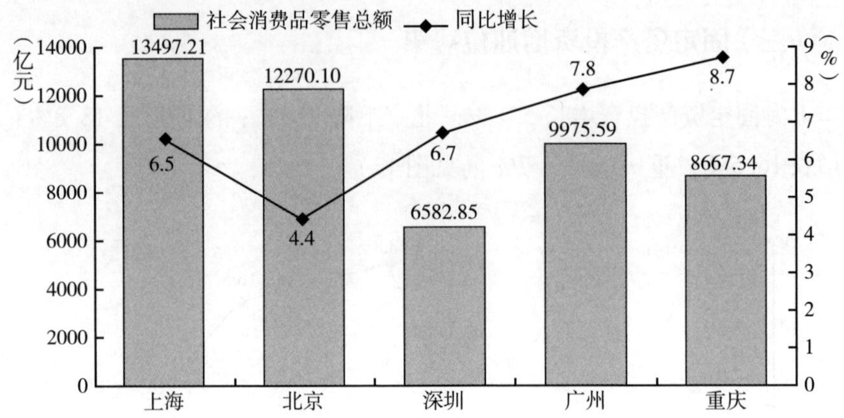

图 18　2019 年内地五大城市社会消费品零售总额及增速对比

资料来源：相关城市统计局网站。

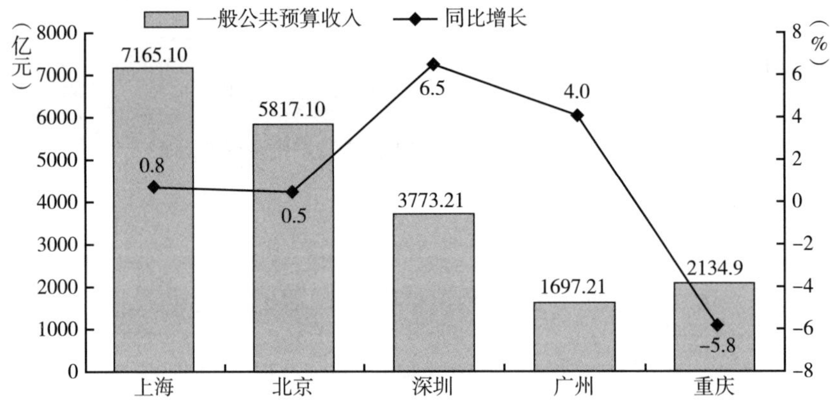

图 19　2019 年内地五大城市一般公共预算收入及增速对比

资料来源：相关城市统计局网站。

（六）进出口总额位居第二，增速位居第五

上海进出口总额为 34046. 82 亿元，增长 0. 1%；北京为 28663. 48 亿元，增长 5. 4%；深圳为 29773. 86 亿元，下降 0. 6%；广州为 9995. 81 亿元，增长 1. 9%；重庆为 5792. 78 亿元，增长 11. 0%（见图 20）。

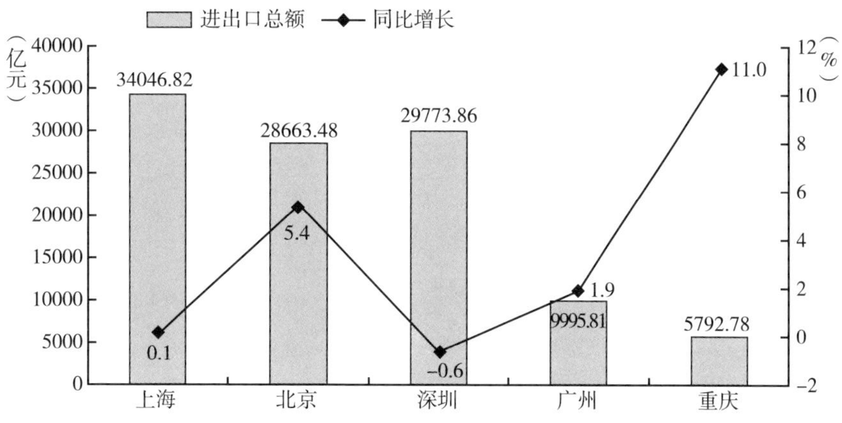

图 20　2019 年内地五大城市进出口总额及增速对比

资料来源：相关城市统计局网站。

出口总额连续 27 年位居内地城市之首，增速位居第三。上海出口总额为 13720.91 亿元，增长 0.4%；北京为 5167.75 亿元，增长 6.1%；深圳为 16708.95 亿元，增长 2.7%；广州为 5257.98 亿元，下降 6.2%；重庆为 3712.92 亿元，增长 9.4%（见图 21）。

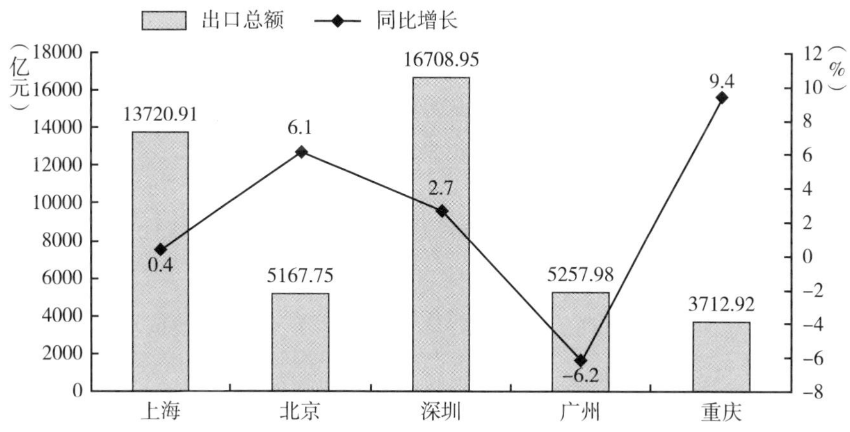

图 21　2019 年内地五大城市出口总额及增速对比

资料来源：相关城市统计局网站。

进口总额位居第三，增速位居第五。上海进口总额为20325.91亿元，下降0.1%；北京为23495.73亿元，增长5.3%；深圳为13064.92亿元，下降4.7%；广州为4737.83亿元，增长12.7%；重庆为2079.86亿元，增长13.8%（见图22）。

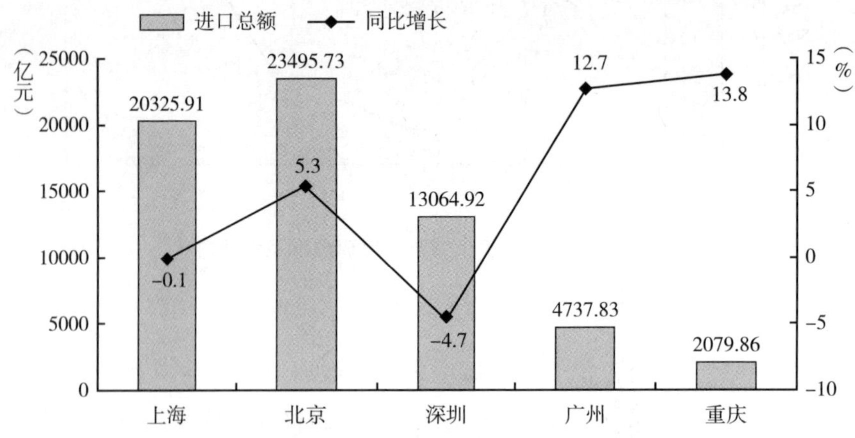

图22　2019年内地五大城市进口总额及增速对比

资料来源：相关城市统计局网站。

五　经济运行中存在的主要问题

（一）中美贸易摩擦影响和企业外迁值得高度关注

受国际经贸格局变动的影响，部分企业原材料进口价格上涨，出口订单减少；部分行业市场需求疲软，企业订单下滑明显，如汽车、消费电子等；部分企业受企业发展用地空间不足等影响，将产能转移外地或境外。

（二）规模以上工业企业杠杆率和成本上升较快

2019年，深圳规模以上工业企业资产负债率为58.5%，虽然比上年下降0.4个百分点，但仍比全国高1.9个百分点。规模以上工业企业财务费用增长11.7%，其中利息支出增长22.7%。

（三）工业投资力度有所减弱

受国内经济下行压力增大的经济环境影响，工业投资力度和民间投资意愿有所减弱。2019 年，深圳工业投资增长 11.5%，低于固定资产投资增速 7.3 个百分点，占固定资产投资的比重为 14.6%，比上年下降 1.0 个百分点；民间投资增长 9.2%，低于固定资产投资增速 9.6 个百分点，占固定资产投资的比重为 43.8%，比上年下降 3.8 个百分点。

（四）新冠肺炎疫情加大经济下行压力

结合历史数据与当前全球新冠肺炎疫情形势来看，新冠肺炎疫情对深圳经济的影响明显大于 2003 年“非典”的影响。受国内疫情影响，2020 年春节假期明显延长，人口流动和聚集被按下暂停键，消费需求大幅降低，餐饮、旅游、电影等服务行业受到严重冲击；务工人员返深、工厂复工、项目建设等均出现不同程度的延迟，企业还面临上下游复工步调不一致、流动性资金短缺等困难。2020 年 3 月起，新冠肺炎疫情在海外快速蔓延，美国、韩国、日本等地区的疫情风险快速上升。深圳的外向型经济特征明显，2019 年深圳出口总额约占全国出口总额的 1/10，工业品外销比重在 40% 左右。在全球疫情不断蔓延的形势下，中国必然难以独善其身，深圳企业面临的原材料短缺、价格上涨、订单减少、物流通关受阻等风险将不断上升。

（五）新一轮原材料涨价潮加速形成

2019 年第四季度开始，电子信息等行业的关键上游材料——被动元器件价格已经开始止跌回升。11 月，深圳工业生产者出厂价格指数（PPI）同比下降 1.1%，工业生产者购进价格指数（IPI）同比下降 1%，这是自 2019 年 4 月以来 IPI 当月同比涨跌幅首次高于 PPI 当月同比涨跌幅。2020 年 1 月和 2 月，深圳工业生产者购进价格指数（IPI）当月同比涨跌幅已连续两个月高于工业生产者出厂价格指数（PPI）当月同比涨跌幅，再次形成“剪刀差”（见图 23）。台湾国巨电子 2020 年 3 月起已将 MLCC 报价和电阻报价调涨50%。新冠肺炎疫情加剧了原材料的供需矛盾，成为原材料价格上涨的“加速剂”。

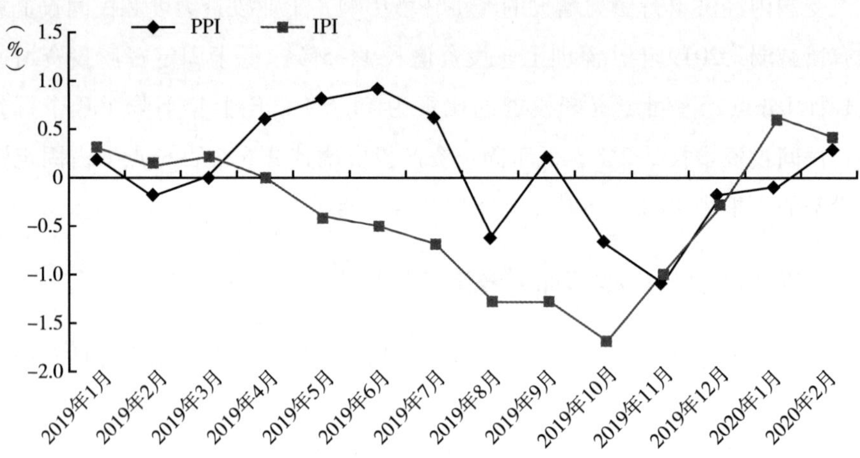

图23　2019年1月至2020年2月深圳PPI和IPI当月同比涨跌幅

资料来源：深圳市统计局。

（六）医疗资源短板亟待补齐

经历过40年的飞速发展，深圳经济创造了举世瞩目的“深圳速度”，但与此同时，深圳的医疗发展却没有紧跟这座城市经济发展和城市发展的步伐，医疗愈发成为深圳的“短板”，与房价和教育一起，成为深圳招商引资、引进人才的“失分项”和亟待补齐的短板。根据《中国卫生健康统计年鉴2019》以及各城市卫健委数据，深圳的三甲医院只有18家，不到北京的1/4、上海和广州的30%，也少于武汉、成都、郑州、太原、长沙等省会城市，医疗机构病床数量也只有北京和上海的1/3、广州和武汉的一半。

六　政策建议

2020年是深圳经济特区建立40周年，是建设粤港澳大湾区和深圳建设中国特色社会主义先行示范区全面铺开、纵深推进的关键之年，是高质量全面建成小康社会和“十三五”规划的收官之年。面对当前复杂严峻多变的外部形势和不断加大的经济下行压力，深圳应化压力为动力，积极进取、迎难而上、攻坚克难，加快推进“双区”建设，全面深化改革开放，确保经济规模合理扩大，经济质量稳步提升，继续抓重点、补短板、强弱项，不断壮大新动能、提升新势能，打造粤港澳大湾区强大核心引擎。

（一）扩内需，稳外需，全力推动经济平稳运行

一是全力抓好企业服务。加快建立系统完善的全市企业服务体系和平台，精准聚焦企业痛点难点，提供针对性服务，尽心尽力服务企业、善待企业、留住企业。着力培养产业生态主导型企业，出台针对“头部企业”和“专精特新”企业的支持政策，打造更多具有核心竞争力的骨干领军企业。二是精准扩大有效投资。强化政府投资的引导作用，加大对创新驱动、生态环保、民生改善等领域的投资力度，加快建设5G、8K人工智能、物联网等新型基础设施。做好重大项目的全流程管理，一对一跟进项目建设进度，协调解决项目推进过程中遇到的问题，争取尽快落地、投产，形成经济新增量。三是推动消费供给升级。加快打造国际消费中心城市，培育时尚消费等新热点，扩大升级信息消费，支持无人零售等新业态发展，繁荣发展夜间经济，发展一批有特色、有品质的消费电子、黄金珠宝、钟表、时装等专业消费市场。四是促进外贸稳定增长。完善贸易摩擦快速协调和应对机制，提升外贸发展稳定性。鼓励企业联合开拓海外市场，扩大出口信用保险覆盖面，为企业境外投资提供专业化的法律、商务、咨询服务。加强通关便捷性，助力企业加大力度进口有利于产业、企业转型升级的先进技术、关键设备和零部件。

（二）聚焦综合授权改革试点，在更高起点、更高层次、更高目标上推进改革开放

一是加快推进综合授权改革试点。坚持系统集成、协同高效、综合试验、先行示范，围绕资本市场改革、放宽市场准入、城市空间统筹利用、教

育体制改革等重点领域谋划一批战略性改革和创新引领型改革。二是深化营商环境改革。全面清理地方性法规、规章及其他规范性文件中妨害公平竞争的相关规定，打造法治化营商环境。深化“放管服”改革，全面优化政务服务流程和方式，推动更多政务服务实现“秒批”。三是开展国际人才管理改革，大力引进、培养、聚集、造就适应和引领高质量发展的国际化高端人才，实行更加开放便捷的境外人才引进和出入境管理制度。

（三）加快建设体现高质量发展要求的现代化产业体系

一是提升制造业发展能级。坚定制造业立市不动摇，实施基础再造工程，打造更加稳固完整、更具国际竞争力的产业链。进一步筑牢制造业根基，激励企业加大投入，突破关键元器件、核心设备、基础软件等领域“卡脖子”技术。大力培育具有国际竞争力的先进制造业产业集群。推动传统制造业向绿色时尚转型升级。强化制造业补链强链稳链延链，瞄准集成电路制造、5G 中高频器件等薄弱环节，集中攻关，提升产业链安全性和自主性。二是狠抓新支柱产业培育。聚焦 5G、人工智能、区块链、新材料、生物医药、数字经济等新兴领域，打造新的经济增长点。三是推动现代服务业发展。重点发展创意设计、数字文化、影视演艺、高端工艺美术等“文化 +”和“互联网 +”新业态，扩大高端旅游产品和服务供给，培育发展会展经济，加快发展会计、律师、科技信息服务、人力资源服务、供应链管理等专业服务业。

（四）持续保障和改善民生，变教育、医疗等短板为发展的潜力板

一是实施就业优先战略。大规模开展职业技能培训，探索扩大失业保险基金支出范围，支持灵活就业和新就业形态发展。二是提供高水平养老服务。健全多层次养老保险体系，推动发展品牌化、规模化、连锁化的社区综合养老服务机构。三是推动教育增量提质。高标准办好学前教育，增加幼儿园学位，扩大公办幼儿园覆盖面。发展更加公平、优质的教育，坚持高强度投入、高水平新建和改扩建公办义务教育学校和普通高中，有效缓解学位紧

张问题。四是完善医疗卫生服务体系。持续推进高水平医院建设，先行先试国际前沿医疗技术，全面推动医院与社康、全科与专科融合发展，促进医教研协同发展。

参考文献

张宇燕主编《2020年世界经济形势分析与预测》，社会科学文献出版社，2020。

田国强等：《中国宏观经济形势分析与预测年度报告（2019—2020）》，https://max.book118.com/html/2019/1230/6045105151002134.shtm。

宏观经济篇

Macro Economy Section

B.2
深圳市2019年固定资产投资形势分析及2020年调控思路*

李璐　彭海城**

摘　要： 2019年，深圳市固定资产投资保持平稳较快增长。其中，基础设施为投资稳增长提供强力支撑，房地产开发投资增速有所回落，工业投资增速有所回升，政府投资和重大项目完成情况良好，投资向原特区外倾斜力度持续加大。2020年，在外部风险挑战和不确定性增多、疫情冲击、宏观经济下行压力加大等多重因素影响下，深圳市固定资产投资稳增长面临巨大挑战，但“双区驱动”的重大历史战

* 自2018年开始，统计局未公布固定资产投资完成绝对数，本报告涉及2018年和2019年的固定资产投资及各领域完成绝对数，均是根据《深圳统计年鉴2018》相关基数和增速推算得到。

** 李璐，经济学博士，中共坪山区委党校教师，主要研究方向为国民经济学；彭海城，经济学博士，深圳市发展和改革委员会主任科员，主要研究方向为投资学。

略落实也将催生大量高质量投资。深圳市应按照统筹做好疫情防控和经济社会发展工作的要求，深化投融资体制改革，推动项目开复工加快建设，优化重点领域投资环境，计划储备一批重大项目，加快在建重大项目建设提速增效，推动固定资产投资平稳较快增长，预计 2020 年全市固定资产投资增长 15% 左右。

关键词： 高质量发展　固定资产投资　深圳经济

2019 年以来，深圳市上下按照建设社会主义先行示范区的要求，坚持以供给侧结构性改革为主线，扎实打好三大攻坚战，继续加大精准投资力度，全市固定资产投资发展态势良好，推动经济社会平稳健康发展。

一　2019年深圳固定资产投资总体运行情况

（一）固定资产投资高位放缓，继续处于较快增长区间

2019 年，深圳市固定资产投资增长 18.8%，显著高于北京（-2.4%）、上海（5.1%）、广州（16.5%）、重庆（5.7%）、天津（13.9%）等大中型城市，比全国（5.4%）和全省（11.1%）分别高 13.4 个和 7.7 个百分点，处于较快增长区间。从规模上看，全年完成固定资产投资 7355 亿元，继续在广东省地级以上城市投资规模排名中保持第一（见图 1）。2019 年，全市固定资产投资强度达到每平方公里 3.68 亿元，固定资产投资率为 25.6%，继续稳定在相对合理区间。

（二）房地产开发投资增速有所回落

2019 年，深圳房地产开发投资同比增长 15.9%（见图 2），比上年

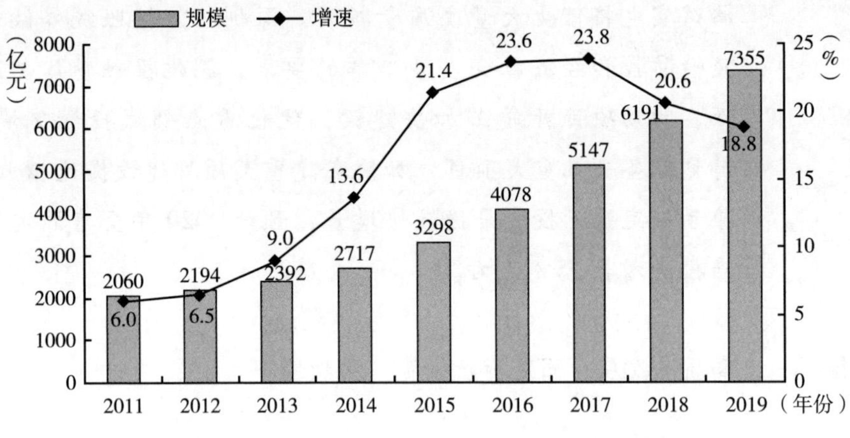

图1　2011～2019年深圳市固定资产投资规模及增速

注：本报告所有图表数据均来源于深圳市统计局网站或由网站公布数据推算得到。

（23.6%）回落7.7个百分点，比全国（9.9%）和全省（10%）分别高6.0个和5.9个百分点。从规模上看，全年完成房地产开发投资约3060亿元，其中建安工程投资占比约42.8%，比上年同期下降约9个百分点。2019年房地产施工面积为6747.7万平方米，同比增长18.2%，比上年同期（21.9%）低3.7个百分点；商品房屋竣工面积为651万平方米，同比增长77.7%，比上年同期（4.3%）增长73.4个百分点。

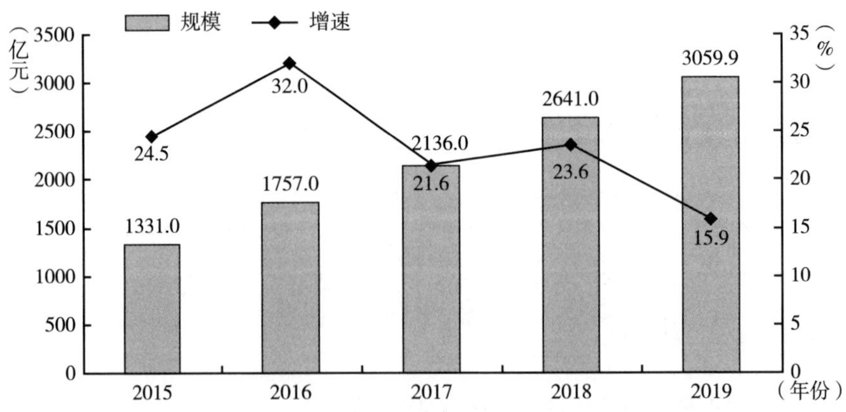

图2　2015～2019年深圳市房地产开发投资规模及增速

（三）基础设施投资高速增长

2019 年，深圳基础设施投资完成 1897 亿元，同比增长 33.6%（见图 3），比上年同期（23.4%）高 10.2 个百分点，显著高于全国（3.8%）和广东省（22.3%）增速水平，比北京（-3.8%）、上海（-2.6%）、广州（24.5%）高 37.4 个、36.2 个和 9.1 个百分点。其中，交通和水利、环境和公共设施管理类投资快速增长，对基础设施投资形成强大支撑，机场卫星厅开工，轨道交通四期 5 条线路全面开工，外环高速等加快推进，石岩外环路等道路建成通车；新建和改造提升公共厕所 1200 多座；建成花漾街区、街心花园 180 多个妈湾城市；能源生态园建成调试，老虎坑三期、东部环保电厂项目按计划推进；完成 7146 个小区雨污分流改造，新改扩建水质净化厂 16 座。

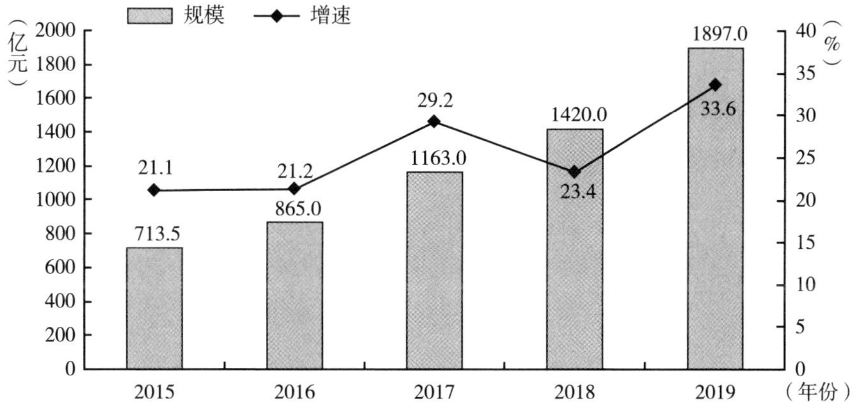

图 3　2015～2019 年深圳市基础设施投资规模及增速

（四）工业投资增速回升

2019 年，工业完成投资 1074 亿元，同比增长 11.5%（见图 4），比上年同期（8.2%）高 3.3 个百分点，比全国（4.3%）和全省（6.3%）高 7.2 个百分点和 5.2 个百分点。其中，工业技术改造投资完成 513 亿元，同

比增长 20.7%，比上年同期（22.1%）低 1.4 个百分点。华星光电 T6 投产、T7 项目开工，开沃新能源汽车、柔宇柔性显示等重大项目建成，安谋中国等一批高端项目落地。

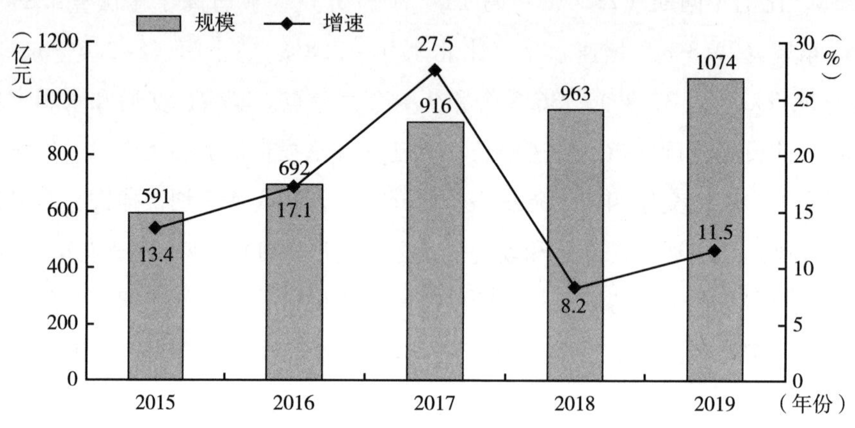

图 4　2015～2019 年深圳市工业投资规模及增速

（五）政府投资和重大项目完成情况良好

2019 年深圳市区两级共完成政府投资 1430 亿元左右，其中市本级政府投资完成 600 亿元。330 个重大建设项目完成投资 2431.5 亿元，完成年度投资计划（1683 亿元）的 117.5%，较上年同期高 14.2 个百分点。18 个重点区域完成投资增长 23.6%，高于全市投资 4.8 个百分点。深圳大学、南方科技大学等高水平大学建设稳步推进，新增 8 家三甲和三级医院，新华医院、第二儿童医院等一批惠及民生的项目落地开工，深圳美术馆新馆、深圳科学技术馆等文体旅游项目建设加速开工推进。

（六）投资向原特区外区域倾斜力度持续加大

2019 年，龙岗、宝安、坪山、光明、龙华、大鹏 6 个区完成投资 4612 亿元，占全市固定资产投资比重的 62.7%，占比继续保持六成以上；深汕特别合作区完成投资 91.2 亿元，增长 36.8%，比全市高 18 个百分点；福田、罗湖、盐田、南山等4个原特区内区域完成投资2653亿元，占全市固定资产投资的比重为36%。

二 2020年深圳固定资产投资面临的机遇与挑战

2019年深圳投资运行情况总体良好，但也要认识到，在外部风险增加和不确定性增多、疫情冲击、宏观经济下行压力加大等多重因素影响下，固定资产投资稳增长面临巨大挑战。一是从国际宏观经济环境看，受疫情影响，全球主要经济体可能出现经济衰退，IMF连续多次下调全球经济增长预期，中美贸易摩擦仍存在较大不确定性。国内经济转型升级稳步推进，发展质量不断提高，但新旧问题挑战交织叠加，外需收缩，内需动力不足，市场预期和企业投资扩张意愿不强。二是从疫情影响看，2020年1月底以来，全国暴发了新冠肺炎疫情，国际疫情蔓延形势严峻，疫情对经济社会发展不可避免地产生了冲击，特别是项目建设工料机不能及时到位，疫情防控物资相对不足，影响建设项目开复工进度，预计2020年全年，固定资产投资将面临巨大压力。三是从重点领域看，占固定资产投资比重较大的房地产投资，受市政策影响可能继续下行；工业投资短期内缺乏重大项目支撑，规模扩大空间不足；基础设施投资2019年增长较快，形成了较大基数，面临周期性回落调整的风险，固定资产投资要保持快速增长则缺乏行业和项目支撑。四是从要素供给看，目前深圳投资强度位于全国重点城市首位，城市空间承载能力有限，征地拆迁利益结构复杂，调节难度大，对投资稳增长形成较大制约。

与此同时，固定资产投资运行中也存在不少积极因素。一方面，多重利好政策的释放将在一定程度上稳定内外环境和增强市场信心。近期，国际主要经济体纷纷调整货币政策，及时稳定市场信心。目前疫情形势明显好转，国内经济长期向好基本面没有改变，经济规模大、韧性强，随着国家货币政策和财政政策持续发力，预计疫情对经济社会和投资影响总体可控。此外，疫情也正催生一批新投资需求和公共卫生补短板项目。另一方面，深圳面临“双区驱动”的重大历史战略机遇期，落实相关战略将带来大量的投资需求，深圳市未来将加大科技产业、综合交通、环境保护、社会民生、教育等领域投资力度，一大批高水平和高质量的投资项目将加快建设，如新十大文化设施明年将全面开工，将对固定资产投资稳增长形成强大支撑。

三　2020年深圳固定资产投资运行展望

2020 年固定资产投资工作的主要思路是：坚持稳中求进总基调和新发展理念，坚持供给侧结构性改革，以改革开放为动力，抢抓“双区驱动”重大历史机遇，聚焦关键领域和薄弱环节，坚决打赢三大攻坚战，精准保持基础设施领域补短板力度，进一步完善和提升城市功能，更好地发挥有效投资对优化供给结构的关键性作用，保持经济社会平稳健康发展。

结合深圳市经济预期目标，预计 2020 年全市固定资产投资增长 15% 左右，总量突破 8000 亿元。从资金来源看，政府投资完成 1750 亿元以上，其中市本级政府投资 670 亿元，同比增长 8%。社会投资完成 6800 亿元左右，占比在 80% 左右。从重点行业看，基础设施投资增长 30% 左右，继续对固定资产投资产生强大支撑；房地产开发投资增长 10% 左右；工业投资增长 10% 左右。从重大项目支撑看，重大项目投资计划完成 2000 亿元左右。从区域结构看，原特区外区域投资规模继续扩大，占比继续提高。

四　促进2020年深圳固定资产投资增长的政策建议

2020 年是“十三五”规划圆满收官之年，是建设“双区驱动”战略全面铺开的关键之年，也是深圳经济特区建立 40 周年。按照统筹做好疫情防控和经济社会发展工作的要求，推动固定资产投资平稳较快增长，需重点做好以下工作。

（一）加强投资项目全链条协调管理，推动项目开复工加快建设

加强投资运行监测、分析、考核和督查督办，健全投资管理体制机制，确保投资任务顺利完成。一是针对疫情影响及时出台和落实一批支持措施。尽快落实支持企业共渡难关的十六条措施，切实降低企业生产经营成本，及时稳定企业复产和投资信心。针对疫情防控产生的专项费用列入工程造价，确保费用及时足额支付；依法依规调整工期和费用，对受疫情影响的国有资金投资建设工程项目，按不可抗力约定合理分担损失，工程延误的顺延工期。针对疫情后稳投资，及时研究一批能及时实施快速见效的稳投资政策措施。二是要加强投资运行监测和分析。加强对全市固定资产投资项目，特别是重大项目开复工情况的监测，强化基础设施投资、房地产投资和工业投资完成情况跟踪，及时发现项目开复工和投资运行存在的问题，并采取针对性措施积极解决，确保投资运行在合理区间。三是加大对项目开复工支持力度。在基础设施、民生保障、产业发展等领域投资强度较大、创新驱动性较强、经济社会效益较优的续建项目，以及有条件提前开工、新增投资的新建项目中，遴选一批重点重大项目，优化项目审批，强化防御物资需求统计、生产、调度和分配统筹，加强对水泥、沙石、钢材等建材以及建筑废弃物和渣土处置保障，确保项目加速开复工，尽快形成更多实物工作量。四是提升项目服务和协调水平。提高项目服务信息化智慧化水平，探索开展大数据挖掘和分析利用，提高投资管理服务智能化和信息化水平。完善重大项目分级协调机制，定期召开项目协调会，督促各区各部门及时梳理报送项目推进情况和存在的问题，及时有效解决，推动项目加快建设。

（二）深化投融资体制改革，不断释放市场活力和增强内生动力

深入推进简政放权、放管结合、优化服务改革，进一步简化投资项目审批程序，着力改善深圳市营商与投资环境。一是加强政府和社会资本合作。建立健全 PPP 工作统筹协调工作机制，持续完善 PPP 体系配套政策，重点在污水处理、立体停车场、轨道交通等领域推动一批项目落地实施，形成示

范效应。二是用好用足政府专项债。按照尽快形成实物工作量、融资规模与项目收益相平衡、优选经济社会效益比较明显的项目等原则，争取在粤港澳大湾区建设、应急医疗救治及公共卫生设施、城镇老旧小区改造、产业园区、交通基础设施、能源、农林水利、生态环保、社会事业、物流基础设施、市政建设等领域发行一批政府专项债券，尽快形成有效投资。三是规范有序推进政府投资项目审批改革。修订政府投资建设项目施工许可管理办法，在推进"多规合一"建设、建立健全项目决策生成机制、分类细化审批流程、全面取消施工图审查、优化工程许可制度、实施限时联合验收等方面构建科学、高效、完善的配套制度，优化轨道交通建设项目审批流程，加快轨道交通项目前期手续办理。四是充分激发社会投资活力。持续优化小型项目审批流程，支持有关单位结合项目成本和收益特点，创新项目投融资思路，采用股权、债权等方式，积极吸引和扩大社会资本特别是民间资本，参与公共服务基础设施等领域建设，提升项目建设、运营和管理水平。

（三）优化重点领域投资环境，为固定资产投资稳增长提供强大支撑

一是推动工业投资提质增速。持续完善落实工业补贴和服务政策，结合工业投资特征和规律，不断优化完善扶持政策，进一步激发工业投资动能，持续优化工业企业用地政策，加强已出让工业用地监管，分类处理工业用地闲置问题，完善推广中小工业企业联合拿地模式，降低中小工业企业用地成本，完善推广"一站式"产业政策查询模式。二是高水平开展招商引资工作。以全球招商大会为牵引，推动招商引资签约项目尽快落地实施，大力引进一批具有关键核心技术的重大工业企业，鼓励各区重点围绕核心产业的产业链进行招商引资，发挥产业集聚效应和范围经济效应，引导产业有序梯度转移。三是推动房地产业平稳健康发展。围绕"价稳量增"目标，优化房地产调控政策体系，稳妥实施房地产市场健康发展长效机制，加快完善政策性住房制度体系，加快推动保障性住房和人才住房建设。优化城市更新运行政策环境，深入推进城市更新改造，采取重点更新单元方式，推进旧工业区

连片改造。加快推进较大面积产业空间土地整备工作，尽快形成集中连片的优质产业空间。

（四）围绕重大战略落实谋划储备一批重大项目，提升城市综合品质和承载力

坚持世界眼光、国际标准、中国特色、高点定位，聚焦市委、市政府重大战略决策部署，以“十四五”规划编制为契机，深入开展项目谋划专题研究，着力提高项目前期工作质量，谋划储备一批重大项目。一是围绕落实“先行示范区”战略，积极向国家和省争取在深圳布局一批重大科技基础设施，在光明科学城和深港创新合作区，面向产业需求集中释放一批利好政策，以“政策包”为支点，集中带动一批信息技术、生命科学、材料、基因等领域的重大科研平台规划建设，为建设综合性国家科学中心提供支撑。二是围绕国家实施粤港澳大湾区战略，加快研究谋划一批促进湾区互联互通的重大战略通道和交通枢纽项目，积极推进深圳宝安国际机场扩建、深汕第二高速、107 国道市政化改造、惠盐高速、机场东综合枢纽等项目前期工作，加快推进皇岗口岸改造，推动罗湖口岸及深圳火车站站城一体化开发。加快推进海洋中心城市建设，规划建设国家南方科考船母港，稳步推进海洋新城、南方海洋科学城等平台规划建设，加快筹建国家深海科考中心和综合性海洋大学，推动建设中国—太平洋金枪鱼交易中心和国家远洋渔业基地。三是围绕加快深汕特别合作区、特区一体化和东进战略，加快推进合作区空间规划、土地整备、基础设施投资，重点加快推进深汕高铁工程前期工作，在原特区外集中谋划布局一批社会民生类公共基础设施。加快推进南方科技大学深圳创新创意设计学院，香港中文大学深圳音乐学院，香港中文大学二期，深圳市第十三、十四、十五高级中学，以及中山大学附属第七医院，市建宁医院二期，市第三儿童医院，市第十一人民医院等前期工作。

（五）加快在建重大项目建设增速提质，全面提升城市功能品质

全力以赴加大工作力度，牢牢抓住一批在建的重大工程项目，紧盯进度

安排，狠抓工程质量，高标准推进一批关系城市长远发展的重大基础设施和民生工程项目，着力补齐发展短板，提升城市综合功能和发展品质。一是组织开展交通项目建设大会战，开工建设赣深铁路、深大城际、深惠城际等重大工程。开工建设20号线、3号线四期、13号线二期线路。加快推进重点枢纽站城一体化TOD开发建设，加快坪盐通道、春风隧道等一批重大项目建设，建成通车沙河西快速化改造和外环高速一期等项目。二是打好污染防治攻坚战，推进雨污分流管网建设查漏补缺，启动笔架山暗河暗渠复明工程。加大充电设施建设力度，新增绿色建筑面积1100万平方米以上。完成宝安环石岩湖等绿道新建改造，开工建设240千米碧道。三是加快建设重大民生工程项目，新改扩建公办义务教育学校30所，新开工建设深圳外国语学校初中部补充完善工程、龙岗区龙城高级中学扩建工程，推进深圳中学泥岗校区建设工程、观澜中学改扩建，龙华中学扩建工程加快建设。推进南方科技大学、深圳大学等建设，开工建设中科院深圳理工大学，建成中山大学深圳校区。加快建设健康深圳，推动市第十一人民医院、市第三儿童医院、中山大学附属七院二期开工建设，加快推进市人民医院、市眼科医院、阜外医院、医科院肿瘤医院等改扩建项目。全面开工建设“新时代十大文化设施”，持续推进数字文化馆和图书馆建设。四是加快重大产业和创新基础设施建设，着眼于构建现代化产业体系要求，积极引导企业加大工业投资、工业技改力度。加快5G、8K、人工智能、物联网等新型基础设施建设，建成4.5万个5G基站，加快建设国家第三代半导体技术创新中心等产业项目。加强新型智慧基础设施建设，加快建设更大规模的智慧多功能杆，完善云计算、物联网等网络基础设施，建成城市大数据中心。加快推进国际生物谷坝光核心启动区、国家超级计算深圳中心扩容改造工程等自主创新载体和产业集聚园区配套设施项目建设。

B.3
2019年深圳市财税收入分析及2020年形势研判

傅卓荣　李雪君*

摘　要： 财税收入是经济发展的“晴雨表”，本报告通过分析财税大数据，从总量、结构、行业、税源等各个维度分析深圳市财税收入变化趋势及结构调整情况，从财税视角概况提炼深圳产业发展呈现的新特征、新趋势，反映深圳高质量发展的突出优势。在此基础上，本报告首先分析了2019年深圳市财税收入的主要特点，总结了深圳市财税收入举措，并从国际国内形势、财税政策、微观税源等角度出发，对2020年财税收入形势进行预判，梳理了有利因素和不利因素，特别是分析了财税运行存在的问题，提出了有针对性的建议。

关键词： 财政收入　税收收入　财政政策　税收政策

2019年深圳市一般公共预算收入为9424.2亿元，增长3.5%。其中，全市税收规模为8247亿元，增长2.8%，这一税收口径反映全市的总体税收产出规模；扣除海关代征税收后，税务部门直接组织税收收入6829.6亿元，增长6.2%。分级次看：中央级收入为5651亿元，增长1.6%；地方级收入为3773.2亿元，增长6.5%，中央级收入与地方级收入的比例为6∶4。

---

* 傅卓荣，中国注册会计师，深圳市财政局预算处副处长，主要研究方向为财税经济关联分析、经济形势研判及政策效应研究；李雪君，深圳市税务局经济分析处三级主任科员，主要研究方向为财税金融政策研究、计量模型构建。

地方级收入中，税收收入占81.3%，反映出深圳经济呈现稳中有进趋势，经济韧性和高质量发展态势良好。

一 2019年深圳财税收入主要特点

（一）税收与经济实现协调增长，地方级税收增幅在全国重点城市中排名靠前

辖区财政收入中，税收收入更能反映当地的经济发展现状。2019年深圳税收收入剔除减税降费等不可比因素后，与客观经济税源相适应的税收可比增长6.3%；与此相对应，2019年本市生产总值为2.69万亿元，增长6.7%，深圳市税收收入与GDP增长的弹性趋近于1，呈现相互协调的良好态势。从单位产出来看，每百元GDP的财政收入产出达35元，其中，税收产出超过30元；每平方公里的财政收入产出达4.72亿元，其中，税收产出达4.1亿元，居大中城市首位。从横向比较来看，2019年深圳市税收收入规模（不含海关代征税收，下同）位列城市三甲，并在36个省级单位（包括直辖市、自治区及计划单列市）中排名第七（见图1）；地方级税收收入增长5%，增速分别比北京、上海、天津和重庆高8.3个、6个、5.4个和8.9个百分点。

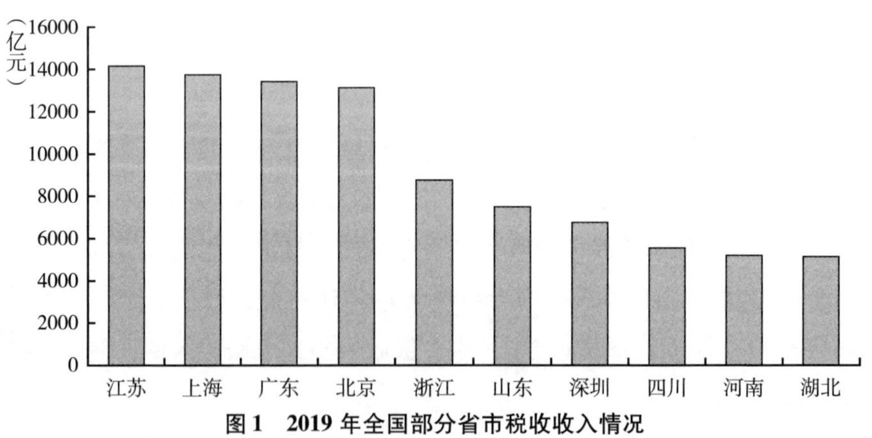

图1 2019年全国部分省市税收收入情况

资料来源：深圳市财政局、深圳市税务局、深圳市统计局等部门网站及相关报道的公开数据。

（二）受减税降费政策影响，主体税种收入增减各异

分税种看，增值税收入2334.1亿元，增长11%，其中直接收入2064.1亿元，增长11.4%。企业所得税收入2088.7亿元，增长10.2%。个人所得税收入740.8亿元，下降20.7%，其中两步税改叠加累计预扣法对个人所得税减收影响较大。土地增值税收入389.6亿元，增长18.9%。城市维护建设税、契税和房产税收入分别为180.6亿元、161.5亿元和63.3亿元，增幅分别为0.1%、-2.1%和-17.9%。2019年各税种收入占总体税收比重见图2。

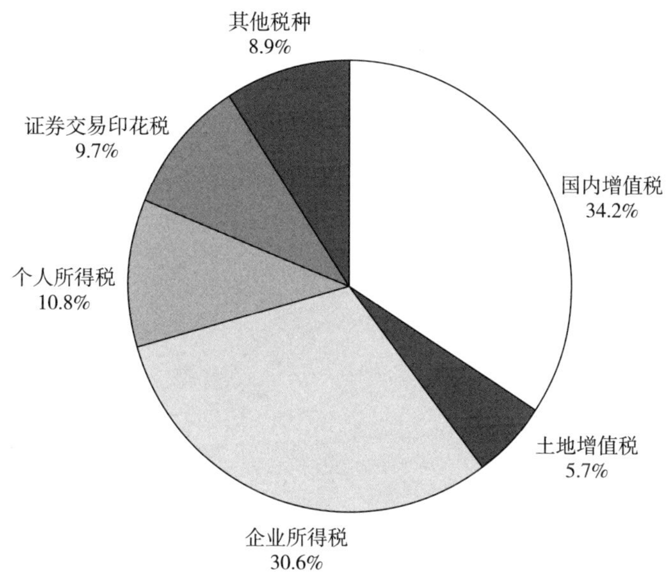

图2　2019年各税种收入占总体税收比重

资料来源：深圳市税务局网站及新闻报道等公开数据。

（三）第三产业税收增幅明显高于第二产业，七大主体行业税收“四升三降”

分产业看，深圳市第一产业税收为3.8亿元，同比增长9.8%；第二产业税收为1480.4亿元，同比增长0.5%；第三产业税收为4679.8亿元，同

比增长6.3%，第三产业税收增幅比第二产业高5.8个百分点。分行业看，房地产业、建筑业分别实现税收1187.8亿元和193.2亿元，同比增长13.9%和9.7%；金融业税收1522.4亿元（不含证券交易印花税），同比增长15.8%；其中，银行业、证券业、保险业税收分别增长12.9%、24.3%和5.7%；信息服务业实现税收428.4亿元，同比增长9.4%。制造业、批发和零售业、商务服务业分别实现税收1166.6亿元、602.7亿元和472.3亿元，分别下降2.3%、4.5%和4.1%。制造业中，高新技术产业发展依旧迅猛，截至2019年末，全市国家级高新技术企业户数超1.7万家，高新企业户数是2015年的3.6倍。2019年各主要行业税收占比见图3。

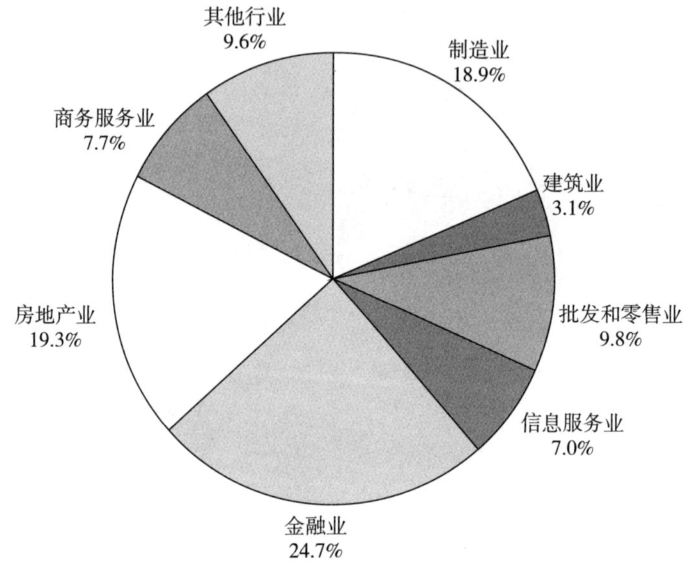

图3　2019年各主要行业税收占比

资料来源：深圳市税务局网站及新闻报道等公开数据。

（四）全面落实各项减税降费政策，助力经济提质增效

2019年全国减税降费规模约2.3万亿元，占全国GDP的比重为2.3%。从深圳的情况来看，2019年深圳市减税降费规模超过1100亿元（其中，新

增减税约910亿元），占GDP的比重为4%，比全国平均水平高1.7个百分点。减税降费政策的实施，在一定程度上有效对冲了经济下行压力，为深圳经济提质增效奠定了良好基础，实施成效凸显“四为”。一是为实体赋动能。制造业、批发和零售业新增减税占全部新增减税规模的近五成，有效缓解了企业资金压力，推动企业盈利水平明显提升。二是为市场增活力。落实研发费用税前加计扣除政策减税104.8亿元，有效促进企业加大研发投入和技术创新；民营企业减税占总体减税规模的七成以上，成为最大受益群体；小微企业普惠性减税政策实现100%全覆盖。三是为消费提信心。个税新政受惠人数超过1200万人，提高个人所得税基本减除费用标准、优化税率结构、实施个人所得税专项附加扣除等政策组合拳，人均减税约2400元，有效提振了个人消费能力。四是为民生添实惠。中低收入群体减税幅度最大，整体减税幅度超过80%；26～40岁的中青年是享受六项专项附加扣除的受益主体，占享受专项附加扣除纳税人的76.2%，特别是房贷（房租）专项扣除对负担较重的中青年覆盖面较大。

二　2019年深圳优化完善财税政策的举措

（一）坚定不移地落实减税降费政策，持续优化营商环境

构建共治格局，夯实机制保障。建立“1+4+27+N”减税降费共治格局，在全市层面对减税降费共治事项进行系统集成，为推进减税降费政策落地生根打下坚实基础。运用大数据及信息技术实现自动减免、主税种和附加税费同时办理、智慧填报、不办即享；率先探索先办后审，简化优惠备案。强化政策宣传确保应知尽知，拓宽宣传范围，统一政策口径，拓展宣传渠道，确保政策传达全覆盖、无死角。

（二）深挖税源增长潜力，努力提升征管效能

加强重点行业税收征管，以金融业、房地产业为重点，提高税收征管质

效，促进税收增长。精准开展税收风险管理，优化人工智能画像，定期推送风险管理任务，依托跨国利润水平监控，精准推进反避税调查。重拳出击强化打虚打骗，加强多部门联动稽查，全力查处虚开骗税、偷逃税等税收违法案件。

（三）发挥财税政策导向作用，精准支持科技创新

主动融入粤港澳大湾区建设，在内地率先出台规定，规范财政科研资金在港澳地区的使用和管理，推动深港澳三地科技融合发展。加大全市科学技术支出规模，重点投向基础研究和应用基础研究，集中力量攻克一批“卡脖子”的关键技术。大力实施积极的财政政策，深度参与科技计划改革和科研机构建设研究，大力支持人才工作，加大知识产权保护投入，激发创新创造活力。

（四）发挥服务经济职能作用，主动助力产业发展

将中小微企业银行贷款风险补偿资金池正式投入运作，通过财政资金撬动中小微企业新增贷款，解决中小微企业融资难、融资贵问题。制定出台深圳市中小微企业融资担保基金工作方案，推进基金加快落地。研究制定促进工业增长、稳外贸、促消费等举措，统筹做好资金保障。保障产业发展空间，统筹安排相关资金，为重大项目落地以及全球招商大会顺利召开提供强力支撑。

三　2020年深圳财税收入形势研判

2020 年是全面贯彻落实党的十九届四中全会精神的开局之年，是深圳经济特区成立 40 周年，是推进粤港澳大湾区建设和深圳建设中国特色社会主义先行示范区全面铺开、纵深推进的关键之年，也是全面建成小康社会和“十三五”规划收官之年。展望 2020 年财税收入形势，依然是有利因素和不利因素共存，财税经济运行的不确定性依然较大。

（一）有利因素

从我国经济运行情况看，经济总体呈平稳运行态势。2019 年全国 GDP 增长 6.2%；社会消费品零售总额实现 8% 的稳定增长；外贸进出口总值增长 3.4%，对欧盟、东盟、共建“一带一路”国家进出口分别增长 8%、14.1% 和 10.8%；11 月制造业 PMI 重回 50% 以上扩张区间。2019 年底中央经济工作会议指出，我国经济稳中向好、长期向好的基本趋势没有改变，2020 年经济工作基本原则依然是“稳”字当头，稳定的宏观经济环境将为深圳经济社会发展和财税收入增长提供基础保障。

从经济发展动能看，深圳市委、市政府抢抓“双区驱动”重大机遇，坚持稳中求进工作总基调，全面做好“六稳”工作，确保全市经济高质量发展。2019 年全市固定资产投资保持 20% 左右的较快增长；战略性新兴产业增速超过 8%，“双创”等新兴税源发展态势良好；工业企业利润总额增长 17.6%；全市商事主体新增 50.5 万家，总量达到 327.7 万户，新引进人才 28 万人。深圳营商环境稳居全国前列，30 平方公里土地向全球招商，预计未来将有更多高科技、高成长企业落户深圳，上述因素将为深圳经济和财税收入增长提供持续动力。

从深圳财税管理现状看，近年深圳市财政和税务部门高标准、高质量推进改革创新，聚焦财税管理的重点领域和关键环节率先探索实践，全面提升现代财税治理能力，财税收入的风险分析精准度和风险应对质量均明显提高。随着财税管理现代化改革进程的持续推进，整体性改革对财税收入增长的促进作用还将持续发挥。

（二）不利因素

从全球经济基本面看，根据 2020 年 6 月 8 日世界银行发布的 2020 年第 6 期《全球经济展望》，新冠肺炎疫情或将使全球经济陷入二战以来最严重的衰退，预计全球经济在 2020 年下降 5.2%。其中发达经济体预计萎缩

7%，新兴市场国家和发展中经济体预计萎缩2.5%。主要经济体中，美国经济预计2020年将萎缩6.1%，欧元区萎缩9.1%，日本萎缩6.1%。

从中美贸易摩擦影响看，2019年，深圳对美出口额小幅下降，同比减少2.7%，按照相关模型测算，前期加征关税的影响预计将在2020年逐步显现，加之2020年疫情叠加影响，2020年1~5月，全市出口总额同比下降8.3%。因为贸易摩擦的长期性、艰巨性、复杂性仍未改变，将对深圳外向型经济发展及税收增长产生持续影响。

从实体经济税源发展现状看，2019年1~10月，全市规模以上工业增加值仅增长4.7%，达到历史新低；工业投资增长1.2%，实体经济增长动力仍未见明显增强；工业企业利息费用增长36.2%，表明企业融资成本增长迅速，融资贵问题仍较突出。预计外部环境疲软及成本压力上涨将继续对工业产生不利影响。

从突发疫情对深圳经济的影响看，按照2003年“非典”对财税收入影响的历史经验判断，短期内直接受到冲击的行业主要是批发和零售业、交通运输业、住宿餐饮业、居民服务业。2019年深圳批发和零售业税收占比为9.8%，其中，占比2%左右的零售业所受冲击更大；交通运输业、住宿餐饮业、居民服务业占比较小，三个行业合计不到5%。如果疫情持续时间较长，对劳动密集型的建筑业、传统制造业也将产生负面影响，2019年建筑业税收占比为3.1%，制造业占比为18.9%，其中，传统制造业占比7%左右。同时，疫情持续也可能导致部分国家针对我国出台一些限制出口的措施，这将进一步加大中美贸易摩擦以来深圳出口导向型经济的下行压力。

四　促进深圳财税收入与经济协调增长的政策建议

综上所述，深圳经济韧性强、质量高，为财税收入增长增添持续动力，但目前产业发展仍存在一些结构性、趋势性的问题，为更好地促进财税收入与经济协调增长，现提出以下建议。

（一）提前谋划疫情过后的产能恢复问题，协助企业解决资金周转、原材料储备、招工培训等问题

突发疫情导致劳动密集型制造企业和建筑企业复工复产困难，影响原有订单执行和工程进度，可能存在违约风险。建议优先支持解决民生保障重点企业和产业链核心企业所需的防疫物资，协助企业提前开展产能恢复工作。建议用好补贴资金，加大力度引导企业在停工期间组织开展各类线上职业培训和线上招聘活动。考虑由政府搭建企业用工和物资交流对接服务平台，多渠道提前开展线上招聘活动和原材料采购活动。完善企业信用修复机制，协助受疫情影响出现失信行为的企业开展信用修复，对无法如期履约的国际贸易企业，主动为企业出具不可抗力证明。

（二）短期减租减费政策和长期巩固减税降费成效相结合，既要解决企业当前面临的困难，又要增强整体经济的发展后劲

短期来看，当务之急是积极应对疫情对中小企业的影响，通过减租减费帮助企业渡过难关。初步统计，多数住宿餐饮、旅游、娱乐企业的单月房租和人工刚性支出超过一个季度的净利润，小微企业情况更甚。建议在疫情期间对中小微企业实施减免房租、社保、水电费等政策举措。重点关注占比约六成的非国有企业及个人业主的减租情况，由行业协会或社区街道办采取政策宣讲、倡导约谈等形式来撬动民间业主实施减租政策。建议对延期缴纳社保 3 个月到期后的补缴措施做出统筹安排，避免届时一次性集中缴纳加重企业负担。利用好中小微企业银行贷款风险补偿资金池，定向缓解中小微企业资金链紧张问题。长期来看，继续围绕深圳鼓励科技创新、吸引高端人才、促进产业升级等重点领域，加强各项政策落实，密切关注行业变化动态，进一步激发微观市场主体的活力。围绕宏观决策和制约城市发展的重大问题，加强各部门数据的互联互通和资源的共享利用，提出务实管用的观点和方案。持续优化税收营商环境，率先构建高效统一、开放协同、要素自由流动的国际化服务供给体系，合力打造税收营商环境标杆。

（三）把握“双区建设”的历史机遇，争取在重大领域实施首创性、突破性的改革举措，尽快推动重点项目和重点工程建设

一方面，围绕提升全要素生产率、打造与国际接轨的税制、提升企业国际竞争力等重点领域，策划一批战略性、创造型、引领型的改革举措，用足用好综合授权改革试点，争取在前海、河套、光明科学城等特定区域率先实施与国际接轨的财税制度；争取在创业板注册制改革、人民币国际化等方面实施一批先行先试政策。另一方面，集中财力保障市委、市政府重大决策部署落实落地，全力支持先行示范区和粤港澳大湾区建设，着力支持打造高质量发展高地、法治城市示范、城市文明典范、民生幸福标杆、可持续发展先锋；切实保障和改善民生，聚焦“七个有”的目标任务，加大医疗、教育等民生保障领域支出，加快推动优质均衡公共服务体系构建，使发展成果更多更好惠及市民。

（四）坚持服务产业和企业，精准发力，加快构建现代化经济体系

加强前沿技术研发和关键核心技术攻关支持力度，将更多财政收入投放到基础性研究、核心关键技术研究等领域，促进科技成果转移转化，全力支持鹏城实验室等重大创新载体建设。助推制造业提质增效，聚焦高新技术企业的政策诉求，加快实施新一轮“技改倍增”计划，推动“深圳制造”向“深圳创造”转型。支持打造国际人才高地，继续实施“孔雀计划”，对产业发展与创新人才进行奖励，对新引进人才和高层次人才给予租房补贴和生活资助。促进产业和消费“双升级”，加快民营及中小企业服务体系建设，加快推进5G等新基建，继续支持总部企业发展，兑现新落户金融机构各项扶持政策，推动打造外贸强市和国际消费中心城市。

（五）全面加快城市基础设施建设，继续发挥投资对经济的拉动作用

充分发挥政府投资引导作用，将政府投资重点运用在市政设施建设、民

生保障和生态文明建设、创新创业配套等基础性领域。推动构建城市绿色发展新格局，强化生态环境保护，全力支持打好污染防治攻坚战，加快实施“深圳蓝”可持续行动计划。加快打造国际性综合交通枢纽，进一步完善市政道路、公共交通、铁路等交通设施，支持构建现代化、国际化、一体化的综合交通体系，助力现代物流业发展。

参考文献

孙元、吕宁：《地方财政一般预算收入预测模型及实证分析》，《数量经济技术经济研究》2007 年第 1 期。

姚远、张鹤：《公共预算理论与财政收入预测》，《工业技术经济》2011 年第 10 期。

李娣：《湖南财政收入预测模型及实证分析——基于 VAR 预测模型》，《经济研究参考》2012 年第 65 期。

刘金全、张鹤：《经济增长风险的冲击传导和经济周期波动的“溢出效应”》，《经济研究》2003 年第 10 期。

席涛：《经济增长、风险防范和制度建设》，《中国人民大学学报》2008 年第 6 期。

樊晓燕、刘儒：《后十八大时代中国面临的经济风险及其特征分析》，《经济问题探索》2014 年第 10 期。

魏加宁、朱太辉：《我国中长期经济风险：一个新的评估框架》，《金融监管研究》2015 年第 6 期。

B.4
2019年深圳物价运行形势分析及2020年走势展望

余红兵[*]

摘　要： 本报告介绍了2019年深圳市消费和生产领域价格运行情况，并将深圳与全国、广东省及其他主要一线城市物价进行了对比，分析了影响深圳物价变动的主要原因。在此基础上，结合新冠肺炎疫情影响和货币政策导向等因素，提出在宏观层面，要为经济高质量发展创造良好的货币金融环境，在中观施策上打出政府各部门“组合拳”，在微观管理中尽可能减少困难群体基本生活受物价上涨影响，维护社会稳定等建议。本报告认为，2020年，深圳应强化基层价格压力监测，将稳定的物价作为高质量发展的重要内容之一。

关键词： 物价运行　CPI　PPI　价格压力监测

2019年，外部形势复杂多变，国内经济下行压力持续加大，深圳经济遇到的风险和挑战明显上升，面对诸多不利因素，深圳市委、市政府坚持稳中求进工作总基调，积极释放中央政策红利，针对价格领域不断出现的新情况、新变化，特别是以猪肉为主导的食品价格大幅上涨引起的民生问题，统筹稳增长、惠民生、防风险、保稳定系列政策措施，适时启动物价上涨联动

---

* 余红兵，国家统计局深圳调查队高级统计师，主要研究方向为统计调查实践、经济统计分析及国民经济核算等。

机制，有效遏制消费领域价格的进一步过快上涨和非理性波动，保障价格形势的总体稳定。2020 年，受新冠肺炎疫情和相对宽松的货币政策等因素叠加影响，消费领域价格仍将承受较大压力，生产领域价格有望回升。

一 2019年深圳市物价运行的主要特点

（一）消费价格结构性上涨较快

1. CPI 月度涨幅呈高位上扬，食品价格上涨是主要推手

2019 年深圳 CPI 同比上涨 3. 4%，涨幅高于 3% 以内的预期目标，比上年提高 0. 6 个百分点。分月看，1 月受上年滞后因素影响，CPI 同比上涨 3. 0%；2 月受春节影响环比上涨 1. 3%，因上年春节基期较高，同比上涨 2. 1%，成为全年最低点；3 月春节因素减弱环比下降 0. 8%，但受食品价格快速上涨推动，CPI 涨幅逐步扩大，至 11 月达到全年高位，同比上涨 5%；12 月受猪肉价格涨幅回落影响，CPI 环比下降 0. 2%，同比上涨 4. 9%（见图 1）。2019 年，食品价格累计上涨 9. 1%，涨幅比上年提高 6. 3 个百分点，拉动 CPI 上涨约 1. 74 个百分点，占 CPI 涨幅贡献率的 51. 2%，是推动 CPI 上涨的主要因素。

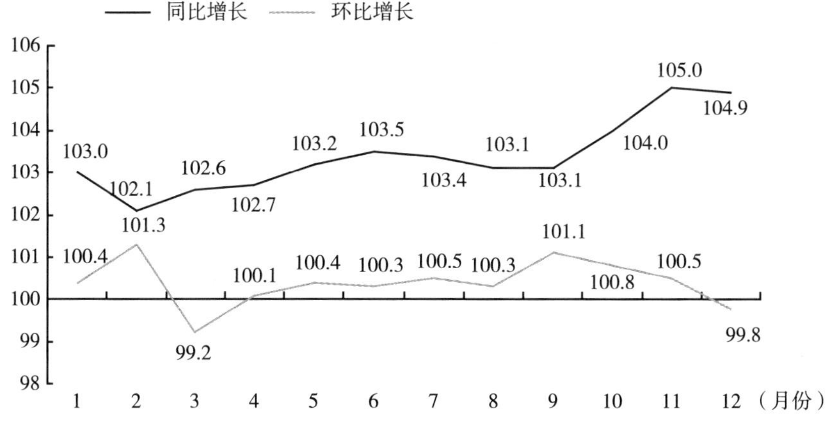

图 1　2019 年深圳居民消费价格指数月度走势

注：本报告所有图表资料来源于国家统计局深圳调查队，特此说明。

2. 食品涨价结构性特点突出，猪肉价格一马当先

食品各类别中，食用油受总体供大于求格局影响价格小幅下降0.8%；受我国粮食总产量创历史新高影响，粮食价格小幅上涨1.4%，涨幅比上年减少4.3个百分点；水产品（1.0%）、奶类（2.4%）价格变化相对平稳，涨幅比上年分别减少了5.5个和2.0个百分点；鲜瓜果（11.6%）、鲜菜（6.4%）和蛋类（6.6%）受季节性不利条件、生产和运输成本上升、居民消费升级等多重因素影响，价格总体涨幅较大。鲜瓜果价格同比涨幅从4月开始逐月扩大，6月达38.9%，为全年高点，7月后随着应季水果逐次上市，涨幅开始持续收窄，11月后价格由涨转跌，全年平均上涨11.6%，涨幅比上年提高了7.1个百分点；畜肉类尤其是猪肉价格受非洲猪瘟疫情、环保政策及周期性因素影响，呈现快速大幅上涨走势，从4月起猪肉零售价格快速走高，涨幅逐月扩大，到11月同比上涨87.9%，全年平均上涨31.0%，涨幅比上年提高34.3个百分点，影响CPI上涨约0.77个百分点。12月，随着深圳储备冻猪肉应急投放工作方案出台，以及保障猪肉供应各项措施的推进，猪肉紧缺现象有所缓解，猪肉价格环比转为下降4.4%，同比上涨74.6%，涨幅较上月回落13.2个百分点。受居民对其他禽肉类消费替代影响，全年鸡肉、鸭肉、牛肉和羊肉价格分别上涨13.9%、8.4%、10.2%和6.6%。2019年深圳居民食品消费部分类别价格指数月度走势见图2。

3. 非食品价格涨幅回落，交通和通信同比下降

2019年，非食品价格上涨2.0%，涨幅比上年回落0.7个百分点，影响CPI上涨约1.56个百分点。其中，服务价格上涨2.8%，涨幅回落0.7个百分点，影响CPI上涨约1.10个百分点（见表1）。服务中，受服务成本上升、服务消费观念转型等影响，高中中职教育价格上涨14.6%，课外教育价格上涨13.5%，家政服务价格上涨8.6%，养老服务价格上涨7.5%。CPI八大类商品和服务中，交通和通信价格下降1.5%，涨幅回落3.8个百分点，为唯一下降的类别，并且回落幅度也最大，影响CPI下跌约0.20个百分点。非食品中，工业消费品价格下降0.1%。其中，受国内成品油价格数

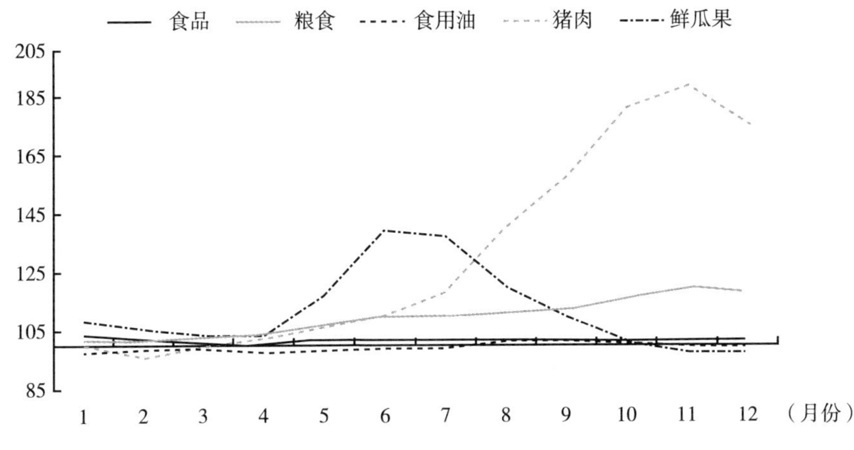

图2　2019年深圳居民食品消费部分类别价格指数月度走势

次调整影响，汽油、柴油价格分别下降5.9%和6.3%；受部分耐用工业消费品产能过剩影响，大型家用器具价格下降2.1%。扣除食品和能源价格的核心CPI上涨2.5%，涨幅比上年回落0.1个百分点。

表1　2019年深圳居民消费价格分类指数及涨跌幅构成

类别	上年同期=100	对总指数的涨跌影响(百分点)
居民消费价格总指数	103.4	—
其中:食品	109.1	1.74
非食品	102.0	1.56
其中:消费品	103.7	2.30
服务	102.8	1.10
一、食品烟酒	107.5	2.32
二、衣着	101.3	0.09
三、居住	101.6	0.39
四、生活用品及服务	100.7	0.04
五、交通和通信	98.5	-0.20
六、教育文化和娱乐	104.0	0.43
七、医疗保健	103.9	0.22
八、其他用品和服务	102.9	0.09

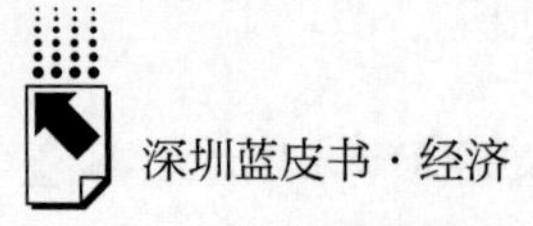

（二）生产价格低位窄幅运行

1. PPI 低位窄幅波动，高技术指数走低

2019 年，深圳 PPI 同比持平，较上年回落 0.2 个百分点。其中，扣除食品、能源产品的核心指数上涨 0.2%，较上年提高 0.5 个百分点，影响 PPI 上涨约 0.2 个百分点；包含生物制药、医疗设备、通信设备、仪器仪表等产品的高技术指数下降 0.5%，较上年回落 0.2 个百分点，影响 PPI 下降约 0.4 个百分点。分月看，1 ~6 月，PPI 总体呈小幅上涨态势，其中 6 月上涨 0.9%，为全年最高同比涨幅，随后小幅震荡走低，11 月下降 1.1%，为全年最大降幅，12 月 PPI 降幅收窄下降 0.2%。全年月环比波动区间［99.2，100.6］，波幅不超过 1.4 个百分点，同比波动区间为［98.9，100.9］，波幅不超过 2.0 个百分点，远低于同期消费价格波动幅度，走势相对平稳（见图 3）。

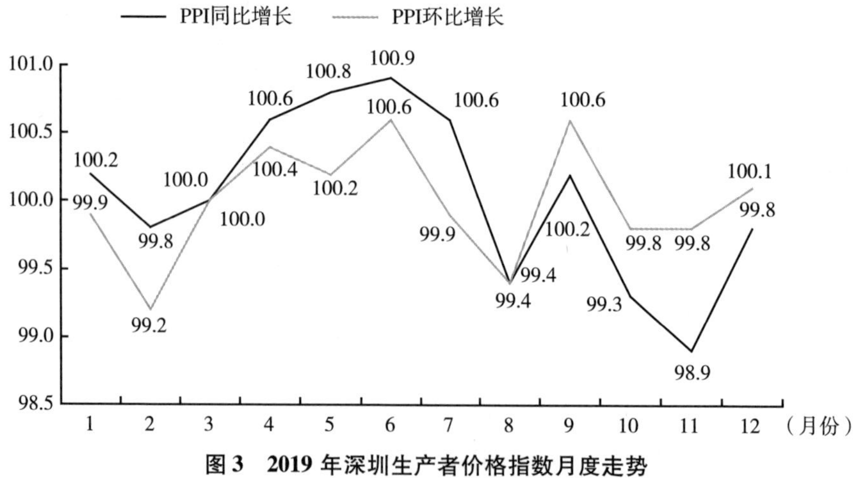

图 3　2019 年深圳生产者价格指数月度走势

2. 生产资料价格下降，生活资料价格上涨

2019 年，受国内经济转型、供给侧结构性改革不断推进等因素影响，生产和生活资料价格涨跌互现：生产资料价格下降 0.3%，影响总指数下降 0.2 个百分点，其中，采掘工业价格下降 5.5%，原材料工业价格上涨

0.1%，加工工业价格下降0.2%；生活资料价格上涨0.8%，影响总指数上涨0.2个百分点，其中，一般日用品价格上涨3.9%，耐用消费品价格下降1.3%。

3. 电子产品类价格持续小幅下降，部分大宗商品相关行业价格分化

2019年，受经济下行压力加大、电子产品市场价格总体持续走低影响，视听设备制造、电子器件制造和电子元件制造等电子产品类价格分别下降6.3%、1.1%和0.1%，而与此相关的计算机、通信和其他电子设备制造业，通用设备制造业和专用设备制造业分别下降0.4%、0.2%和0.4%，合计影响PPI同比降幅扩大约0.3个百分点；受国际地缘局势不确定性增大、美国原油增产和新能源发展势头日益加快等因素影响，2019年国际原油价格总体走弱，深圳本地监测到的原油价格月同比指数涨跌幅在-19.2%~9.2%波动，全年2/3的月份同比指数为负，平均下降5.5%，较上年回落30.6个百分点，影响总指数下降0.11个百分点。受此影响，下游的化学原料和化学制品制造业价格下降3.2%。与此同时，受全球央行宽松货币政策抬头、市场避险情绪蔓延等因素影响，2019年国际金价大幅上涨，深圳珠宝首饰及有关物品制造业价格同比上涨5.7%，较上年提高9.7个百分点，拉动总指数上升0.29个百分点。

（三）深圳与全国、广东省及其他主要城市相比，总体呈现消费价格明显偏高、生产价格略高且波动区间小的特征

从CPI同比变动的趋势和周期来看，2019年，深圳与全国、广东省基本保持一致，总体上行，分月度走势均呈现前低后高态势。从波动幅度来看，2019年深圳涨幅比全国平均水平（上涨2.9%）高0.5个百分点，与广东省平均水平（上涨3.4%）持平。与北京、上海、广州等主要一线城市相比，深圳涨幅明显高于其他城市，比北京（上涨2.3%）高1.1个百分点，比上海（上涨2.5%）高0.9个百分点，比广州（上涨3.0%）高0.4个百分点。

从PPI同比变动的趋势和周期来看，2019年，深圳与全国、广东省走

势基本一致，总体下行，分月度走势呈现前高后低态势。从波动幅度来看，2019 年深圳涨幅比全国平均水平（下降0.3%）高0.3 个百分点，比广东省平均水平（上涨0.2%）低0.2 个百分点（见图4），深圳较上年同期回落0.2 个百分点，明显低于全国（较上年回落3.8 个百分点）和全省（较上年低1.6 个百分点）。深圳 IPI 下降0.6%，较上年同期（2.4%）回落3.0 个百分点，明显也低于全国（较上年同期回落4.8 个百分点）和全省（较上年回落3.3 个百分点）。与北京、上海和广州等主要一线城市相比，各城市PPI 都较上年出现不同程度的回落，其中2019 年深圳是 PPI 唯一保持非负的城市，分别比北京、上海和广州的增幅高0.4 个、1.2 个和1.0 个百分点，较上年回落的幅度小0.2 个、2.7 个和1.8 个百分点，表现了韧性和稳定性相对更强的特点。

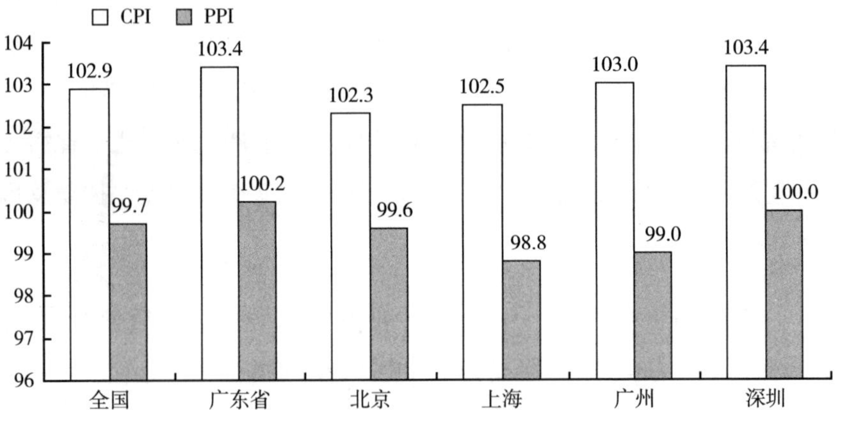

图4　2019 年深圳与全国、全省及其他主要城市 CPI 和 PPI 比较情况

二　影响2019年深圳物价变动的原因分析

2019 年，深圳的消费领域和生产领域价格发生了以上一些变化，这些变化既是市场经济条件下，生产、流通、分配和消费等社会环节在深圳辖区内供求关系的体现，也是现阶段深圳经济生态环境的客观反映，更和深圳外部的国际大宗商品价格变化、国内宏观经济形势和货币政策取向等相关联。总体来看，从突出事件线索的角度，2019 年深圳物价变化主要有以下几个原因。

一是相对宽松的货币政策环境。一般来讲，导致物价波动的原因复杂繁多，但在一定时期内，市场价格在根本上是商品或服务交换时的货币表现形式。或者说，一定程度上，价格是货币的外衣。2019 年，针对宏观经济下行压力持续加大，央行货币政策更加突出逆周期调节功能，保持流动性合理充裕。据中国银行公开数据，12 月末，我国广义货币余额（M2）为 198.65 万亿元，同比增长 8.7%，增速比上年同期提高 0.6 个百分点。而 2019 年我国国内生产总值（GDP）为 99.09 万亿元，同比增长 6.1%，增速比上年同期回落 0.5 个百分点，M2 与 GDP 增速之差为 2.6 个百分点，加之 2019 年经历了三次下调金融机构存款准备金率，相比经济总体规模过量和增长过快的货币投放，虽然对各类商品或服务的价格影响各有差别，但是必然造成货币购买力的下降，尤其是一定时期内，给存在供给约束的商品或服务造成价格上涨冲击。所以，相对宽松的货币政策是消费价格持续高位上涨的内在根本原因。

二是“超级猪周期”正当其时。客观上，生猪饲养和猪肉销售会受猪肉价格波动影响，当猪肉价格处于上涨周期时，养殖户为了追求利润最大化，扩大养殖规模增加生猪供给，造成猪肉价格下跌，随之养殖户缩小规模减少供给，猪肉价格上涨。2019 年与此不同的是，在猪周期下行之时，叠加了非洲猪瘟疫情冲击和环保政策趋严下的禁养限养等因素，造成生猪供给严重不足，导致猪肉价格连续大幅上涨。据国家统计局数据，2019 年我国猪肉产量为 4255.0 万吨，是自 2003 年以来的最低位。2019 年全国生猪存栏 31041 万头，同比下降 27.5%，全年生猪出栏 54419 万头，同比下降 21.6%，全年猪牛羊禽肉总产量为 7649 万吨，比上年下降 10.2%。就深圳而言，2019 年猪肉上涨对 CPI 影响最大的是 11 月，拉动 CPI 上涨 2.19 个百分点，对 CPI 单月同比增幅贡献率达 43.8%。可以说，猪肉是影响 2019 年消费价格波动的最大商品因素之一。

三是高技术产品价格锚定作用。对深圳而言，与我国大多数其他城市不同的是，生产者出厂价格波动更多地受本地高技术产品价格影响，而非与外部市场关联更为紧密的原材料或能源价格。基于 PPI 调查产品权重与其在工业经济中的价值量成正比原则，深圳 PPI 的高技术产品指数权重超过六成，其中又以通信设备、计算机及其他电子设备制造业占比最高，而价格波动较大的石油、金属、煤炭等行业占深圳 PPI 权重较小。通常来看，以电子产品类为代表的高技术产品技术进步快、规模化生产多、市场竞争充分，而且相关替代品选择余地大，总体产能充足，供大于求。所以，高技术产品价格总体呈现波动幅度较小、缓慢下行的趋势。正是高技术产品价格的这种锚定作用，导致在国内其他城市生产价格波动相对剧烈、上涨或下跌幅度较大时，深圳 PPI 涨幅偏低或跌幅较小。

四是国际大宗商品总体下行。2019 年，受全球贸易摩擦此起彼伏、经济贸易增速显著放缓、各主要经济体增速预期不断下调、地缘政治风险加大等因素影响，国际大宗商品价格总体下行。据国家发展改革委价格监测中心数据，2019 年，以 20 个主要国际大宗商品为监测样本，涵盖对我国进出口贸易影响较大的能源、农产品及部分工业品的大宗商品期货交易价格指数平均值为 67（以 2013 年 12 月为基期，基点为 100），比 2018 年下降 9.1%。2019 年纽约 WTI、伦敦布伦特原油期货价格分别比上年下降 12.26%、10.60%，伦敦铜、铝期货价格分别下降 8.2%、14.8%。总体来看，全球经济下行导致有效需求不足，以石油为代表的大宗商品价格下行，减轻了深圳生产价格上涨的外部输入性压力。

另外，消费观念升级以及成本推动的服务价格的刚性上涨等，也是物价变动的重要原因之一。

三　2020年深圳市物价走势展望

受突如其来的新冠肺炎疫情叠加影响，2020 年初现全球经济危机种种迹象：各受影响经济区域复产复工困难重重、OPEC + 减产谈判破裂、石油价格雪崩、美股熔断、全球股市哀鸿遍野，而且疫情并没有中止迹象，反而有向世界其他区域进一步加剧蔓延的趋势。疫情在一定程度上放大了人们对部分医疗、食物和日常用品的需求，同时更多地限制了其他方面的有效需求，并在实质上约束了生产。总体上可以预计，在消费领域，不管是食品还是工业消费品，其供给将落后于快速增长的需求。因此，消费价格将面临较大上涨压力。据国家统计局最新数据，2020 年 1 月全国 CPI 上涨 5.4%，涨幅比上月提高 0.9 个百分点；1 月深圳 CPI 同比上涨 6.7%，涨幅较上月提高 1.8 个百分点，其中食品价格环比上涨 6.6%；2 月深圳 CPI 同比上涨 5.2%，食品价格进一步环比上涨 2.5%。当然，食品价格大幅上涨与疫情造成的农产品运输不畅、产销价格分化等因素密切相关，但是，随着被抑制的其他消费需求的逐步释放，如健康、教育等改善型服务价格预计将进一步上涨，2020 年消费领域价格形势总体不容乐观。

此外，从货币政策角度看，受新冠肺炎疫情影响，我国已开始定向降准和降息，为生产发展注入流动性，以稳定经济增长。据中国人民银行数据，2 月末，广义货币（M2）余额为 203.08 万亿元，同比增长 8.8%，增速分别比上月末和上年同期高 0.4 个和 0.8 个百分点。可以预见，2020 年货币供应宽松的局面，将进一步增强而不是减弱，物价上涨的货币因素明显。

从当前影响消费价格的关键因素——猪肉价格看，2 月深圳猪肉价格环比上涨 7.0%，虽然环比增幅比 1 月收窄 9.3 个百分点，但是作为环比而言已是巨大的波动；另外，值得注意的是，对于生猪年消费量在 600 万头左右的深圳而言，自 2014 年加强畜禽养殖业污染防治，划分畜禽养殖禁养区、限养区后，深圳养猪场逐渐外迁或关闭，目前除深汕合作区外，深圳已没有生猪养殖场，所有生猪都依靠市外供应。2018 年，受非洲猪瘟疫情影响，深圳对屠宰场要求进一步严格，对生猪来源实行“双暂停”，暂停发生疫情及相邻省份的生猪入场，暂停批发市场生猪入场。在以上背景和政策框架下，保障猪肉价格稳定，其难度可想而知。而且，生猪、能繁母猪存栏量恢复周期较长，防疫成本和环保投入具有强约束，因此，预计短期内猪肉价格仍将处在高位。

从生产领域价格来看，由于疫情对复工复产的负面影响，工业原材料和大宗商品需求被抑制，预计初期生产价格仍将下行，随着复工复产回升，工业产能逐步恢复，需求缺口将产生，生产价格上涨的局面将会出现。据国家统计局深圳调查队最新数据，1 月，深圳工业生产者出厂价格同比下降 0.1%；2 月，深圳工业生产者出厂价格同比上涨 0.3%。总体来看，基于深圳工业结构特征，2020 年，预计深圳生产者价格依然维持窄幅波动，可望实现上行。

四 政策建议

2020 年是我国全面建成小康社会和“十三五”规划的收官之年，也是深圳经济特区建立 40 周年，更是展望未来、推进粤港澳大湾区和深圳先行示范区建设向纵深发展的关键之年。站在新的起点上，深圳应担负起实现高质量发展的历史使命，而稳定的物价当然是高质量发展的应有之义。从这个意义上讲，2020 年，深圳有实现物价稳定运行的内在根本要求。为此，建议政府在应对即将面对的物价波动，尤其是消费价格大幅上涨局面时，关注以下三个方面。一是加强宏观调控。把稳定物价总水平作为政府工作的重要任务之一，保持稳健的货币政策，严防“大水漫灌”，为经济高质量发展创造良好的货币金融环境。二是增强中观施策。政府各部门要及时打出“组合拳”，加强市场供给保障，降低流通环节成本，尤其要畅通基本生活所需的粮食、生猪和蔬菜的供给渠道，保障农产品价格基本稳定。三是完善微观管理。受消费价格大幅上涨影响最大的是普通市民和困难群众，要在全面启动社会救助和保障标准与物价上涨挂钩联动机制的同时，及时改进工作方式方法，强化社区基层监测跟踪，尽可能减少困难群体基本生活受物价上涨影响，维护社会稳定。

行业发展篇

Industry Analysis Section

B.5 深圳金融业发展形势分析

刘国宏*

摘　要： 2019年，深圳金融业增加值有所增长，但存贷款余额、银行业机构总资产等指标增速仍在低位，全市“金融+”战略雏形正在显现。同时，深圳迎来粤港澳大湾区和深圳中国特色社会主义先行示范区“双区驱动”战略机遇期，全市金融业要遵循行业规律，发挥市场优势，围绕全球动能重构需求，制定深圳金融战略；结合深圳创新阶段特征，加速金融业态升级；顺应深港金融合作大势，提升深圳金融能级；抢抓金融科技发展机遇，抢占金融未来制高点；摒弃监管主义至上思维，激发金融市场主体发展动力，加快从全国金融创新中心迈向国际金融中心的步伐。

* 刘国宏，中国（深圳）综合开发研究院院长助理、金融与现代产业研究所所长，主要研究方向为地方金融、国企改革和产业规划。

关键词： 深圳 金融业 金融+ 科技金融

一 2019年深圳金融业发展状况

（一）金融业增长仍呈现换挡调整态势

2019年，深圳金融业增加值为3667.63亿元，同比增长9.1%，在全市GDP中所占比重接近15%（见图1）。截至12月末，全市金融机构（含外资）本外币存款余额为8.39万亿元，同比增长15.7%（见图2），呈现触底反弹态势；全市金融机构（含外资）本外币贷款余额为5.95万亿元，同比增长13.2%，增速与上年基本持平，自2016年以来金融业发展换挡调整的态势仍在持续。[①] 2019年9月英国智库Z/Yen集团发布的第24期“全球金融中心指数”排名中，深圳由第23期的第14位上升至第9位，在国内城市中仅次于香港（第3位）、上海（第5位）和北京（第7位）。

（二）银行、证券、保险等金融机构发展良好

截至2019年11月末，深圳银行业金融机构资产总额为8.58万亿元，比上年同期增长5.54%，不良贷款率为1.35%，基本与上年同期持平；保险业保费收入为1263.47亿元；22家法人证券公司总资产位居全国第一，法人基金公司数量仅次于北京和上海。深圳农村商业银行作为全国首家获准发行无固定期限资本债券的农村中小银行，发行不超过25亿元人民币无固定期限资本债券。至2019年底，来自9个国家或地区34家银行在深设立38家外资营业性机构；国内A股上市公司数达296家，上市公司总市值为6.52万亿元，居全国第2位，仅次于北京。

① 《深圳市2019年国民经济和社会发展统计公报》。

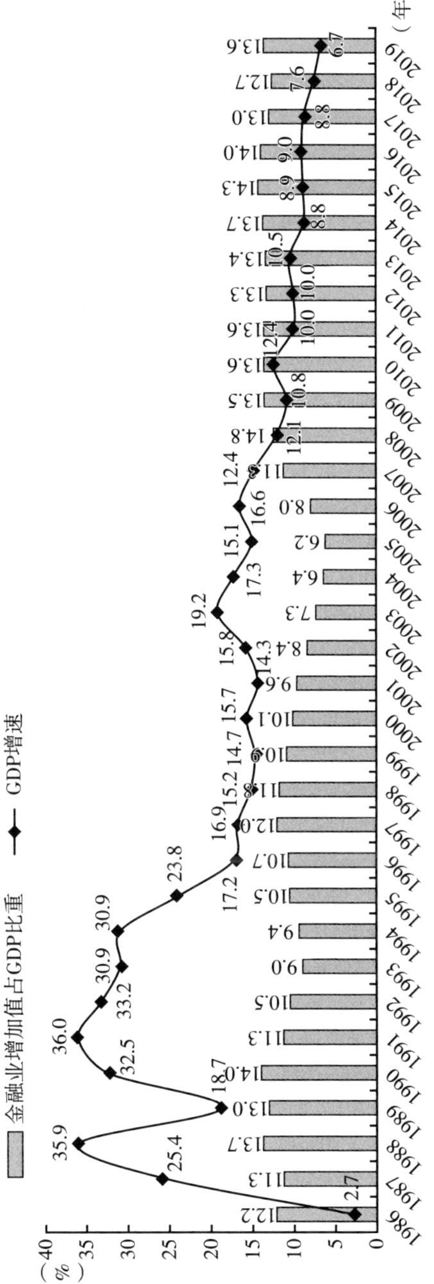

图1 1986～2019年深圳经济与金融业发展情况

资料来源：《深圳统计年鉴》（历年）、《深圳市2019年国民经济和社会发展统计公报》。

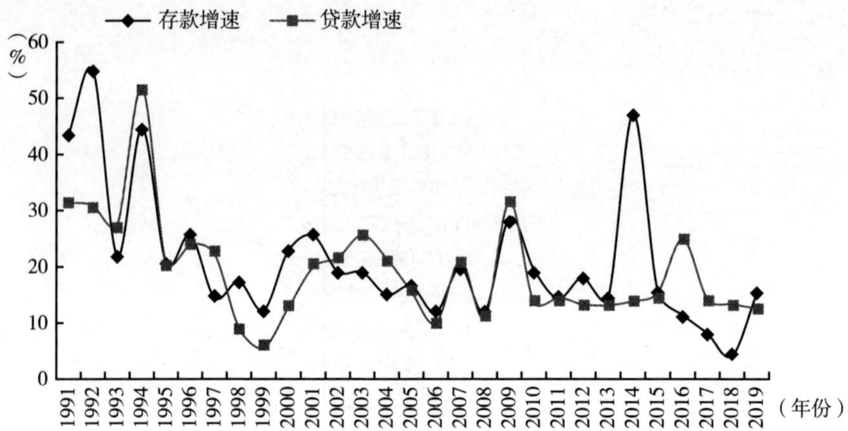

图2　1991～2019年深圳金融机构（含外资）存贷款余额增速

资料来源：历年《深圳统计年鉴》、《深圳市2019年国民经济和社会发展统计公报》。

（三）金融生态市场建设持续向好

深港通交易持续活跃，外资持续增持境内股票，非金融企业债券融资规模不断增长，跨境人民币收付规模再创新高。深圳市地方金融监督管理局、人行深圳中心支行以及深圳银保监局筹备组联合出台《深圳市小额贷款保证保险试点实施办法》等政策，深化银税互动、银保合作，全面开展“百行进万企”融资对接工作。继续深化整顿互联网金融市场秩序，组建全市网贷风险处置实体化工作专班，在全国率先搭建网贷机构退出投票表决系统。完善社会信用体系，全国首家市场化个人征信机构百行征信正式落户深圳。

（四）“金融+”发展战略开启

开启“金融+科技”“金融+环境”“金融+海洋”等“金融+”系列战略举措。实施“金融+科技”战略，加快科技金融发展，丰富金融科技实践，培育金融科技生态，服务产业链、创新链、资金链“三链融合”；实施“金融+环境”战略，支持绿色金融发展，创新绿色金融模式，促进绿色信贷、绿色债券、绿色基金等产业发展；实施“金融+海洋”战略，加快设立国际海洋开发银行，创新国际多边开发性金融运作模式，支持深圳建设全球海洋中心城市；实施“金融+社会”战略，支持社会影响力投资、公益金融等重点项目发展，为教育、医疗、健康、文化等社会民生的可持续发展提供强大支撑。

二　深圳金融业发展形势分析

（一）中国金融开放步入“快车道”，为深圳金融业开放发展创造了难得机会

近年来金融业已成为我国构建全面开放新格局的重要开放领域，从机构准入到业务准入，再到市场开放，一批外资银行、保险、证券、理财等金融机构申请筹建，QFII、RQFII的投资额度限制取消，明晟（MSCI）、富时罗素、彭博巴克莱、摩根大通等国际主流指数公司纷纷把中国A股和债券纳入其指数体系。影响中国金融业发展的关键因素正从原来监管权所决定的政策条件，向市场化所决定的营商条件转变，全国各大城市金融业集聚格局正在潜移默化地发生变化。诸多国际知名金融机构更加看重市场的辐射力和政策的稳定性，而不是给予土地资源、租赁补贴等非业务范围内的各种政策套利机会。深圳正是依托产业发展的真实需求和市场内在力量，促进了金融业的发展和壮大，形成了独具活力的金融生态系统，涌现出平安保险、招商银行、深创投等一批可代表中国金融业界形象的金融品牌。我国本轮金融业开放不仅将凸显深圳金融的生态优势和发展潜力，吸引更多金融机构和金融资源集聚，更重要的是金融双向开放使深圳在全国金融战略中的辐射区位发生了重大变化，开始从服务全国的金融创新中心不断迈向联结全球的国际金融中心。

（二）《粤港澳大湾区发展规划纲要》的核心要求实质上是建成一个“科技+金融”的湾区

我国于2019年3月正式发布了《粤港澳大湾区发展规划纲要》（以下

简称《纲要》)，其重大意义正如《纲要》所述，“建设粤港澳大湾区，既是新时代推动形成全面开放新格局的新尝试，也是推动‘一国两制’事业发展的新实践”。从《纲要》的热门产业领域的关键词分析来看，“科技”和“金融”出现的次数远远高于“制造”“能源”“医疗”“物流”等其他关键词（见表1），未来的大湾区就是一个“科技+金融”的湾区，其中科技产业热点集中于信息技术领域，金融产业热点集中于保险领域。而“科技+金融”实际上正是深圳市的特色。这对深圳金融业未来发展具有重要的启示意义，深圳金融业需要把握保险创新发展试验区建设等重大机遇，更加深入地做好“科技金融”和“金融科技”的大文章，更好地服务于科技创新和科技产业化，同时利用人工智能（Artificial Intelligence）、区块链（Block Chain）、云计算（Cloud）、大数据（Big Data）等“ABCD”科技力量，孵化和培育金融新产品、新业态、新模式，为金融更加高效、更加精准地服务于实体经济提供源源不断的创新活力。

表1 《粤港澳大湾区发展规划纲要》中关键词出现频次

一级关键词	出现频次	二级关键词	出现频次
科技	72	大数据	5
		通信技术	3
		物联网	2
		基因	2
		人工智能	2
		5G	1
		云计算	1
		纳米	1
金融	62	保险	17
		特色金融	6
		银行	4
		证券	3
		科技金融	3
		金融科技	2
		跨境金融	2

续表

一级关键词	出现频次	二级关键词	出现频次
制造	30	装备	10
		汽车	3
		石化	2
能源	18	电	24
医疗	18	中医药	11
		健康	10
物流	16	港口	12
		供应链	3

资料来源：根据《粤港澳大湾区发展规划纲要》统计所得。

（三）深圳建设中国特色社会主义先行示范区，明确了九大领域金融改革发展任务

2019 年 8 月，中共中央、国务院印发《关于支持深圳建设中国特色社会主义先行示范区的意见》，明确了深圳至 2035 年建成“竞争力、创新力、影响力卓著的全球标杆城市”的宏大发展目标，其中包含资本市场建设、金融创新发展等九大领域金融业改革发展的具体任务。一是关于资本市场建设，明确要“研究完善创业板发行上市、再融资和并购重组制度，创造条件推动注册制改革”；二是关于金融创新发展，明确要“支持在深圳开展数字货币研究与移动支付等创新应用”；三是关于湾区金融融通，明确“促进与港澳金融市场互联互通和金融（基金）产品互认”；四是关于人民币国际化，明确“在推进人民币国际化上先行先试，探索创新跨境金融监管”；五是关于外汇管理制度建设，明确“支持深圳试点深化外汇管理改革”；六是关于新设银行机构，明确“探索设立国际海洋开发银行”；七是关于绿色金融发展，明确“加快建立绿色低碳循环发展的经济体系，构建以市场为导向的绿色技术创新体系，大力发展绿色产业，促进绿色消费，发展绿色金融”；八是关于知识产权证券化，明确“探索知识产权证券化，规范有序建设知识产权和科技成果产权交易中心”；九是关于养老保险发展，明确“健

全多层次养老保险制度体系，构建高水平养老和家政服务体系。推动统一的社会保险公共服务平台率先落地，形成以社会保险卡为载体的‘一卡通’服务管理模式”。

（四）深圳地方金融风险防控压力依然较大，要求当前各类金融创新必须依法合规

近年来伴随着全国创新创业蓬勃发展，深圳各种金融创新不断涌现，虽然对服务实体经济和财富增值管理发挥了积极作用，但由于缺乏制度建设和规范管理，一些地方金融业务监管制度缺失、监管工具缺乏，一些新兴金融模式具有重大风险漏洞，带来了较大的地方金融风险防控压力。例如 P2P 属于涉众金融经营，但平台又不承担相应的风险责任，容易产生严重的逆向选择和道德风险问题。伴随着 P2P 风险逐步暴露，国家对 P2P 发展的政策也经历了从鼓励到限制、整顿，再到全面退出的不断演变，深圳 2015 年高峰时有上千家 P2P 平台上线，截至 2019 年底仍有 203 家 P2P 平台机构有待有序退出。此外，深圳小贷、担保、典当、融资租赁、商业保理以及区域股权市场等地方金融机构融资余额占全市中小微企业贷款余额的 30%，这些均对地方金融监督管理和风险防范提出了更高要求。由此，深圳金融业发展虽然有粤港澳大湾区和社会主义先行示范区建设的重大利好，对区块链技术、数字资产等旗号下各种非法金融活动必须高度警惕，要立足服务实体经济的本质，依法合规开展金融创新。

三　2020年深圳金融业发展建议

（一）围绕全球动能重构需求，制定全市金融战略

当前，全球经济总体上处于旧技术周期的末尾阶段和新技术周期的前夕阶段，新动能不断孵化培育和壮大，在已知商业模式上修修补补或简单模仿已经变得越来越难。全球范围内硬科技和重资产的创新竞赛正在拉开众多企

业创新发展的档次和能级。这预示着更大的研发投入、更多的运营资金和更加频繁的创新试错。深圳需要在借鉴港交所、上交所注册制、非营利企业上市经验的基础上，推动资本市场进行更大力度的改革创新和前瞻性布局（交易所公司化改革等），支持大型科技集团或平台企业 CVC 基金发展，使更多硬科技和重资产型的创新获得强大的、可持续的金融支持。

（二）结合深圳创新阶段特征，加速金融业态升级

伴随深圳逐步跃上全球创新链高端，越来越多的深圳企业步入“创新无人区”，由跟踪模仿为主转向源头创新为主。而源头创新与模仿创新不同，创新方向混沌，创新路线模糊，创新市场难以预测，深圳未来的创新必然不再是抢些科研人才、科研设备和科研项目那么简单，不是“从 1 到 10”，而是“从 0 到 1”。深圳金融需要引导创投风投体系导入更多的产业资本、长期资本与家族资本，同时争取创投风投税收、社保基金投资、私募二级市场等制度性探索试验，再创科技金融新优势，推动金融服务不断向基础研发、应用基础研发环节前移，支持千千万万创新主体更加高效创新。

（三）顺应深港金融合作大势，提升深圳金融能级

鉴于香港具有高资本流动、低税收成本、高度法治化的特征，以及属于普通法系，可以与纽约、伦敦两大全球性金融中心无缝对接的优势，深圳金融发展要“两条腿走路”：一是继续深化深港金融合作，支持深圳风险利用香港走向国际，香港的国际资本利用深圳走向湾区和内地市场；二是加快提升自主开放发展能力，借鉴迪拜国际金融中心自由区政策，争取前海深港合作区、深港科技创新特别合作区深圳片区等区域金融政策开放，打造直接对接纽约、伦敦的资本市场门户。

（四）抢抓金融科技发展机遇，抢占金融未来制高点

深圳金融业再上新台阶必然要依靠科技支撑下的金融创新发展。要支持

平台型企业、科技型企业开展金融科技创新探索，支持持牌金融机构开放式发展（开放银行等模式），加强金融科技应用，促进金融机构转型升级，优化信用创造机制，提高金融监管水平，突破制度约束，提高金融服务深度与广度，加快培育金融科技时代的“平安保险”“招商银行”“深创投”等深圳金融全球知名品牌。

（五）摒弃监管主义至上思维，激发金融主体发展动力

地方金融监管机构回归监管者角色，主要目标不应陷入对产品和业务的评判和许可，以及对技术和模式发展的干预与引导，而是要防范系统风险、保护有序竞争、强化信息披露、维护公众利益，在依法合规前提下激发金融机构开发市场、创新模式的能动性，更好地服务于实体经济和满足居民财富保值增值需求。

参考文献

中国（深圳）综合开发研究院课题组主编《中国产业金融发展指数报告 2018》，中国经济出版社，2018。

樊纲等：《中国经济特区研究——昨天和明天的理论与实践》，中国经济出版社，2009。

B.6
2019年深圳房地产市场形势分析与2020年政策导向

王　锋*

摘　要：　本报告介绍了2019年深圳房地产市场运行情况，分析了2019年深圳房地产市场调控政策。在此基础上，结合国家房地产市场发展政策导向，提出完善调控政策、稳妥实施房地产健康发展长效机制的建议。本报告认为，2020年，深圳应坚持“房子是用来住的，不是用来炒的”定位，持续加强房地产调控，深化住房制度改革，大力发展住房租赁市场；在长效机制不断完善和供给侧结构性改革发挥积极作用的背景下，2020年深圳房地产市场将继续保持平稳、健康的发展局面。

关键词：　房地产市场　住房租赁　深圳市

2019年，深圳市坚持“房子是用来住的，不是用来炒的”定位，全面落实城市主体责任制，持续加强房地产市场调控，房地产市场总体运行平稳。具体来看，在建设粤港澳大湾区和建设中国特色社会主义先行示范区“双区驱动”重大历史机遇下，深圳市一方面坚决落实2016年以来实施的房地产调控政策，另一方面加快建立房地产健康发展长效机制、开展新一轮住房制度改革，房地产市场保持着平稳健康的发展局面。2019年，房地产

---

* 王锋，博士，研究员，深圳市房地产和城市建设发展研究中心主任，主要研究方向为房地产理论和政策、住房政策。

开发投资稳步增长，居住用地供应大幅增加，房地产市场销售明显增长，房价、地价和租金保持稳定，全面实现稳地价、稳房价、稳预期调控目标。展望2020年，深圳将继续坚持“房住不炒”定位，继续加强房地产市场调控，继续深化新一轮住房制度改革的各项措施，稳妥实施房地产长效机制，房地产市场将继续保持平稳健康的发展局面。

一 2019年深圳房地产市场形势

（一）房地产市场情况

1. 房地产开发投资稳步增长

2019年，全市房地产开发投资3059.9亿元，同比增长15.9%，占固定资产投资的比重为41.6%；其中，住宅投资1518.9亿元，同比增长16.5%，占房地产开发投资的比重为49.6%。全市商品房新开工面积为1455.5万平方米，同比下降4.8%；其中，住宅新开工面积为772.8万平方米，同比下降2.8%。上半年商品房新开工面积同比下降36.6%，下半年降幅逐步收窄，到年底降幅收窄至不到5%，房地产开发企业信心逐步恢复。

2. 商品房供应明显增加

2019年，全市商品房批准预售楼盘185个，其中商品住宅批准预售楼盘79个。全市商品房批准预售面积为769.05万平方米（见图1），同比增长9.9%；其中商品住宅批准预售面积为460万平方米，同比增长20.9%。从各月情况看，下半年房地产开发企业推盘积极性较高，市场供应速度明显加快。从各区情况来看，商品房供应主要集中在龙岗区和宝安区，批准预售面积分别为126.17万平方米和200.04万平方米，占全市比重为42.4%。

3. 商品房销售较为活跃

2019年，全市新建商品房销售面积为736.01万平方米（见图2），同比

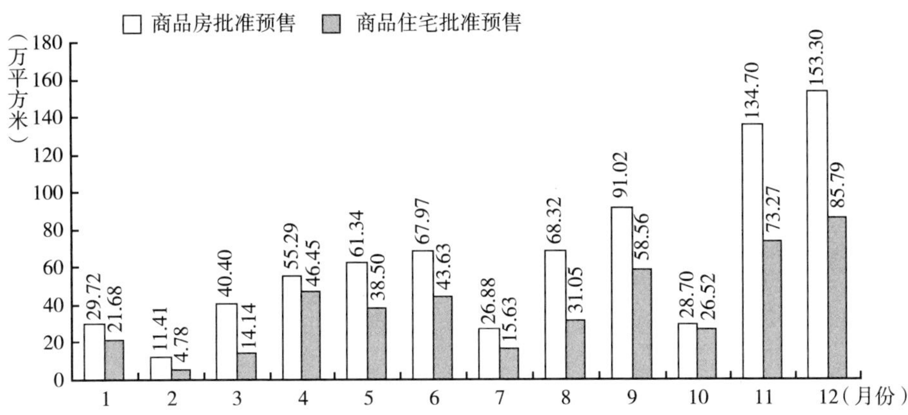

图1　2019 年深圳市商品房和商品住宅批准预售面积

资料来源：深圳市住房和建设局。

增长 12%；其中，商品住宅销售面积为 492.89 万平方米，同比增长 14%，市场销售比较活跃。从各月情况来看，3 月以后，市场延续年初楼市“小阳春”热度，销售量持续向好，成交量保持在相对高位，进入年底，市场供应显著放量并带动成交快速增长。

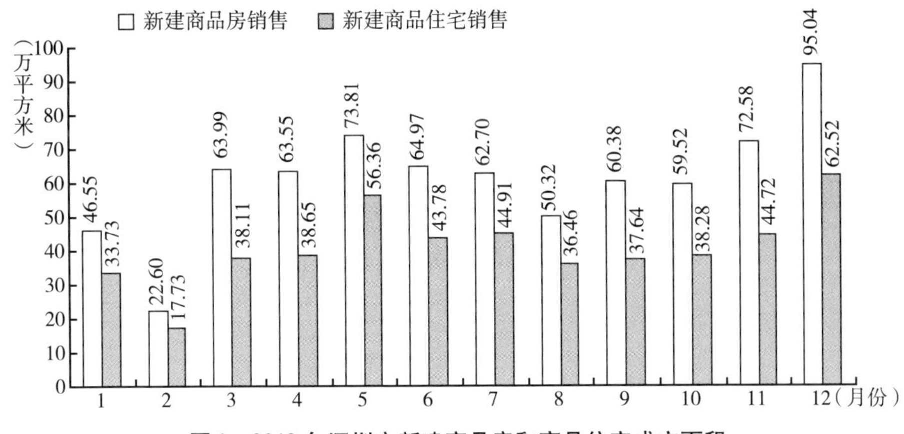

图2　2019 年深圳市新建商品房和商品住宅成交面积

资料来源：深圳市住房和建设局。

4. 商品住宅价格保持稳定

2019年，全市新建商品住宅成交均价为54741元/米^2，同比增长1.2%。据国家统计局数据，2019年12月，深圳新建商品住宅价格同比上涨3.6%，涨幅处于合理区间。

5. 二手房成交增长明显

2019年，全市二手房成交面积为709.90万平方米，同比增长14.6%；其中二手住宅成交面积为652.11万平方米（见图3），同比增长20.0%。从各月成交量来看，受年初全国市场回温和《粤港澳大湾区发展规划纲要》出台带动，3月，二手房市场开始转暖，成交量环比增长120.9%；第三季度以后，随着支持深圳建设中国特色社会主义先行示范区文件出台，成交量逐步提高；2019年底，随着普通住房标准调整政策出台，刚需购房成本明显降低，市场再度活跃。

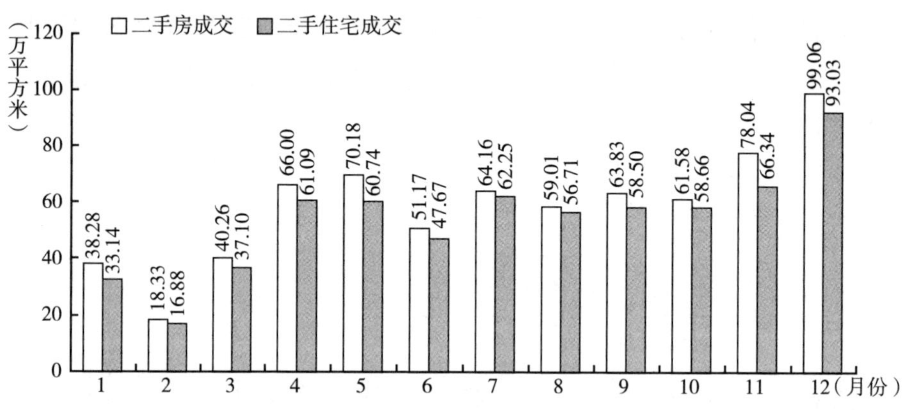

图3 2019年深圳市二手房和二手住宅成交面积

资料来源：深圳市住房和建设局。

6. 土地供应大幅增长

2019年，全市招拍挂出让11宗居住用地，出让面积约44万平方米，同比增长超过90%。6月，全市出让5宗居住用地，土拍竞争比较激烈。11月，房企融资环境收紧，加之政府对土地出让采取“双限双竞”方式，出让的6宗居住用地中，1宗流拍，2宗底价成交，其余3宗均未达到最高限价。据统计，2019年第四季度深圳居住用地价格环比上涨0.55%，全年累计上涨2.97%。

7. 房地产贷款平稳增长

2019年，全市房地产贷款余额为2.02万亿元，同比增长10.8%；其中房地产开发贷款余额为4932.84亿元，同比增长15.4%，购房贷款余额为1.48万亿元，同比增长9.2%。下半年，随着央行房地产金融政策收紧，深圳房地产贷款增速稳中有降，房地产开发贷款增速较年初回落9个百分点。

（二）住房租赁市场情况

1. 租赁住房供应充足

近年来，深圳出台一系列政策，大力培育和发展住房租赁市场，鼓励社会力量积极参与租赁市场供应。截至2019年底，全市各类出租住房面积约3.48亿平方米、783万套（间），占住房总套（间）数的72%。2019年深圳市居住类租赁房房租指数见图4。

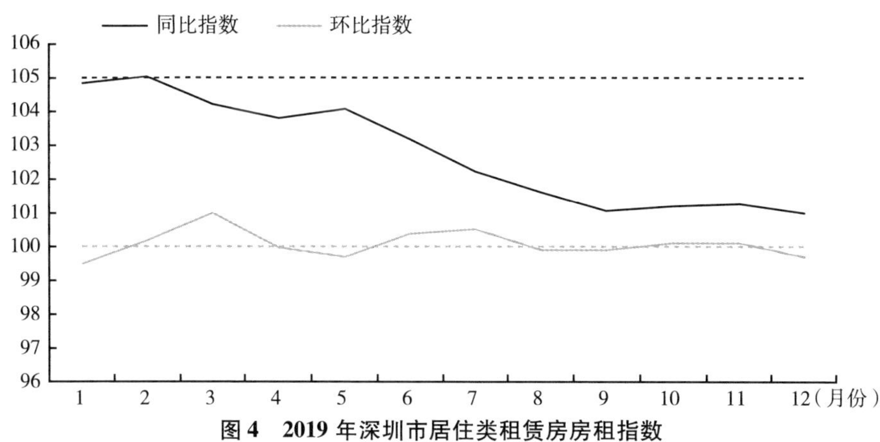

图4　2019年深圳市居住类租赁房房租指数

资料来源：深圳市统计局。

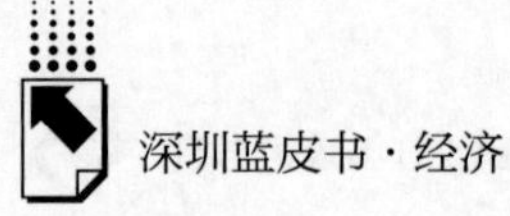

2. 住房租金总体稳定

据统计部门数据，2019 年深圳租赁住房房租同比上涨 2.8%，在住房租赁市场不断发展和完善的背景下，全年租赁住房房租同比指数呈下降趋势。根据住房租赁市场调查数据，2019 年全市商品住房单位租金为 79.8 元/米^2，同比增长 1.2%，城中村住房单位租金为 40.6 元/米^2，同比增长 3.2%，城中村租赁价格约为商品住宅的 1/2，两者差异较大。此外，商务公寓单位租金为 99.7 元/米^2，不同类型房屋租金跨度较大。

3. 区域租金差异明显

2019 年，南山商品住房单位租金最高，为 110.5 元/米^2；坪山最低，为 39.7 元/米^2。各区租金涨跌差异较大，光明商品住宅单位租金同比下跌，其他 9 个区单位租金均同比上涨，宝安、南山、坪山涨幅在 5% 以上（见表 1）。

表 1　2019 年深圳市各区商品住宅单位租金及同比变化幅度

区域	单位租金(元/米^2)	同比变化幅度(%)
罗湖	88.0	3.9
福田	109.4	2.5
南山	110.5	5.8
盐田	61.3	3.7
宝安	70.5	6.2
龙岗	54.9	2.6
龙华	68.5	2.6
光明	48.0	-0.7
坪山	39.7	5.4
大鹏	42.1	2.2

资料来源：根据案例调查数据得到。

二　2019年深圳房地产市场调控政策

2019 年，深圳继续严格执行限购、限贷、限价、限售等房地产调控政策，加快推进新一轮住房制度改革的各项措施，住房租赁市场政策力度加大，房地产市场保持平稳健康发展。

（一）调整普通住房标准

2016 年深圳房价过快上涨，按原有普通住房标准征税，居民购房负担较大。2019 年 11 月，深圳对普通住房标准进行调整，规定同时满足住宅小区建筑容积率在 1.0 以上、单套建筑面积在 144 平方米以下的住房为“普通住房”。此次调整，充分考虑居民合理诉求，落实国家减税降费政策，有利于使更多刚需家庭降低购房成本、提高支付能力。

（二）加快住房制度改革

2019 年，深圳落实新一轮住房制度改革的工作要求，制定了《深圳市公共租赁住房建设和管理办法》《深圳市安居型商品房建设和管理办法》《深圳市人才住房建设和管理办法》三个政府规章，向社会公开征求意见。开展大规模公共住房建设行动，举行多个批次公共住房集中开工活动，努力加大公共住房供应力度。

（三）完善住房租赁政策

2019 年，为规范住房租赁市场发展、稳定租金，深圳出台《深圳市人民政府关于规范住房租赁市场稳定住房租赁价格的意见》，制定《〈深圳市房屋租赁合同书〉示范文本（住宅）》等文件，积极争取中央财政资金奖补支持，成为全国第一批获得奖补的试点城市。

（四）整顿房地产市场秩序

2019 年，针对房地产市场乱象，政府持续加大市场整顿力度，特别是针对年底出现的部分小区业主集体炒作房价现象，开展了二手住房市场秩序专项整治行动，对明显高于近期成交价的挂牌房源进行交易限制，严厉打击投机炒作、扰乱市场秩序的行为。

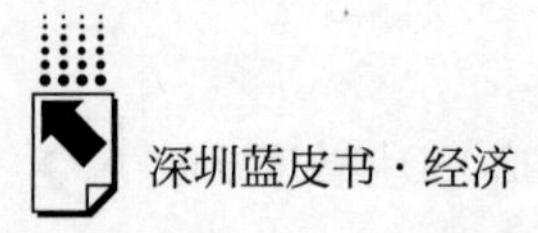

三　当前深圳房地产市场面临的主要问题

2019 年，在房地产调控政策的持续作用下，深圳房地产市场整体保持平稳发展，但也面临一些新情况、新问题。

（一）区域市场冷热不均

各区商品房销售冷热不均，呈现“东冷西热”态势，部分区域空置明显。如龙岗、坪山等东部片区，商品房销售普遍不理想，库存去化缓慢；南山、宝安、光明等西部各区，商品房需求旺盛。

（二）写字楼空置偏高

随着产业结构转型升级，以金融、科技和总部经济为代表的高端服务业快速发展，但是在规划、土地出让和开发建设中存在高估需求，致使短期写字楼空置率较高。据调查，四个季度写字楼平均空置率为 25.9%，其中甲级写字楼空置率为 23.6%，以前海自贸区为代表的部分重点区域，写字楼出现较大规模空置。

（三）长租公寓面临发展瓶颈

目前，住房租赁企业贷款期限短、额度低、利率高，与企业经营需求不匹配，尚无成熟的长期贷款和金融解决方案。近年来长租公寓行业租金贷、资金链断裂等事件频发，主要原因是盈利模式单一、融资渠道窄、企业无序竞争、规范标准尚未建立等，行业发展面临瓶颈。

（四）经济下行压力影响房地产市场稳定

在全国经济增长趋缓背景下，深圳经济叠加中美贸易摩擦等因素出现增速放缓、下行压力大等问题。受经济增长放缓和其他城市调整政策影响，房地产市场上也产生了一些不利于稳定的行为。

四 2020年深圳房地产政策导向和建议

2018年以来，中央多次强调要坚持“房住不炒”定位，明确提出不将房地产作为短期刺激经济的手段。纵观2020年，虽然面临一系列发展的不确定性，我国房地产市场政策仍然整体偏紧，防范化解包括房地产在内的重大风险，仍然是经济社会发展的重大工作之一。

一是坚持住房民生属性，保持调控定力。2019年政府工作报告提出，要落实城市主体责任制，促进房地产市场平稳健康发展。4月、7月两次中央政治局会议重申，坚持“房住不炒”定位，落实房地产长效管理机制，不将房地产作为短期刺激经济的手段。年底中央经济工作会议和住建部工作会议强调，坚持“稳地价、稳房价、稳预期”目标，保持房地产调控不放松。整体来看，2020年在宏观经济下行承压、中美贸易摩擦、新冠肺炎疫情等不确定性背景下，中央坚持住房居住属性的决心很大、定力很强。

二是聚焦防范化解重大风险，房地产政策趋紧。2019年以来，金融主管部门多次就房地产表态，房地产金融政策收紧成为全年主基调。下半年，在宏观经济逆周期调节下，社会整体资金面有所宽松，但房地产业资金监管逆势从严，央行数次降准、LPR贷款利率改革都加强预期引导和资金用途管控，避免房地产成为资金过度流入的领域。

结合上述背景分析，对2020年深圳房地产发展和调控，提出以下政策建议。

（一）坚持“房住不炒”定位，持续加强房地产调控

当前，国内房地产市场环境较为复杂，要保持宏观经济稳定和房地产市场健康发展，必须坚持“房住不炒”，使其成为补短板和破解发展困局的重要抓手。为此，要做好以下方面工作。

一是深化房地产领域供给侧结构性改革。深圳作为粤港澳大湾区的核心城市和社会主义先行示范区建设城市，市场敏感度高、关注度大，对其他城

市具有风向标作用。深圳与其他同类城市相比辖区面积小，可供应土地有限，长期因供需紧张面临房价上涨压力。面对诸多困难和挑战，深圳要始终坚持“房住不炒”定位，坚持稳地价、稳房价、稳预期目标，通过深化供给侧结构性改革积极应对房地产市场形势的变化。例如，要持续增加住房用地供应，建立房价地价联动机制，以平衡市场供需矛盾并避免地价推高房价；再如，加强住房发展规划和实施计划编制，及时发布政策信息，通过政策引导解决市场预期不稳定问题。

二是完善房地产调控政策和手段。深圳打造民生幸福标杆城市，要以“下决心从根本上解决住房和房地产问题”为出发点，综合运用土地、金融、税收等方式，不断创新调控手段。如在金融方面，要探索建立住房政策性金融机构，按照政策性住房银行的模式吸纳各类社会资金，为人才、中低收入家庭获得可负担住房提供更有力支持；推广实施房地产投资信托基金（REITs），在完善相关管理制度和规则的基础上，推出更多 REITs 项目，并研究出台支持 REITs 的税收优惠政策。在税收方面，要加快探索房地产税制综合改革的措施，降低交易环节税负，开展房地产税征收，充分发挥税收对房地产市场的调节作用。

三是加强房地产市场监测和研判。房地产市场监测和预期研判，是精准实施调控的重要手段。深圳要发挥“先行先试”作用，在率先建立房地产市场监测预警机制的基础上，大胆创新、持续探索，不断完善房地产市场监测和预期研判的措施，充分利用大数据等先进技术，全面开展房地产市场监测、分析、评价、预判等工作，做到问题早发现、早消除，确保房地产市场平稳健康发展。

（二）深化住房制度改革，加快形成长效发展机制

房地产不仅是经济问题，更是民生问题。长期以来，因注重房地产对经济增长的带动作用，其民生要义未得到应有重视，高房价对整体住户部门消费和生活的挤出效应凸显。党的十九届四中全会提出，要加快建立多主体供给、多渠道保障、租购并举的住房制度。未来，房地产长效机制建设将更加

聚焦住房制度深化改革，加快形成多主体供给、多渠道保障、租购并举的住房供应和保障体系。结合深圳实际，建议从以下方面开展相关工作。

一是大力发展公共住房。1998 年住房制度改革提出，最低收入家庭由政府提供廉租房，中低收入家庭购买经济适用住房，其他收入高的家庭购买、租赁商品房。该文件实质上将住房供应体系明确为市场和保障两个体系，并形成租购并举的住房制度。个人认为，租赁型的公共住房主要面向低收入、住房困难人群和家庭，覆盖 10% ~20% 的人口，旨在保基本；销售型公共住房主要面向房价收入比超过 10 倍、无力负担商品房的人群。深圳市要准确理解国家住房制度改革的精髓，要坚持不懈地落实 2018 年新一轮住房制度改革的系列政策措施，咬定青山不放松，将深圳已确定的公共租赁住房、安居型商品房、人才住房、商品住房“三类四种”模式始终不懈地贯彻下去，并通过大规模公共住房建房行动，解决普通居民家庭的住房困难。

二是大力发展城中村租赁市场。住房租赁市场在解决全市居民住房问题中发挥着重要作用，作为租赁市场的主体，城中村住房占全市住房总量的 50% 以上、占全市租赁住房的 60% 以上，对解决市民住房问题举足轻重。结合我市建设用地少的现实，要加快研究城中村等存量住房租赁政策，更好地解决新增人口、新市民住房需求。目前，城中村住房仍存在消防、质量问题及公共配套不足问题，市场租赁行为也需要进一步规范。对不同区域租赁市场的发展也要制定有针对性的政策；如随着产业结构调整，原特区内城中村主要面向人才群体出租，政策的制定应立足于提高居住品质、满足各类人才住房需求；原特区外城中村更多承载了产业工人住房需求，政策的制定应立足于确保租金稳定、改善营商环境。此外，要探索将城中村作为公共住房筹集的重要来源，发挥存量住房作用，解决公共住房需求大、建设和供应难等问题。

五　总结及展望

2019 年，全国房地产市场继续保持调控定力，中央聚焦房地产市场发展存在的问题，提出坚持住房民生属性，不将房地产作为短期刺激经济的手段。目前，我国房地产市场发展顶点已基本出现，房地产政策由“控”向“稳”转变。2020 年，在取得阶段性调控成果的形势下，大城市应当利用“窗口期”，加快住房制度深化改革，建立和完善房地产长效机制，从制度上解决房地产市场长期存在的问题。

一是完善公共住房体系。住房保障制度的缺失，是导致住房房价高企、中低收入家庭住房困难、房地产泡沫化的根本原因，必须通过住房制度深化改革，建立完善的公共住房体系，才能形成多主体供给、多渠道保障、租购并举的住房发展模式。

二是大力发展住房租赁市场。深圳的城中村住房在住房租赁市场中占据重要地位，要加快制定规范城中村租赁市场的一系列政策，规范城中村租赁经营行为，更好地发挥城中村解决全市居民住房问题的积极作用。

三是完善房地产调控方式。要持续增加深圳市居住用地供应，长期坚持地价房价联动机制，发挥金融对房地产市场的稳定作用，加快探索房地产税收制度改革的措施，从而形成房地产市场长效健康发展机制。

四是加强房地产市场管理。以稳地价、稳房价、稳预期为目标，坚持现有房地产市场调控政策不放松，加强对房价、租金的指导，打击房地产市场各种违法违规行为，为长效机制建立创造良好条件。

展望 2020 年，“房住不炒”定位将继续坚持，长效管理机制将逐步形成，房地产调控政策将进一步深化和完善。尽管受年初新冠肺炎疫情的影响，深圳房地产市场存在一定的不确定性，但房地产市场需求旺盛的局面仍未改变，在持续开展新一轮住房制度改革、加快建立房地产长效机制政策的背景下，2020 年深圳房地产市场将继续保持供销两旺、价格平稳的局面，房地产业在改善人民生活、稳定经济增长等方面，仍将发挥重要和积极的作用。

B.7

深圳2019年工业经济运行情况及2020年展望*

夏　婧**

摘　要： 2019年深圳规模以上工业总产值规模首次超过上海，位居全国大中城市之首，工业投资保持快速增长，高端制造业持续快速发展，企业竞争力不断提升、效益持续向好。2020年，深圳工业经济将面临更加复杂严峻的压力和挑战，应紧抓粤港澳大湾区、中国特色社会主义先行示范区“双区驱动”的重大战略机遇，牢牢把握新一轮科技革命和产业革命带来的“机会窗口”，不断提升产业和企业发展质量，着力推动制造业质量变革、效率变革、动力变革。

关键词： 深圳工业　高质量发展　高端制造业

一　2019年深圳工业经济运行情况

2019年，面对复杂多变的经济形势和外部环境，深圳工业经济下行压力较大，工业增速承压回落，但工业经济运行总体上保持在合理区间内，工业投资和工业技术改造投资保持快速增长，工业结构持续优化，工业企业效益稳中向好，制造业高质量发展特征愈加明显。

---

* 报告中数据源自深圳市统计局、国家统计局深圳调查队。

** 夏婧，深圳市工业和信息化局主任科员，主要研究方向为经济统计学。

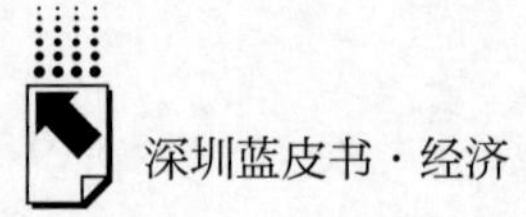

（一）工业规模继续位居全国前列

2019 年，深圳实现规模以上工业总产值 36869.2 亿元，同比增长 3.5%，规模以上工业总产值规模首次超过上海，居全国大中城市首位。实现全口径工业增加值 9587.9 亿元，同比增长 4.4%，全口径工业增加值规模居全国大中城市第二位，其中，规模以上工业增加值同比增长 4.7%。

（二）工业经济增速承压回落

2019 年，国际经济形势复杂严峻，中美贸易摩擦不断反复、持续升级，国内企业普遍面临外销受阻、关税成本上升等困难，全国及国内主要工业城市均面临较大的工业经济下行压力。2019 年，深圳规模以上工业增加值同比增长 4.7%，增速较上年回落 4.8 个百分点，低于全国 1 个百分点，与广东省持平，但高于上海、苏州、天津、北京等城市。

（三）重点行业走势出现分化

制造业增速有所回落。2019 年，深圳规模以上制造业增加值同比增长 4.2%，占全市规模以上工业增加值的比重为 91.8%，占比较上年回落 0.4 个百分点。其中，计算机、通信和其他电子设备制造业增加值同比增长 5.5%，增速较上年有明显回落；电气机械和器材制造业增加值同比增长 7.1%，较上年提高 9.7 个百分点；专用设备制造业增加值同比增长 8.9%，增速较上年回落 1.1 个百分点，但仍保持较快增长；通用设备制造业增加值同比增长 7.2%；医药制造业增加值同比增长 10.2%。

采矿业以及电力、热力、燃气及水的生产和供应业保持较好增长势头。2019 年，深圳规模以上采矿业增加值同比增长 18.4%，增速高于全市规模以上工业增加值增速 13.7 个百分点，较上年提高 29.3 个百分点，占全市规模以上工业增加值的比重为 3.5%，占比较上年提高 0.4 个百分点。其中，石油开采业增加值同比增长 18.5%。规模以上电力、热力、燃气及水的生产和供应业增加值同比增长4.7%，与全市规模以上工业增加值增速基本持平，增速较上年提高1.9个百分点，占全市规模以上工业增加值的比重为4.7%，占比较上年提高0.1个百分点。

（四）高端制造业持续快速发展

2019年，深圳先进制造业增加值同比增长5.5%，增速高于全市规模以上工业增加值增速0.8个百分点，占全市规模以上工业增加值的比重为71.9%。高技术制造业增加值同比增长5.9%，增速高于全市规模以上工业增加值增速1.2个百分点，占全市规模以上工业增加值的比重为66.6%。

（五）企业竞争力不断提升

截至2019年底，深圳规模以上工业企业数量已经超过9000家，居全国前列。2019年，深圳共有4家工业企业集团产值破千亿元，40家工业法人企业产值破百亿元，20家企业上榜2019年中国制造业企业500强榜单，19家企业上榜2019中国民营企业制造业500强榜单，22家企业入围2019中国电子信息百强企业名单。

（六）工业投资和工业技术改造投资保持快速增长

2019年，深圳工业投资同比增长11.5%，增速较上年提高3.3个百分点，高于全国工业投资增速7.2个百分点。其中，工业技术改造投资同比增长20.7%，工业技术改造投资占工业投资的比重为47.8%，占比较上年提高3.7个百分点。从行业来看，计算机、通信和其他电子设备制造业，医药制造业，汽车制造业等行业的工业技术改造投资均保持快速增长态势。

（七）工业品内销实现较快增长，外销明显下降

受中美贸易摩擦影响，深圳规模以上工业出口交货值自2019年9月

开始已连续4个月出现负增长，且降幅逐月扩大，2019年全年深圳实现规模以上工业出口交货值13908.2亿元，同比下降5.1%，增速较上年回落18.3个百分点，出口交货值占规模以上工业销售产值的比重由上年的43.2%回落4.2个百分点，至39%。与此同时，深圳规模以上工业内销产值增速明显加快，2019年实现规模以上工业内销产值21762.8亿元，同比增长10%，增速较上年提高4.3个百分点，部分抵消了外销受阻带来的负面影响。

（八）工业企业效益持续向好

2019年，深圳规模以上工业企业实现利润总额2420.7亿元，同比增长17.6%，增速较上年大幅提高21.6个百分点，高于全国规模以上工业企业利润总额增速20.9个百分点。亏损企业亏损额为348.7亿元，同比增长7.7%，低于全国亏损企业亏损额增速8.3个百分点。成本费用利润率为7.19%，较上年提高0.9个百分点。全员劳动生产率为32.15万元/人，同比增长14%。工业经济效益综合指数为292.58%，较上年提高26.6个百分点。2019年，深圳工业生产者出厂价格指数（PPI）“跑赢”工业生产者购进价格指数（IPI），工业生产者出厂价格指数（PPI）与上年持平，工业生产者购进价格指数（IPI）同比下降0.6个百分点，工业企业原材料采购成本压力得到明显缓解。

二 2020年深圳工业形势展望

2020年，深圳工业发展面临的压力和挑战更加严峻，主要体现在三个方面。一是外部形势更加复杂严峻。保护主义、单边主义抬头严重影响全球经济贸易格局稳定，贸易摩擦对深圳的影响逐渐显现，工业发展面临的不确定因素增多。二是新冠肺炎疫情影响。考虑到疫情的传播性、所处的经济周期和春节因素，与“非典”相比，新冠肺炎疫情对工业的影响程度会更大一些，2020年工业面临复工复产延后、生产成本增加、招工难、流动性风险加大等诸多困难。三是需警惕新一轮原材料成本上涨。2019 年 11 月，深圳工业生产者出厂价格指数（PPI）同比下降 1.1%，工业生产者购进价格指数（IPI）同比下降 1%，IPI 涨跌幅自 2019 年 4 月以来首次超过 PPI 涨跌幅。2020 年 1 ~2 月深圳工业生产者出厂价格指数（PPI）同比上涨 0.1%，工业生产者购进价格指数（IPI）同比上涨 0.5%，IPI 和 PPI 之间的剪刀差呈现进一步扩大的趋势。从 2019 年第四季度起，作为深圳智能手机、通信设备、电子产品等下游产业产成品成本的重要组成部分的被动元件价格已经开始止跌回升，国巨电子 2020 年 3 月起又将积层陶瓷电容（MLCC）报价调涨五成、电阻报价调涨五成。但是，机遇和挑战从来都是结伴而行的，我们既要看到压力和挑战，也要看到深圳工业经济稳中向好、长期向好的基本趋势没有改变，深圳有粤港澳大湾区、中国特色社会主义先行示范区“双区驱动”的重大战略机遇，有相对完善的工业体系和产业链，有巨大的国内市场和“一带一路”提供的广阔国际市场，且正面向新一轮科技革命和产业革命带来的“机会窗口”，深圳将外部压力转换为改革开放的内生动力，把制造业高质量发展摆在更加突出的位置，不断提升产业和企业发展质量，着力推动制造业质量变革、效率变革、动力变革。

三　促进2020年深圳工业发展的政策建议

（一）进一步筑牢制造业基础，打造更完整的产业链

制造业是深圳经济发展的压舱石和顶梁柱，要始终把制造业发展摆在突出重要位置上来抓，持之以恒筑牢制造业根基，进一步巩固产业链完整的优势。实施工业强基工程，有效整合产业资金，激励企业加大投入，突破重点行业关键领域“卡脖子”技术。支持企业开展质量体系建设、品牌提升推广、构建技术标准和产品标准等活动。优化先进制造业空间布局，集聚各类资源要素，完善配套服务，加快培育新一代信息通信等产业集群，率先打造具有国际竞争力的先进制造业集群。推动传统制造业向绿色时尚转型升级，

积极推进工业节能、资源综合利用和清洁生产。强化制造业补链强链稳链延链，瞄准集成电路制造、5G中高频器件等薄弱环节，集中各类资源支持技术攻关和招商引资，提升产业链安全性和自主性。

（二）深挖工业发展潜力，促进工业平稳健康增长

加强工业经济运行监测分析，及时监测发现工业经济发展中的重大问题和重点企业生产经营的困难风险，进一步提高经济政策的预见性、针对性和有效性。狠抓工业投资和工业技术改造投资，做好制造业项目招引工作，加大重大工业项目储备力度，加强重大工业项目跟踪服务，下大力气培育引进一批百亿级的制造业重大项目。加大重点企业服务力度，精准高效服务企业，协调解决企业困难和诉求。

（三）狠抓新兴产业培育，促进新旧动能接续平稳转换

聚焦5G、人工智能、区块链、新材料、生物医药、数字经济等新兴领域，加快培育经济发展新动能，推动制造业向网络化、数字化、智能化方向发展。构建全球领先的5G产业生态，加快建设5G通信网络，在工业互联网、智能网联汽车等5G典型应用场景和交通、警务等政务领域重点推进5G应用示范工作。打造数字经济创新发展试验区，推动大数据与实体经济深度融合，建设工业互联网制造业创新中心。全力建设人工智能创新应用先导区，支持关键零部件、智能产品的研发与产业化，加快突破算法、芯片等人工智能核心技术，提升产业引领和技术支撑能力。大力发展生物医药产业和医疗器械产业，提高企业研发水平，做大做强生产制造规模。

（四）毫不动摇坚持改革开放，持续优化完善营商环境

深化重点领域和关键环节改革，积极争取国家和省试点示范，争取一些有引领性、突破性的先行先试政策。推进区域融合发展，加强与“一核一带一区”区域协调发展战略衔接，打造具有全球影响力和竞争力的电子信

息产业集群，积极推动深圳先进制造业与港澳现代服务业、科技创新融合发展。聚焦空间、人才、用工、融资等企业发展最基本的要素需求，研究制定更加精准、更接地气的政策措施。培育和引进一批能够控制各个产业链关键节点、掌握各个产业链价值分配能力的产业生态主导型企业。支持民营中小企业稳健发展，进一步提升融资服务水平和纾困解难水平，支持更多科技创新型中小企业上市融资。

B.8

基于国际国内比较的深圳市人工智能产业政策改进研究

周光伟*

摘　要： 深圳市建设国家新一代人工智能创新发展试验区需要更加科学、全面的人工智能产业政策支撑。以深圳市“1+N”人工智能产业政策体系的供给侧、需求侧、环境侧三方面政策工具内容为基础，对比分析并研判领先国家的产业政策（主要是美国）、上级部门的产业政策（主要是国家和广东省）、具有同类可比城市的产业政策（主要是北京、上海、广州）对深圳市人工智能产业政策工具的可借鉴性，最终提出13条改进建议，如把发展科技金融作为人工智能产业资金支持政策的一部分、支持专业化众创空间示范、明确具有深圳市特色的政策立意、加强税收支持等，以期进一步提升深圳市人工智能产业政策的科学性和全面性。

关键词： 人工智能　产业政策　深圳市

2019年10月，科技部明确支持深圳市建设国家新一代人工智能创新发展试验区，要求深圳市打造具有国际竞争力的人工智能创新高地，突破

---

* 周光伟，经济学博士，深圳市龙岗区发展和改革局专业技术岗职员，主要研究方向为智能经济和智能社会。

人才、资本、信息、技术等创新要素流动的制度瓶颈，构建国际一流的开放创新生态。制定更加科学、全面的人工智能产业政策，是深圳市建设试验区的重要举措之一。在深圳市“1 + N”人工智能产业政策体系逐步完善的同时，国际、国内也陆续出台了人工智能产业专项政策，深圳市有必要通过比较研究同类政策文件的长处，在借鉴中努力改进自身的人工智能产业政策。

一 比较方法

（一）内容分析法

围绕如何运用有形之手促进人工智能产业又好又快发展，从现存的相关材料出发，将所有的有关材料看作一个有机整体，对深圳市以及国际国内其他地区的人工智能产业政策工具文本的具体内容进行客观描述、系统梳理，在与国际国内政策工具文本比较中寻找对深圳市人工智能政策工具文本改进的借鉴之处。具体步骤为：第一步，搜集并梳理深圳市人工智能产业政策工具文本内容；第二步，搜集并梳理国际国内人工智能典型产业政策工具文本内容；第三步，对国际国内人工智能产业典型政策工具文本内容中有、深圳市人工智能产业政策工具文本内容中无的内容（即“有—无”的差异性文本内容）进行合理性分析，并基于合理性分析将这一差异化政策工具文本转化为深圳市人工智能产业政策文本内容改进的建议。

（二）主要比较内容

学术界使用最为普遍的是 Rothwell 和 Zegveld[①] 对政策工具内容的分类，

---

① Rothwell, R., Zegveld, W., “An Assessment of Government Innovation Policies,” *Review of Policy Research* 3 (1984).

他们根据技术产业创新政策影响的不同层面，将政策工具分为了供给侧、需求侧、环境侧三类（也称为供给型、需求型、环境型），分别对产业发展形成推动力、拉动力和间接影响。供给侧主要是夯实产业发展所需要的要素条件，比如通过科学技术、教育培训、市场信息、公共事业（含基础设施）、资金支持等活动推动产业发展。需求侧主要是创造国际、国内市场，比如通过海外机构、进出口、政府采购、应用示范、用户补贴、服务外包等活动拉动产业发展。环境侧主要是改变产业创新发生的整体环境，比如通过目标规划、法规、税收、投资、知识产权、舆论环境等间接影响产业发展。这些方面相互配合，互为支撑，成为促进产业发展的政策手段。

在具体政策手段方面，还结合了国内学者的研究成果。比如曹林①将政府层面的区域产业政策手段分为行政手段（如市场准入制度、价格规制、质量规制、环境保护规制）、财政手段（如倾向性的政府采购、转移支付、财政投融资以及差别性税收）、金融手段（如差异化金融货币政策、政策性金融）、外贸手段（如关税、出口管制、非关税措施）、土地手段（如土地审批、土地供给、土地价格及其税费）、信息指导手段（如规划、劝告、信息服务平台）和制度变革七大类。

二　深圳市人工智能产业政策工具情况

（一）深圳市“1 + N”人工智能产业政策体系

截至2019年底，深圳市形成了以《深圳市新一代人工智能发展行动计划（2019—2023年）》为“1”个核心政策，以《深圳市人工智能等新兴产业空间布局规划》《深圳市城市大数据中心建设实施方案》等为“N”个辅助政策的政策体系，其中代表性政策见表1。

① 曹林：《区域产业发展规划理论与实例》，社会科学文献出版社，2014，第97～99页。

表 1　深圳市人工智能典型政策

序号	政策名称	发布时间	发布机构	有效期限
1	《深圳市新一代人工智能发展行动计划（2019—2023 年）》	2019 年 5 月	深圳市人民政府	到 2023 年
2	《深圳市城市大数据中心建设实施方案》	2019 年 1 月	深圳市人民政府办公厅	到 2020 年
3	《深圳市人工智能等新兴产业空间布局规划》	2018 年 7 月	深圳市经济贸易和信息化委员会	到 2020 年
4	《深圳市促进智能网联汽车产业发展行动计划（2019—2021 年）》	2019 年 3 月	深圳市工业和信息化局	到 2021 年
5	《深圳市机器人、可穿戴设备和智能装备产业发展规划（2014—2020 年）》	2014 年 11 月	深圳市人民政府	到 2020 年

（二）深圳市人工智能产业政策主要内容

按照本报告采用的比较方法，对“1 + N”人工智能产业政策中的重要内容进行了归类（见表 2），结果显示：一是深圳市人工智能产业政策工具文本内容可以分为供给侧、需求侧、环境侧三大块，基本符合学术界对技术

表 2　深圳市人工智能典型政策工具文本的核心内容

三类	政策手段	深圳市政策工具文本	来源
供给侧	科学技术	加强基础理论研究：组织实施重大基础科研专项，突破人工智能领域共性理论问题，包括深度学习、类脑智能计算、跨媒体感知计算、混合增强智能、群体智能、自主协同控制与优化决策理论； 突破核心关键技术：计算机视觉、语音识别、跨媒体感知、自主无人智能技术； 建设人工智能创新载体：制造业创新中心、重点实验室、国家级创新平台； 推动智能产品创新：发展核心关键零部件（智能芯片、智能传感器），支持人工智能产品创新（智能机器人、智能无人机、智能医疗系统、智能网联汽车、智能交通系统），培育人工智能企业集群（培育细分领域行业标杆、培育孵化人工智能企业）	《深圳市新一代人工智能发展行动计划（2019—2023 年）》

续表

三类	政策手段	深圳市政策工具文本	来源
供给侧	教育培训	多层次人才培育:建设人工智能学科、搭建人才培育平台、创新人才培养机制	《深圳市新一代人工智能发展行动计划(2019—2023年)》
	市场信息	成立人工智能专家咨询委员会,建立人工智能专家和骨干企业定期联络机制; 强化产业跟踪:加强对行动计划实施情况的跟踪监测分析,构建人工智能产业跟踪研究平台,探索建立人工智能产业统计指标体系和统计制度	《深圳市新一代人工智能发展行动计划(2019—2023年)》
	公共事业	夯实人工智能信息基础设施:下一代网络基础设施、物联网基础设施、高效能计算基础设施、城市大数据中心; 部署人工智能公共服务平台:技术标准服务平台、知识产权服务平台、检验检测服务平台、行业交流服务平台; 建立人工智能产业发展联盟	《深圳市新一代人工智能发展行动计划(2019—2023年)》
		建设城市大数据中心统一基础设施平台	《深圳市城市大数据中心建设实施方案》
	资金支持	发挥市级各财政专项资金的支持作用,积极开展人工智能专项扶持计划; 政府各类产业基金、资金池、融资工具等要将人工智能作为投入重点	《深圳市新一代人工智能发展行动计划(2019—2023年)》
	其他供给	建设粤港澳大湾区(深圳)人工智能开放创新平台:数据归集核心平台、算法汇聚核心平台、算力开放核心平台	《深圳市新一代人工智能发展行动计划(2019—2023年)》
		构建大数据服务平台,推动信息共享与数据开放,推动人工智能、大数据产业发展	《深圳市城市大数据中心建设实施方案》
		人工智能产业主要在南山、罗湖、福田、盐田、龙岗、龙华、宝安、坪山和光明进行多节点布局,明确空间载体和规划用地面积	《深圳市人工智能等新兴产业空间布局规划》

续表

三类	政策手段	深圳市政策工具文本	来源
需求侧	海外机构	—	
	进出口	—	
	政府采购	—	
	应用示范	“AI＋产业经济”应用示范工程：智能制造、智能金融、智能商务、智能物流； “AI＋市民生活”营造工程：智能医疗、智能家居、智能教育、智能零售； “AI＋智慧城市”打造工程：智能政务、智能交通、智能安防； 人工智能产业示范区：深圳高新区深圳湾片区和南山园区、深港科技创新合作区、罗湖人工智能产业基地、盐田人工智能产业基地、宝安立新湖智能装备未来产业集聚区、坂雪岗科技城、龙华人工智能产业基地、坪山人工智能产业基地、光明人工智能产业基地、深圳湾机器人小镇	《深圳市新一代人工智能发展行动计划（2019—2023年）》
		推进大数据创新示范应用：公共服务创新应用、城市治理创新应用、公共安全创新应用、产业创新应用	《深圳市城市大数据中心建设实施方案》
	用户补贴	—	
	服务外包	—	
	其他需求	—	
环境侧	目标规划	分别制订到2020年、到2023年发展目标，将深圳发展成为我国人工智能技术创新策源地和全球领先的人工智能产业高地； 充分发挥市科技产业发展领导小组作用，统筹推进人工智能创新发展； 建立市、区联动机制	《深圳市新一代人工智能发展行动计划（2019—2023年）》
	法规	前瞻构建法规标准：完善人工智能规范体系（地方性法规）、构建人工智能标准体系、加强企业数据保护制度建设	《深圳市新一代人工智能发展行动计划（2019—2023年）》
	税收	—	
	投资	鼓励龙头骨干企业、专业化投资机构成立市场化基金	《深圳市新一代人工智能发展行动计划（2019—2023年）》
	知识产权	加强人工智能领域的知识产权保护，促进人工智能知识产权转移转化； 建立人工智能知识产权联盟，构筑和运营专利池，培养高价值专利； 部署知识产权服务平台	《深圳市新一代人工智能发展行动计划（2019—2023年）》
	舆论	—	
	其他环境	前瞻构建伦理标准：组织人工智能伦理安全论坛	《深圳市新一代人工智能发展行动计划（2019—2023年）》

产业创新政策工具内容的普遍分类，形成了一个相对完整合理的政策内容体系；二是深圳市人工智能产业政策在需求侧和环境侧仍然存在一定的政策手段缺失，就政策内容完整度而言仍然需要进一步增加和丰富，形成一个更具立体性、综合性的政策手段库；三是深圳市人工智能产业政策手段的表述语言风格符合国内通用产业规划/计划的普遍特征，而人工智能产业和技术在欧美发达国家相对发展基础更好，那么在某种意义上深圳市仍然存在借鉴国外人工智能产业政策手段表述语言风格及其设计逻辑的必要性。

三　国际国内比较对象

国际国内比较对象共同的选择标准主要有：一是已经明确发布的，尚没有发布的不纳入比较对象；二是文本内容与人工智能产业生态体系直接相关的，间接性的产业政策不纳入比较对象；三是仍然处于有效期的，已经不在有效期的产业政策不纳入比较对象。对于国际人工智能产业典型政策，由于其多出自科技创新能力强的国家或地区，带有明显的先进性，尤其是对全球人工智能具有领导地位的美国，基于人工智能产业发展规律的一致性，也将其纳入比较对象。对于国内人工智能产业典型政策，尽管深圳市人工智能产业政策属于区域性政策，但是由于在统一的国内市场环境下，国家与地方之间、地方与地方之间的产业政策具有明显的协同性，因此也将国家级、省级、市级人工智能产业政策纳入比较对象。在具体政策选择上，更加注重与具有典型特征的产业政策的比较①，主要包括领先国家的产业政策（主要是美国）、上级部门的产业政策（主要是国家和广东省）、具有同类可比城市的产业政策（主要是北京、上海、广州）。与深圳市进行比较的国际、国内人工智能典型产业政策详见表3。

① 根据《全球人工智能战略与政策观察（2019）》，截至2018年12月，搜集并梳理出20余个全球主要国家共200余篇人工智能相关战略规划、政策建议和研究报告，并将其分为战略规划、法规倡议、促进机制和应用研究四大类，其中国家层面的人工智能相关战略规划文件已有50余篇。因此本报告在诸多政策中突出可比性和典型性。

表 3　与深圳市进行比较的国际、国内人工智能典型产业政策

	政策名称	发布时间	发布机构	有效期限
国际典型政策	《国家人工智能研究和发展战略计划》	2016 年 10 月、2019 年 7 月(修订)	美国国家科学技术委员会、美国网络和信息技术研发小组委员会	不限时间
	《为人工智能的未来做好准备》	2016 年 10 月	美国总统行政办公室、美国国家科学技术委员会	不限时间
	《维护美国人工智能领导力的行政命令》	2019 年 2 月	美国白宫科技政策办公室(总统令)	不限时间
	《美国人工智能倡议首年年度报告》	2020 年 2 月	美国白宫科技政策办公室	不限时间
国内典型政策	《新一代人工智能发展规划》	2017 年 7 月	国务院	到 2030 年
	《促进新一代人工智能产业发展三年行动计划(2018—2020年)》	2017 年 12 月	工业和信息化部	到 2020 年
	《广东省新一代人工智能发展规划》	2018 年 7 月	广东省人民政府	到 2030 年
	《北京市加快科技创新培育人工智能产业的指导意见》	2017 年 12 月	中共北京市委、北京市人民政府	到 2020 年
	《关于本市推动新一代人工智能发展的实施意见》	2017 年 10 月	上海市人民政府办公厅	到 2030 年
	《关于建设人工智能上海高地 构建一流创新生态的行动方案(2019—2021 年)》	2019 年 9 月	上海市经济和信息化委员会	到 2021 年
	《广州市加快 IAB[①] 产业发展五年行动计划(2018—2022年)》	2018 年 3 月	广州市人民政府	到 2022 年
	《广州市关于推进新一代人工智能产业发展的行动计划(2020—2022 年)》	2020 年 3 月	广州市工业和信息化局	到 2022 年
	《广州人工智能与数字经济试验区建设总体方案》	2020 年 1 月	广东省推进粤港澳大湾区建设领导小组	到 2030 年

① IAB 即新一代信息技术、人工智能、生物医药。

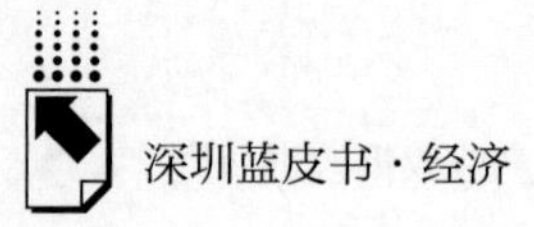

四 基于比较的主要改进建议

（一）在供给侧方面的建议

1. 制定人工智能研究计划

深圳市人工智能产业政策强调了加强科学技术供给，在理论和应用层面组织实施重大基础科研专项，但缺乏必要的行动计划落地的方案支撑，建议制定财政资金支持的人工智能研究计划或人工智能研发实施方案，确定人工智能短期和长期支持的战略优先事项，特别关注产业不可能解决的领域，并在财政资金预算时优先保障人工智能研究支出。这一建议主要来自美国做法。美国《国家人工智能研究和发展战略计划》为联邦政府投资人工智能研究制定了一系列目标，研究重点侧重于行业不能解决的领域，并对联邦政府建议“开发一个人工智能研发实施框架”，“制定详细的路线图，明确与计划一致的功能缺口”，“抓住科技机遇，并支持人工智能研发投入的有效协调”。《维护美国在人工智能时代的领导地位》也强调联邦各机构在其研发任务和财政年度预算中要优先考虑对人工智能投资的安排。

2. 明确财政专项资金扶持的长期性

深圳市人工智能产业政策提出发挥市级各财政专项资金的支持作用，积极开展人工智能专项扶持计划，但缺乏对财政专项资金扶持有效性或能力边界的表述，建议进一步明确市级各财政专项资金对人工智能专项扶持的长期性。这一建议主要来自我国规划和美国做法。我国《新一代人工智能发展规划》明确财政资金“对人工智能基础前沿研究、关键共性技术攻关、成果转移转化、基地平台建设、创新应用示范等提供支持”，此外《北京市加快科技创新培育人工智能产业的指导意见》提出“加大财政资金对人工智能基础前沿研究的投入力度”。美国《国家人工智能研究和发展战略计划》提出的第一个战略就是“对人工智能研究进行长期投资”，其主要考虑的方面有两个，一是从现有经验来看，“联邦政府许多对高风险、高回报基础研究的投资已带来了今天赖以生存的革命性的技术进步，包括互联网、GPS、智能手机语音识别、心脏监视器、太阳能电池板、先进电池、癌症治疗等”，“政府过去和现在的投资也造就了人工智能的突破性方法”，因此“联邦政府是长期高风险研究计划以及近期发展工作的主要资金来源”，需对具有潜在长期回报领域的人工智能研究进行投资；二是从商业逻辑来看，“虽然联邦政府可以利用人工智能的行业投资，但许多应用领域和长期研究挑战不会存在明确的近期利润驱动因素，因此不可能完全由行业进行解决”。

3. 支持开展跨学科探索性研究

深圳市人工智能产业政策提出了加强基础理论研究，但仍然偏重于应用性领域或者现有理论、技术框架下的研究，缺乏对新理论设想和技术框架突破的内容，将自身基础理论研究设置在他人提供的理论、技术框架下，这不利于在并跑过程进行到一定阶段后实现弯道超车或领跑，建议增加对开展跨学科探索性研究的支持。这一建议主要来自我国规划和美国做法。我国《新一代人工智能发展规划》提出“开展跨学科探索性研究”，重点是“加强引领人工智能算法、模型发展的数学基础理论研究，支持原创性强、非共识的探索性研究，鼓励科学家自由探索”，换言之鼓励不同于目前理论、技术框架下的原创发现，以期有朝一日实现对全球人工智能理论和技术框架的新引领。《广东省新一代人工智能发展规划》也提出“大力支持跨学科探索研究”。2018年5月美国白宫人工智能峰会特别强调了允许人工智能技术“自由发展”，联邦政府“将尽最大可能，允许科学家和技术专家自由研发下一代伟大发明”。

4. 把发展科技金融作为人工智能产业资金支持政策的一部分

深圳市人工智能产业政策提出发挥财政专项资金、政府各类产业基金/资金池/融资工具、市场化基金作用，充实人工智能产业资金，但没有发挥科技金融（深圳市城市科技金融发展综合指数在全国属于第一梯队①）对人工智

① 《〈中国城市科技金融发展指数〉发布》，中证网，http：//www.cs.com.cn/xwzx/hg/201908/t20190829_5980970.html。

能这一科技类产业发展的资金支持作用，建议增加发展科技金融。这一建议主要来自广东省规划做法。《广东省新一代人工智能发展规划》提出“引导天使投资、创业投资等社会资本加大对人工智能领域的投资力度”，“拓宽人工智能企业的融资渠道，优化股权融资、债券融资、科技贷款、科技保险、科技租赁等融资方式”，“支持银行、证券、保险等机构开发更多支持人工智能的金融产品和服务”。

（二）在需求侧方面的建议

1. 明确政府在人工智能需求引领中的作用

深圳市人工智能产业政策提出智能政务、智能交通、智能安防等“AI+智慧城市”工程，以政府需求带动人工智能发展，但缺乏更加系统而明确的政府需求界定，建议增加对深圳市各级政府人工智能需求的具体表述，以给予人工智能企业更加明确的市场信号。这一建议主要来自我国规划和美国做法。我国《促进新一代人工智能产业发展三年行动计划（2018—2020年）》提出“鼓励政府部门率先运用人工智能提升业务效率和管理服务水平”。上海《关于本市推动新一代人工智能发展的实施意见》提出“推动各级政府部门率先运用人工智能提升业务效率和管理服务水平，依托政务云引入和开发人工智能应用模块”，同时《关于建设人工智能上海高地 构建一流创新生态的行动方案（2019—2021年）》提出“建立人工智能创新产品激励机制，对具有市场推广前景的创新产品，优先纳入《上海市创新产品推荐目录》，支持政府首购和订购，并优先推荐给应用场景单位部署使用”。《广州人工智能与数字经济试验区建设总体方案》则提出“探索实施更加积极、符合国际规则的人工智能与数字经济创新产品政府首购制度”。美国《为人工智能的未来做好准备》提出联邦政府“成为人工智能技术及其应用的早期客户”、“提供赞助支持”和“提高关键机构应用人工智能完成任务的能力”等一系列政府需求具体类型，以及“要鼓励私人和公共机构进行自我审视，判断自身是否调整且通过何种方式，才能尽可能利用人工智能和机器学习技术为社会造福”。《美国人工智能倡议首年年度报告》提出，通过机构间合作加速政府对人工智能技术的采用。

2. 支持专业化众创空间示范

深圳市人工智能产业政策提出培育孵化人工智能企业，打造五大人工智能特色应用示范区，但没有涉及“双创”示范，这导致没有发挥专业化众创空间示范在人工智能产业发展中的带动作用（深圳市人工智能产业发展目前整体上依然处于“双创”阶段[①]，即截至2018年，处于较为完整的开拓期/形成时期，且已经进入扩展期），也没有发挥深圳市“双创”所形成的特色优势（深圳市“双创”综合指数蝉联全国首位[②]），建议增加专业化众创空间示范。这一建议主要来自我国国家级规划做法。我国《新一代人工智能发展规划》提出“建设一批低成本、便利化、全要素、开放式的人工智能众创空间，完善孵化服务体系，推进人工智能科技成果转移转化，支持人工智能创新创业”。

3. 支持人工智能重大项目

深圳市人工智能产业政策提出组织实施人工智能重大科技产业发展项目，但没有规定如何对人工智能重大项目进行扶持，建议增加人工智能重大项目支持。这一建议主要来自广东省及各地规划做法。《广东省新一代人工智能发展规划》提出“加强与国家‘1+N’人工智能项目群的衔接”，“加大人工智能重大项目在项目核准、用地保障、电力保障、经费保障等方面的支持力度”，“发挥基础设施建设基金、产业发展基金、创新创业基金等政策性基金对人工智能领域项目的引导作用”，“加快推进重大项目的落地实施”。《关于建设人工智能上海高地 构建一流创新生态的行动方案（2019—2021年）》提出“统筹新增建设用地、能耗等指标，优先保障市级人工智能创新平台、产业项目”。《广州市加快IAB产业发展五年行动计划（2018—2022年）》提出“在项目立项、规划、用地、施工报批等前期审批工作方面给予

---

① 吴定海、董晓远：《深圳经济发展报告（2019）》，社会科学文献出版社，2019，第80~91页。

② 《深圳“双创”综合指数蝉联全国首位》，人民网，http://sz.people.com.cn/n2/2018/1218/c202846-32424860.html。

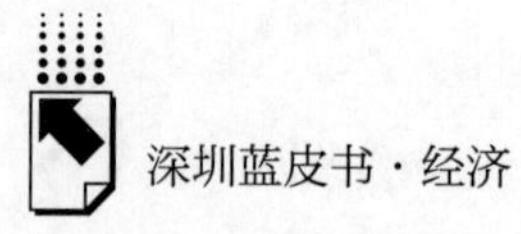

'绿色通道'支持"。

4. 支持设立海外机构

深圳市人工智能产业政策提出引进人工智能国际顶尖科学家和高水平创新团队、通过多种手段归集汇聚国际顶尖算法资源等促进对国际人工智能资源利用的措施，但缺乏对设立海外机构的支持，建议增加对设立海外机构的支持，以直接支撑深圳市对国际人工智能资源利用。这一建议主要来自我国规划和美国做法。我国《新一代人工智能发展规划》鼓励"国内人工智能企业'走出去'，为有实力的人工智能企业开展海外并购、股权投资、创业投资和建立海外研发中心等提供便利和服务"，"推动建设人工智能国际科技合作基地、联合研究中心等"，"推动成立人工智能国际组织，支持相关行业协会、联盟及服务机构搭建面向人工智能企业的全球化服务平台"。《广东省新一代人工智能发展规划》提出"支持设立一批海外研发机构、孵化器、技术转移中心"。上海、广州也明确支持设立海外人工智能研发机构。美国《国家人工智能研究和发展战略计划》提出要进行产业和国际研发合作，推动美国的优先事项，也鼓励私营企业在海外建设研发机构。

（三）在环境侧方面的建议

1. 建立人工智能专业职能部门

深圳市人工智能产业政策提出"充分发挥市科技产业发展领导小组作用，统筹推进人工智能创新发展"，"建立市、区联动机制"，但缺乏专业性的职能部门来协调解决全市人工智能发展问题，难以使现有政策提及的管理机制实现高效运转，建议建立人工智能专业职能部门，给予副厅级，下辖跨部门的工作小组。这一建议主要来自我国和美国做法。我国科技部成立了新一代人工智能发展规划推进办公室（在国家科技体制改革和创新体系建设领导小组领导下，在国家科技计划管理部级联席会议框架内①），负责推进

① 《新一代人工智能发展规划推进办公室成立 建设四大国家级开放创新平台》，观察者网，https：//www. guancha. cn/Industry/2017_ 11_ 17_ 435296_ s. shtml。

新一代人工智能发展规划和重大科技项目的组织实施。2016 年 5 月 3 日，美国政府宣布成立一个新的国家科学技术委员会（NSTC）机器学习和人工智能小组委员会，以帮助协调联邦政府在人工智能领域的活动，比如委托美国网络和信息技术研发小组委员会编写《国家人工智能研究和发展战略计划》、成立 NITRD 人工智能工作组，以确定人工智能研发成为联邦政府的重大战略计划。此外，阿联酋是首个成立人工智能政府部门的国家①。

2. 明确市场主导原则

深圳市人工智能产业政策提出将深圳市发展成为我国人工智能技术创新策源地和全球领先的人工智能产业高地，但并没有区分实现这一目标市场行为和政府行为之间的关系和分工，难以更加明确地发挥市场和政府各自优势来更好地促进人工智能发展，建议明确市场主导原则，并在主要任务中区分政府自身做的、支持的、鼓励的、政企合作的等基于不同主体角色的差异化事项。这一建议主要来自我国规划和美国做法。我国《新一代人工智能发展规划》提出市场主导原则，“突出企业在技术路线选择和行业产品标准制定中的主体作用”，“更好发挥政府在规划引导、政策支持、安全防范、市场监管、环境营造、伦理法规制定等方面的重要作用”。《广东省新一代人工智能发展规划》提出“发挥市场首创精神”，“充分发挥市场在资源配置中的决定性作用”，“更好发挥政府引导和支持作用”。美国《国家人工智能研究和发展战略计划》则明确提出联邦政府投资特别关注产业不可能解决的领域。

3. 明确具有深圳市特色的政策立意

深圳市人工智能产业政策提出了贯彻国家和广东省相关政策，明确到 2020 年、2023 年的发展目标，但缺乏对政策立意的基础分析，建议增加对人工智能技术发展趋势的几个研判，从研判中推导出需要通过深圳市人

① 中国信息通信研究院、中国人工智能产业发展联盟：《全球人工智能战略与政策观察（2019）》，2019。

工智能产业政策工具设计来突破的问题或实现的诉求，进而直接凸显深圳市政策具有鲜明的政策定位。这一建议主要来自我国规划和美国做法。我国《新一代人工智能发展规划》专门一章阐述“战略态势”，提出“人工智能发展进入新阶段”、“人工智能成为国际竞争的新焦点”、“人工智能成为经济发展的新引擎”、“人工智能带来社会建设的新机遇”、“人工智能发展的不确定性带来新挑战”和“我国发展人工智能具有良好基础”等基本判断，进而提出规划的总框架：“构筑知识群、技术群、产业群互动融合和人才、制度、文化相互支撑的生态系统。”《广东省新一代人工智能发展规划》也提出“人工智能进入快速发展阶段”、“人工智能成为国际竞争的新焦点”和“广东具备培育人工智能产业的良好条件”等基本判断。美国《国家人工智能研究和发展战略计划》提出几个前提假设，如假设“政府和行业投资促进人工智能技术持续发展”、“人工智能对社会影响持续增加”、“一些重要的研究领域不太可能获得来自行业的足够投资”（受制于典型的公共物品投入不足问题）、“对人工智能的需求持续在行业、学术界和政府内部增长”，还对人工智能发展阶段做出判断（“人工智能领域现处于第三次浪潮的开始阶段，注重解释性和通用人工智能技术”），进而提出应该和如何发挥联邦政府投资在人工智能研发中的作用。

4. 加强税收支持

深圳市人工智能产业政策没有提出税收支持措施，建议随着《中共中央 国务院关于支持深圳建设中国特色社会主义先行示范区的意见》“用足用好特区立法权”的深入实施，在税收方面形成具有地方特色的支持措施。这一建议主要来自我国规划做法。我国《新一代人工智能发展规划》提出“落实对人工智能中小企业和初创企业的财税优惠政策，通过高新技术企业税收优惠和研发费用加计扣除等政策支持人工智能企业发展”。《关于建设人工智能上海高地 构建一流创新生态的行动方案（2019—2021 年）》提出“支持符合条件的企业申报高新技术企业、技术先进型服务企业，按规定享受 15% 的企业所得税优惠政策”。

5. 加强舆论宣传

深圳市人工智能产业政策没有提出舆论宣传措施，建议进一步加强舆论宣传工作，让人工智能发展成为深圳打造“全球创新创业创意之都”的核心内涵、知名标签之一。这一建议主要来自我国规划做法。我国《新一代人工智能发展规划》提出“充分利用各种传统媒体和新兴媒体，及时宣传人工智能新进展、新成效，让人工智能健康发展成为全社会共识，调动全社会参与支持人工智能发展的积极性”。《广州市关于推进新一代人工智能产业发展的行动计划（2020—2022年）》提出“利用微博、微信公众号、行业相关论坛等平台开展人工智能建设成果、扶持政策宣传”。

参考文献

Rothwell，R.，Zegveld，W.，“An Assessment of Government Innovation Policies，” *Review of Policy Research* 3（1984）.

曹林：《区域产业发展规划理论与实例》，社会科学文献出版社，2014，第97～99页。

吴定海、董晓远：《深圳经济发展报告（2019）》，社会科学文献出版社，2019，第80～91页。

中国信息通信研究院、中国人工智能产业发展联盟：《全球人工智能战略与政策观察（2019）》，2019。

B.9

深圳制造业高质量发展现状、问题与对策研究*

施 洁 程佳媛**

摘 要： 本报告通过制造业发展质量相关指标比较，发现深圳作为我国最具制造业高质量发展基础和条件的城市之一，与世界制造强国发展水平相比，仍然存在一定差距，而且这种差距与目前其所处的经济产业发展阶段是相符合的。在新时期，深圳亟须抓住新工业革命和“双区”建设机遇，克服发展中存在的现实性内外部挑战，努力增强先进制造能力、科技创新水平、开放发展能力和要素保障水平，助推高质量发展和先行示范区建设。

关键词： 深圳 制造业 高质量发展

新发展理念深化了人们对于发展中经济体工业增长规律的认识。传统上对工业绩效的认识来自增长经济学，把因投入要素变化导致的工业增长率变化，称为数量型增长，因创新或结构因素变化导致的工业增长率变化，称为效率型增长。高质量发展是体现新发展理念的发展，强调增长结果的合意性，即增长的质量和效率、公平性、空间平衡性以及可持续性，其实质是对经济长期发展的贡献和作用。制造业本身所蕴含的生产能力和知识积累是关

* 本报告系深圳市哲学社会科学规划课题“深圳制造业企业高质量发展综合评价体系研究”（项目号：SZ2019B011）的阶段性成果。

** 施洁，经济学博士，深圳市社会科学院经济研究所助理研究员，主要研究方向为经济发展质量；程佳媛，澳大利亚国立大学硕士研究生，主要研究方向为金融管理。

系一国经济长期发展绩效的关键。目前，世界主要工业国均将制造业作为经济振兴的重中之重，部分国家将政策重点聚焦到发展先进制造业以确保全球范围内的产业竞争优势这条主线之上。2018 年 12 月，中央经济工作会议明确提出“要推动制造业高质量发展，坚定不移建设制造强国”，关于制造业高质量发展的理论内涵、评价方法与战略选择逐渐成为学界研究的焦点。在文献研究的基础上①，本报告认为，制造业高质量发展，是制造业经济效率效益、制造业竞争力以及制造业对国民经济的支撑和引领作用处于较高水平和状态，蕴含了符合产业阶段性实际的结构性变革和系统性升级要求。改革开放以来，制造业作为深圳起步最早、市场化程度和对外开放水平最高的产业和领域，取得了巨大成就，深圳也成为我国最具制造业高质量发展基础和条件的城市之一。但与世界制造强国相比，深圳制造业仍然存在阶段性发展差距和现实性发展挑战，亟待积极适应外部新环境，利用好内部资源和战略机遇，努力增强先进制造能力、科技创新水平、开放发展能力和要素保障水平，助推高质量发展和先行示范区建设。

一 深圳制造业高质量发展的基础与特征

根据评价需要，不少文献将制造业高质量发展的内涵总结为，在规模（成长性/稳定性）、结构、动力、效率及可持续性五大基本面上具有良性发

---

① 关于高质量发展的理论认识，可以将现有文献中的重要观点概括为以下三点。（1）价值论。黄群慧认为，高质量发展是基于我国国情和经济社会演进规律，践行新发展理念，理论上提出的一种合意的发展导向和范式选择。具有规范性价值判断特征。（2）阶段论。孙学工等认为，随着经济发展阶段的转换，与发展质量相关的一些方面，在一定时点会发生趋势性变化。当这种趋势性变化成为经济发展的主要特征时，就进入了高质量发展阶段。史丹和李鹏认为，在不同的经济发展阶段，工业发展所面临的历史条件和内外部环境不同，所需解决的问题和承担的发展任务不同，随着经济发展水平的提高，工业发展质量的内涵与水平也随之不断丰富和提高，最终达到高质量发展阶段。李巧华认为，向高质量水平发展不仅是外部因素（自然资源、需求、技术等）对产业的倒逼，也是经济发展规律的内在要求和产业自身发展决定的向高级形态发展的呈现。（3）系统论。孙学工等认为，向高质量发展阶段转换是渐进性、系统性的。李毅认为工业（制造业）高质量发展，本质上是一个产业体系整体的结构变革过程，脱离结构性变革的高质量发展是不可持续的。

展的综合态势。根据以上要求判断，可以发现深圳已经成为我国最具制造业高质量发展基础和条件的城市之一。

（一）规模大且经济贡献高

制造业作为深圳起步最早、市场化程度和对外开放水平最高的产业和领域，在过去40多年中取得了巨大成就。深圳制造业经历了高速增长、转型升级与创新驱动等发展阶段，实现了从基于要素禀赋的成本优势向基于市场化竞争、专业化集聚的规模优势、效率优势转变，近年来逐渐形成了高水平研发制造和创新发展优势。从发展速度上看，规模以上工业总产值由1979年的0.61亿元提升到2017年的30702.65亿元，38年增长28759倍，年均增长31.0%①；从总量规模上看，2018年，工业总产值突破3.6万亿元，略低于上海（36451.8亿元），超过苏州（33354.0亿元），居内地城市第二位；工业增加值达到9254.0亿元，居内地城市首位，成为全国唯一一个工业增加值突破9000亿元的城市（见图1）；从经济贡献上看，2018年，工业占全市GDP的比重达38.2%，体量超金融业3倍以上，超房地产业4倍以上，对全市经济增长的贡献率达47.2%。

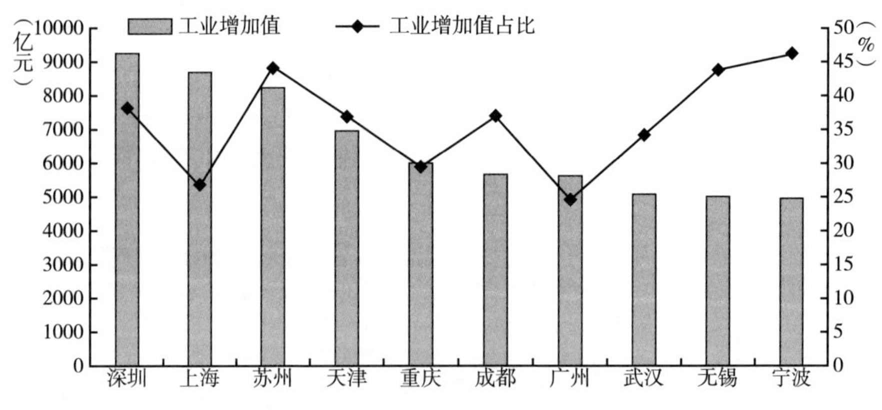

图1　2018年部分城市工业增加值及工业增加值占比对比

资料来源：各地统计年鉴（2019）、《2018年国民经济和社会发展统计公报》、广东省工业和信息化厅《深圳：规上工业增加值突破9000亿元》。

---

① 《潮起东方 历史巨变——1979年以来深圳经济社会发展的巨大变化》，中国政府网，http：//tjj. sz. gov. cn/ztzl/zt/ggkf40znsssz/content/post_ 3082523. html。

（二）产业结构趋向高端化

产业结构变迁不仅能直接影响经济增长，还可通过要素配置效应影响全要素生产率，进而间接对经济增长产生作用。当资源被合理集中运用于其现有能力所能达到的技术水平产品的生产，就越容易实现产业结构的升级。深圳的制度创新和产业政策持续激励和吸引了大量社会资本投向新兴产业部门，技术含量高、资源消耗少、符合产业转型升级方向的高新技术产业得到快速发展，逐渐成为深圳工业内涵式增长的主动力。近年来，制造业迈向价值链高端环节趋势更为明显，石墨及碳素制品、半导体分立器件、集成电路等上游产品本地化生产能力快速提高，重点产业供应链稳定性和竞争力进一步提高。2018 年，深圳先进制造业实现增加值 6564.8 亿元，高技术制造业实现增加值 6131.2 亿元，占工业增加值比重分别达到 69.5% 和 64.9%（见图 2）。

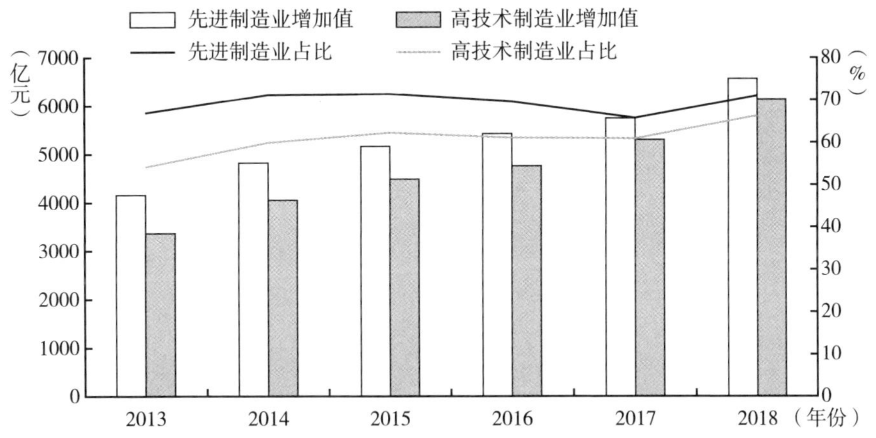

图 2　2013～2018 年深圳先进制造业和高技术制造业增加值及其占比

资料来源：《深圳国民经济和社会发展统计公报》（2013～2018 年）。

（三）创新与产业双向赋能

深圳创新驱动发展战略实现了比较优势的最大限度发挥，创新努力与产业发展相互驱动、稳步推进。多年来，深圳坚持科技创新与产业发展相结合，充分发挥市场在创新驱动发展中的决定性作用，强化企业特别是民营企业的创新主体地位，构建了以企业为主体、市场为导向、产学研相结合的技术创新体系，形成了产业技术创新及企业研发和新产品产业化上的发展优势[①]。从 WIPO 数据中看到，深圳 2017 年 PCT 专利申请量超过了德国和韩国，是中国发明专利申请和授权量最多的城市。以电子通信产业为例，深圳作为全球最重要的移动通信设备研究开发和生产中心，占有全球 5G 移动通信专利技术近 40%[②]。从技术创新效果看，2010～2018 年，工业新产品产值从 0.53 万亿元增长到 1.28 万亿元（当年价），占当年规模以上工业企业总产值的比重从 15% 提高到 36%。

（四）发展效率和韧性较好

生产率提升是高质量发展的主要目标和核心推力，同时也是反映高质量发展水平的重要测度指标。2010～2019 年，深圳制造业生产效率明显提升，规模以上工业全员劳动生产率由 12.76 万元/人提升到 32.15 万元/人（见图 3）。探究其来源，除了上述分析的技术、制度等结构因素外，深圳制造业专业化分工和大规模协作形成的供应链体系也发挥了重要作用。近年来，正是这种经济系统内部协调效应带来了较强的发展韧性。2019 年，尽管遭受中美贸易摩擦冲击和工业生产经营成本上涨，深圳工业经济效益综合指数达到 292.58%，较 2016 年提高 48.3 个百分点[③]。规模以上工业企业实现利润总额 2420.67 亿元，增长 17.6%，增速分别高出全国（－3.3%）、全省（5.6%）20.9 个和 12 个百分点，也远高于国内主要城市，如上海为－13.7%、北京为 6.7%[④]。

---

① 施洁：《深圳经济高质量发展评价研究》，《深圳社会科学》2019 年第 1 期。

② 唐杰、戴欣、李钰：《市场经济下深圳转型路径研究》，《特区实践与理论》2020 年第 1 期。

③ 《深圳市第四次全国经济普查主要数据公报 1－7 号》。

④ 《“数”说深圳制造：引领高质量发展的“硬核”底气》，深圳新闻网，http://news.sznews.com/content/2020－05/12/content_ 23142324.htm。

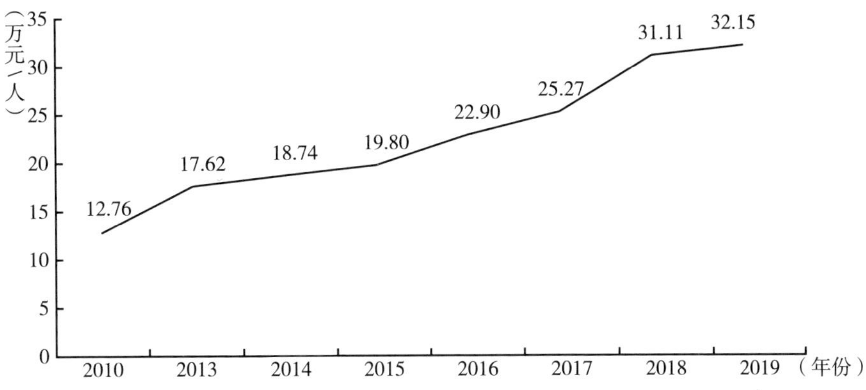

图 3　2010～2019 年深圳规模以上工业全员劳动生产率

资料来源：《深圳统计年鉴（2019）》《2019 年深圳国民经济和社会发展统计公报》。

（五）可持续发展优势突出

可持续发展是在经济持续增长的基础上，不以破坏生态系统和牺牲生活居住环境为代价，减少资源的损失和浪费，具有生态性的经济发展①。高质量发展将增长需要和生态需要统筹加以考虑，强调资源、环境利用的高效率，即用较少的资源和环境投入形成更多的有效产出。在制造业技术创新和产业结构合理化、高级化进程中，深圳城市能源利用效率持续提高，工业污染排放得到有效控制，环境质量不断改善。2016 年，深圳万元 GDP 能耗为 0.25 吨标煤，低于上海、北京和广州，基本接近新加坡水平②。

二　深圳制造业高质量发展的差距与问题

深圳作为先行示范区建设城市，定位目标是高质量发展高地、全球标杆城市。这里，以世界制造强国水平为参照，通过发展质量相关指标比较，简

---

① 谭崇台教授发展思想研究课题组：《从高速度增长到高质量发展的飞跃——追思谭崇台教授经济增长与经济发展思想》，《经济评论》2020 年第 4 期。

② 施洁：《深圳经济高质量发展评价研究》，《深圳社会科学》2019 年第 1 期。

要得出深圳制造业高质量发展还存在的差距。同时结合统计数据和调研资料，对高质量发展中存在的问题进行了审视。在此基础上，对深圳制造业高质量发展现状水平进行了总结。

（一）发展差距

第一，生产效率和增加值率相对偏低。从“全员劳动生产率”上看，2017年，深圳达到3.4万美元/人，超过中国香港的3万美元/人，仅为东京（11万美元/人）的31%、纽约（14.6万美元/人）的23%和新加坡（16万美元/人）的21%[①]。从“增加值率”上看，2016年深圳为26.7%[②]，而发达国家的制造业增加值率一般在35%以上，美德日等国甚至超过了40%。尽管近年来这种状况得到快速改善，但追赶世界先进水平尚需时日。

第二，研发投入强度略低，企业盈利能力偏低。深圳制造业研发投入强度达到2.89%，接近德国的3.05%，但还低于日本的3.36%和韩国的3.67%[③]。深圳80家制造业上市企业研发强度达到5.6%，低于美国企业的6.3%，但高于欧盟和日本的3.4%。与此相对应，入围制造业企业盈利能力（营业利润率）为8%，还低于美国制造，企业的13.4%[④⑤]。

第三，细分领域隐形冠军企业偏少。深圳制造业研发投入主要集中在少数行业和大企业，在需要长期积累和连续式创新的上游领域发展还不充分，

① 纽约数据来自Bureau of Economic Analysis，数据年份为2017年，数据口径为纽约州；其他城市数据如中国香港、新加坡数据分别来自《香港统计年刊2018》《新加坡统计年鉴（2018）》。东京数据口径为东京都行政区域，来源为《东京都统计年鉴（平成29年）》。

② 陈少兵主编《深圳经济实现并有望持续较快增长》，载《深圳经济发展报告（2018）》，社会科学文献出版社，2019。

③ 深圳数据来自《深圳市第四次全国经济普查主要数据公报1－7号》；其他数据来自吕铁、刘丹《制造业高质量发展：差距、问题与举措》，《学习与探索》2019年第1期。

④ 董晓远：《粤港澳大湾区制造业创新观察报告》，2019。

⑤ 在高技术产业中，研发投入是技术进步的基础和高技术产业发展的重要推动力，研发投入在一定程度上反映了一个国家或地区高技术产业的发展阶段。

特别还缺少德国式、日本式的隐形冠军企业。部分中小企业以工业中间品生产为主，部分还处于零部件加工环节，产品技术门槛低，市场竞争激烈，生产完整性不足，利润获取空间有限。

（二）存在问题

1. 核心技术和关键设备对外依存度高

深圳已深度融入全球化产业链分工体系，制造业具有较高的外向度，其中部分行业在原材料、设备和产出品两端表现为典型的“两头在外”特征，特别是核心技术、关键设备对外依存度高。反映在贸易上，表现为还存在一定比例的进料加工贸易形态，进料加工贸易货物进、出口额分别占货物总进口额、出口额的26.2%和33.7%。

2. 部分高技术产品出口优势减弱

目前，深圳主要高技术制造贸易产品可以分为三类，第一类，集成电路。其属于部分自产、高度依赖进口的产品，2015～2018年，在主要进口商品总进口额中的占比由67.5%提高到71.8%。第二类，自动数据处理设备及其部件。其具有较强竞争优势，但优势在缩小。第三类，液晶显示板。其处于微弱竞争劣势①，但劣势在扩大。这些产品出口优势缩小（劣势扩大），一方面是深圳高技术产业逐渐进入成熟期后，部分企业或制造活动向外转移，转移地将价格低廉的劳动力与丰裕的要素禀赋等条件相结合有利促进了本地高技术产业发展；另一方面，后发地区通过技术模仿、技术引进等方式推动了本地高技术产品的研发创新，与深圳高技术产品的差异化程度不断缩小，进而与深圳在高技术产品出口市场上形成了竞争。

3. 产业载体与高质量发展需求匹配度有待提高

一是租金上涨过快、租期较短。这在一定程度上削弱了制造业盈利能力（见图4），影响了企业主稳定经营的信心，导致企业不能安心增加投资、加

① 基础数据根据历年《深圳统计年鉴》计算得出。

大研发。二是高标准产业园区占比偏低。目前研发办公楼相对过剩，配套完善、符合现代工业发展需要的厂房较为缺乏。在一定程度上存在供给结构失衡、产业载体升级不够的问题。

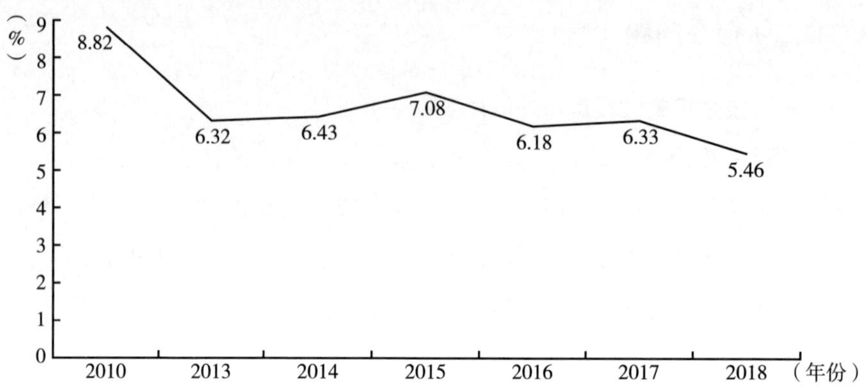

图4　2010～2018年深圳规模以上工业企业总资产利润率变化

资料来源：《深圳统计年鉴（2019）》。

（三）综合判断

通过相关指标比较会发现，深圳制造业高质量发展水平与美国、德国、日本等制造强国相比，仍有不小差距。客观地说，这种差距与目前所处的经济产业发展阶段是相符合的。目前，深圳还处于后工业化阶段，处于制造业由大到强的过程，而发达国家也仅仅是上述少数国家在制造业占GDP比重为25%左右时实现了“由大到强”转变，成为世界制造强国。这说明，深圳制造业还有较长一段路要走，向高质量发展跨越的空间是很大的。

三　深圳制造业高质量发展面临的机遇与挑战

新时期，深圳制造业发展面临着不同于以往的历史条件，“逆全球化”“新工业革命”“双区建设”等重要因素都将产生深远影响，具体分析发现，不少因素的影响效果往往是机遇与挑战并存、积极与消极同在的；更增加了未来制造业高质量发展的不确定性。

（一）逆全球化带来高端封锁与本地产业跨越提升

发达国家逆全球化措施正成为深圳制造业高质量发展的挑战。一方面，美国国内再工业化战略对深圳制造业竞争者产生冲击，尤其是出口到美国的中高质量制造业产品。另一方面，美国对敏感技术和关键设备的趋严控制，给深圳中高端产业企业短期内正常营运造成不利影响。但较中长期看，逆全球化也给国内相关产业部分环节带来升级需求，有利于相关企业发展，将可能倒逼深圳加快先进制造业和关键产业的自主创新与突破式发展，为本地产业跨越发展带来机会。

（二）新工业革命下存在赶超与被赶超的可能

工业革命是生产率提升的重要节点，也是后发国家竞争和赶超的关键点[①]。新工业革命是由物联网、大数据、机器人及人工智能等技术所驱动的社会生产方式变革。正如历次工业革命一样，第四次工业革命诸多创新技术的拓展与发展是否直接关系一个国家或地区产业竞争新优势建设的成败。深圳如能顺利抓住这个机遇，赢得产业创新发展先机，就可能实现“弯道超车”；如果不能，则与制造业领先者的差距继续拉大，而且也可能面临被后来者赶超的结果。

（三）“双区”建设将有利于推动产业链和价值链升级改造

资源错配会降低一国的全要素生产率和经济增长速度。“双区”建设的重要目的是要实现大湾区资源的优化配置，从而提高全要素生产率，促进经济增长。此前，大湾区产业协同布局尚未有效形成，表现出一定程度

① 谢伏瞻：《论新工业革命加速拓展与全球治理变革方向》，《经济研究》2019 年第 7 期。

上的产业同质化布局和新兴产业平行竞争，这既造成一定的资源浪费，也使得竞争力分散化，难以形成区域产业竞争的合力。在“双区”建设的新阶段，产业链和价值链升级改造提速，深圳制造业增长潜力得以有效发挥。

四 未来深圳制造业高质量发展的对策建议

新时代的深圳制造业，面临着内外部环境较大的发展不确定性，肩负着实现先行示范区的重任，亟待在增强先进制造能力、科技创新水平、开放发展能力和要素保障水平四个方面上积极作为，从而形成整体上的、可持续的高质量发展优势。

（一）增强先进制造能力

先进制造业是制造强国建设的重要支撑，也是高质量发展的主要动力。一是紧抓新兴产业发展机遇，以关键技术的创新与应用为突破口，培育先进制造业集群，开拓产业发展新空间。二是推动创新的产业基础——电子信息制造业再工业化、再创新。以智慧化、智能化方向，推进深圳电子信息制造业的再工业化，加快完善以电子工业专用设备为主体的先进制造产业链。三是鼓励传统产业企业大力发展准时生产、柔性生产、精益生产、大规模定制等现代生产方式，增强传统制造业企业对市场的反应能力。

（二）增强科技创新水平

一是强化布局重点基础性、源头性创新。加大重点基础性、源头性创新投入，着力提高自主创新能力，不断提高关键技术自给率和关键设备、零部件生产能力。二是完善科学发现、技术发明、产业技术创新及企业研发和新产品产业化整个创新链条和创新生态的建设。大力推进以企业为主体，政产学研用相结合的开放式协同创新，提高创新生态系统开放性、协同性。[①] 三是推动创新链与产业链跨区域融合发展。尊重科技创新的区域集聚规律，扫除创新要素跨区域流动壁垒，引导创新型产业在空间上集聚发展，探索科技成果异地转化新路径，最大限度地放大科技创新对制造业高端化的推动作用。[②]

（三）增强开放发展能力

一是在引进外资方面。营造更加公平、透明、可预期的营商环境，稳定和扩大外商投资，合理、有效地利用外资，更好地发挥外资积极作用。二是在对外投资方面。首先，借鉴日本制造业在本地保留承载核心竞争能力的产业、培育和发展“母工厂”等战略思路和做法，优化深圳制造业外地布局，引导企业有序开展对外投资。避免企业出于短期利益，完全以降低成本为目的进行产业转移，造成制造业空心化，损害制造业长期整体竞争力。第二，加强对深圳制造业企业对外投资动向、趋势和特征的分析与预判，对对外直接投资的经济增长效应和产业升级效应进行科学评估。第三，帮助企业有效防范国际化发展过程中遇到的各种风险，全面识别合规要求，健全合规管理架构，持续改进合规管理体系。

（四）增强要素保障水平

要素投入质量很大程度上决定了产出的质量情况，是提升制造业供给体系质量的出发点。一是提升产业载体保障水平。产业载体是产业发展的助推器，产业升级对产业载体提出了更高的发展要求，高质量发展需要与之相匹配的载体条件。建议利用高新区扩容机会，加快相关园区软硬件改造升级，打造符合现代产业发展需要的、具备综合服务功能的新型产业载体。发挥国企和股份合作公司“稳定器”“调节器”作用，遏制工业用房租金非理性上

---

① 施洁：《深圳经济高质量发展评价研究》，《深圳社会科学》2019 年第 1 期。

② 陈清萍：《科技进步、协同创新与长三角制造业高质量发展》，《江淮论坛》2020 年第 2 期。

涨。用好用足政府信息平台功能，实现产业空间资源与企业需求精准对接、高效匹配。二是加强中小企业要素保障。中小企业是深圳产业经济重要组成部分，要加强对中小企业创业、创造性活动的扶持，确保中小企业的经营资源。（1）融资需求保障。贯彻落实好中央、省、市支持中小企业融资的政策措施，探索中小企业以应收账款、知识产权、存货和机器设备为担保品的担保融资。鼓励中小企业与市科技金融服务部门对接，拓展融资方式和融资渠道。推动企业信用信息共享，引导金融机构建立健全符合中小企业实际的信用评价指标体系，完善中小企业信用担保体系。（2）人才需求保障。采取产学研相结合方式，集中企业、院校、政府力量，通过产学合作研究、中长期研究实习等形式，培养紧缺技术人才。（3）住房需求保障。继续深化住房改革，加大力度筹集房源，提高人才住房中小企业分配比重，为中小企业引进和留住人才创造条件。

参考文献

孙学工、郭春丽、李清彬：《科学把握经济高质量发展的内涵、特点和路径》，《山东干部函授大学学报（理论学习）》2019 年第 10 期。

吕铁、刘丹：《制造业高质量发展：差距、问题与举措》，《学习与探索》2019 年第 1 期。

杜宇玮：《高质量发展视域下的产业体系重构——一个逻辑框架》，《现代经济探讨》2019 年第 12 期。

史丹、李鹏：《中国工业 70 年发展质量演进及其现状评价》，《中国工业经济》2019 年第 9 期。

江小国、何建波、方蕾：《制造业高质量发展水平测度、区域差异与提升路径》，《上海经济研究》2019 年第 7 期。

苏丹妮、盛斌、邵朝对、陈帅：《全球价值链、本地化产业集聚与企业生产率的互动效应》，《经济研究》2020 年第 3 期。

黄群慧：《“十四五”时期深化中国工业化进程的重大挑战与战略选择》，《中共中央党校（国家行政学院）学报》2020 年第 2 期。

郭朝先：《当前中国工业发展问题与未来高质量发展对策》，《北京工业大学学报》

（社会科学版）2019 年第 2 期。

张培丽：《不同经济发展阶段产业结构的合理性判断——基于各国发展经验的视角》，《研学与研究》2019 年第 12 期。

张同斌、高铁梅：《高技术产业产出增长与关联效应的国际比较——基于美、英、日、中、印、巴六国投入产出数据的实证研究》，《经济学（季刊）》2013 年第 3 期。

李巧华：《新时代制造业企业高质量发展的动力机制与实现路径》，《财经科学》2019 年第 6 期。

李毅：《大国工业高质量发展的基础与路径：来自中日比较的一点认识》，《现代日本经济》2019 年第 5 期。

B.10 深圳智能网联汽车产业生态研究报告

方海洲　刘　勇*

摘　要：深圳智能网联汽车产业发展较为全面，不仅拥有比亚迪汽车电子等涉足智能网联的车企，同时还拥有华为、中兴等全国领先的通信企业为智能网联汽车发展提供技术支撑；同时，以腾讯为首的一批互联网公司亦积极寻求布局智能网联汽车。本报告以深圳智能网联汽车产业生态为研究对象，通过实地调查和文献分析，认为深圳智能网联汽车产业特色和竞争优势明显，产业集群规模初步显现，产业结构及企业质量生态良好，行业协同技术创新生态体系初步形成，产学研合作水平较高，但也存在产业政策不完善、核心技术的研发和应用相对落后、产品测试场地的建设不足、评价标准缺乏等问题。下一步可出台和优化针对智能网联汽车产业的专项政策、推进智能网联核心技术的研发和产业化、加快测试场地建设与测试评价标准制定，进而推动深圳智能网联汽车产业的发展。

关键词：深圳　智能网联汽车　产业链　产业生态

* 方海洲，经济学博士，深圳市坪山区产业投资服务有限公司副总经理，经济师，长期致力于产业组织理论与政策研究，主要研究方向为区域产业结构与产业政策、产业经济转型升级；刘勇，经济学博士，深圳市坪山区产业投资服务有限公司，主要研究方向为股权投资等。

5G时代，万物互联。智能网联汽车领域被认为是物联网体系中较有产业潜力、市场需求比较明确的领域之一，是信息化与工业化深度融合的产物，具有社会效益强、产业潜力大、应用空间广的特点，对构建汽车和交通行业的服务新模式、新业态，提高交通效率和安全水平具有非凡的意义。中国信息工业研究院提供的数据显示，2019年中国车联网市场规模为167.7亿美元，伴随着车联网技术向着智能网联化方向发展，中国车联网市场规模将呈爆发式增长，预计到2022年将达到535亿美元，年均复合增长率为47.2%。

一　智能网联汽车全产业链解析

（一）智能网联汽车产业链概念

智能网联汽车产业链包含上游关键系统、中游的系统集成以及下游的应用服务。其中上游涵盖了感知系统、控制系统、执行系统等。感知系统中核心部分是传感器，可以为智能网联汽车获取准确全面的信息。控制系统的功能是对车辆进行预判，替代人类做出驾驶决策。其中的车载智能计算平台是全球智能网联汽车决策系统竞争的焦点。执行系统是连接车与车（V2V）、车与路（V2I）、车与人（V2P）、车与云（V2C）等的信息交互平台，包括V2X通信系统、安全解决方案、电子电气架构以及云平台等领域。

中游涵盖了智能驾驶舱、自动驾驶解决方案以及整车。其中，自动驾驶解决方案目前获得了多方关注，自动驾驶解决方案目前主要有两条技术路线：视觉优先路线、多传感器融合路线。视觉优先路线由“宝马英特尔联盟”提出，该路线倾向于采用低成本的摄像头方案，多传感器融合路线由“丰田英伟达联盟”提出，该路线更倾向于高成本激光雷达以及毫米波雷达、超声波雷达、摄像头等多种传感器的融合运用，以应对自动驾驶复杂的应用场景。在汽车整车方面，近年来，汽车企业以及科技企业如丰田、通用、戴姆勒、长安、特斯拉等纷纷加快推出智能网联汽车产品，稳步推进自动驾驶技术的商业化，在智能网联汽车产业中进行深度布局。

下游主要是数据增值服务，包括出行服务、物流服务等应用服务（见图1）。数据是智能网联汽车下游的核心，主要包含了决策控制数据、网联化交互数据以及产业服务数据，企业通过搜集与处理这些衍生大数据，可以向用户提供更多的应用场景，提升智能网联汽车的商业估值。

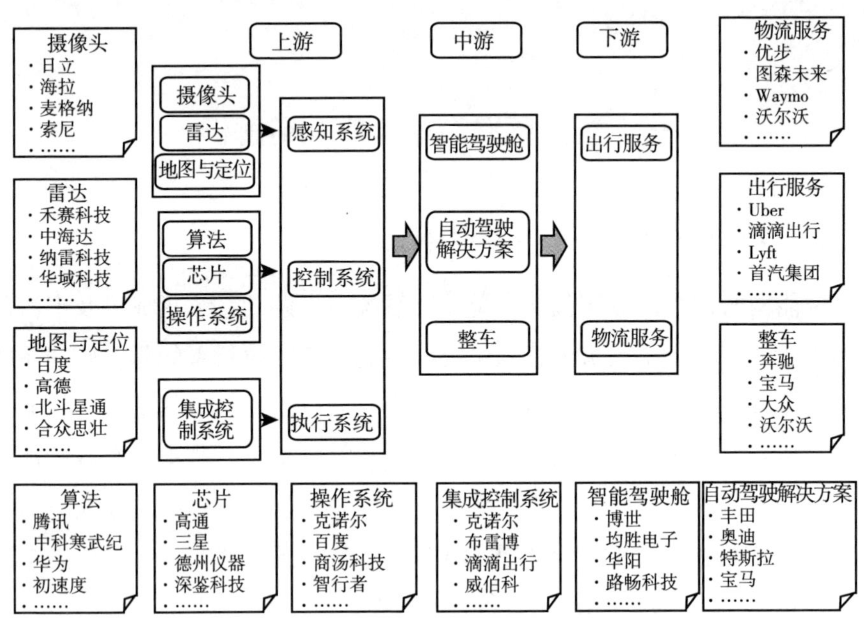

图1 智能网联汽车全产业链图解

（二）产业链发展情况

据美国 IHS 预计，到 2035 年，全球智能驾驶汽车销量将超过 1000 万辆；到2022 年全球智能联网汽车的市场总保有量将达3.5 亿台（见图2），市场占比达 24%，拥有联网功能的新车销售将达 9800 万台，市场占比达到 94%。

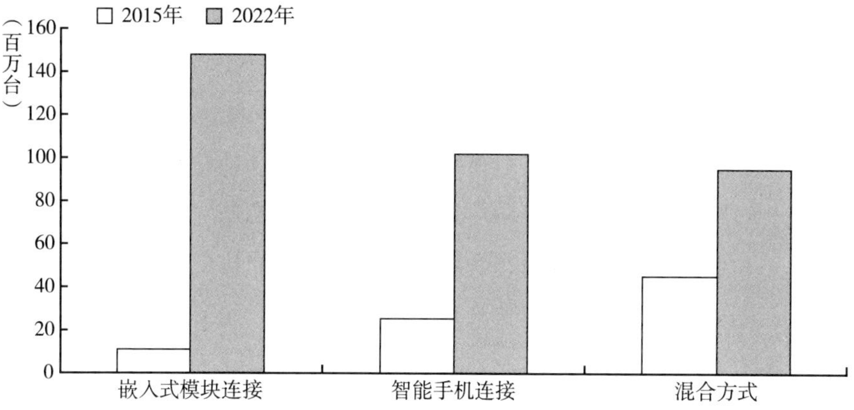

图 2　全球联网汽车年保有量

资料来源：IHS/中商产业研究院整理。

《2017 智能网联白皮书》数据显示，到 2025 年全球的乘用智能网联车的市场规模将达到 4395 亿美元，随着智能网联技术的发展，2025 年后中国智能网联汽车市场发展也将迎来快速增长期，成为全球主要的市场，预计 2025 年中国乘用智能网联市场规模将达到 1347 亿美元。

2018 年国家发改委发布的《智能汽车创新发展战略》提到我国智能网联汽车发展的两个阶段，到 2020 年，智能汽车占比达 50%，高速公路和大城市的无线通信网络覆盖率将达到 90%，北斗高精度服务将实现全覆盖；到 2035 年，在全球常见以中国标准设计的智能汽车，并率先成为智能汽车强国。国家顶层设计将智能网联汽车升级为国家战略发展方向，重要性将与新能源汽车相当。

二　国内外智能网联产业发展情况比较

（一）美国

美国将发展智能网联汽车作为发展智能交通系统的一项重点工作内容，

早在2016年，美国就发布了《美国自动驾驶汽车政策指南》，引起全球广泛关注。美国智能网联汽车的发展起源于智能交通系统，其自动驾驶技术享誉盛名，目前其正迈向车路协同发展的高级阶段。在法律法规方面，联邦层面负责构建安全框架，避免技术路线干预，各州结合自身情况制定特殊的规则体系，如加利福尼亚州在自动驾驶立法方面处于领先地位，其立法内容较为全面，并且积极尝试新方向、新规则，各项工作均处于先行先试阶段；内华达州是美国首个通过自动驾驶法案的州，该州在产业实践的基础上，持续探索和完善自动驾驶的规则。亚利桑那州则充分解释既有规则，形成宽松的制度环境，其自动驾驶规则主要来源于州长的行政命令。

（二）欧洲

欧洲拥有发展智能网联汽车的良好产业基础，是目前智能网联汽车发展较成熟的地区之一。欧盟通过发布一系列智能网联汽车相关政策，以及自动驾驶路线图等发展规划，推进欧洲地区智能网联汽车的研发和应用稳步进行，引导各成员国智能网联汽车产业快速发展。欧洲目前形成了以德国为发展核心，法国、意大利、瑞典、英国等国家协同发展的生态体系。欧洲拥有全球领先的汽车企业以及先进的智能驾驶技术，一级供应商依靠强大的创新能力和深厚的技术储备，联合整车企业开展前瞻协同开发。此外，欧洲地区凭借欧盟成员国间合作交流便利的优势，形成了全欧洲范围内的产业协同发展。

（三）日本

日本开始研究智能交通系统的时间较早。日本政府计划到2020年，在限定地区解禁无人驾驶的自动驾驶汽车，到2025年，在国内形成完全自动驾驶的汽车市场。当前，日本已经开放了一般道路测试、远程道路测试、部分商业化部署（如自动驾驶出租车等），并正在探索高速公路测试及商业化模式。在政策法规方面，2017年2月，日本国土交通省对安全标准进行了修订，允许具备适当安全措施的智能网联汽车（包括一般测试和远程测试）

进行车辆登记。随着技术和产业的发展，2019 年 5 月，日本再次通过《道路运输车辆法》修正案，为商业化部署提供了新的安全标准。其中，可行驶的道路环境与速度等条件将从纸面要求，转为技术模式实现，由厂商方面提供“设计运行区域”，经日本中央政府确认合理性后进行认定。

（四）中国

我国智能网联汽车产业起步较晚，直到 20 世纪 80 年代，国内学术界才逐步开始进行小范围研究。2015 年，智能网联汽车概念才正式被提出。在国家政策的大力推动下，我国智能网联汽车产业很快进入了快速发展期。目前，几乎所有国内车企已将 ADAS（自动驾驶辅助）技术应用到整车上。如自动巡航、自动跟车、车道保持等功能已经出现在上汽集团部分车型上，并且上汽集团已经进行了多次无人驾驶测试，其测试车速在 100km/h 左右；全速自适应巡航系统、高速公路交通拥堵辅助、自动启停和跟车、车道对中等多项功能已经出现在长安汽车的睿骋车型上。在智能汽车网联化方面，大唐电信一直致力于研究 LTE-V 的解决方案，力争全面解决 V2X 的应用问题。目前，大唐电信技术团队基本完成了原型系统开发和技术验证等关键环节，且初步完成了预商用阶段的 LTE-V 通信设备的开发。

尽管如此，我国智能网联汽车产业发展水平与欧美日等国家和地区相比还存在较大差距。一是我国智能网联汽车起步晚。欧美日等国家和地区的汽车产业经历了 80 余年的高速发展，而我国汽车产业的研究与发展不足 30 年。二是整体技术发展阶段滞后。欧美日等国家和地区，智能网联汽车产业已经历概念提出、基础性研发、运行测试，进入产业化和市场化阶段。而我国智能网联汽车目前尚处于智能网联汽车概念阶段，目前真正的产业化和应用化的产品不多，并且不成熟。三是技术差距大。我国在雷达、传感器、控制器等关键技术环节，相比欧美日等国家和地区仍然存在较大差距。欧美日等国家和地区智能网联汽车企业技术研发经过大量运行测试，积累了大量宝贵数据，而国内智能网联汽车企业对技术的数据积累明显不及欧美日等国家和地区。

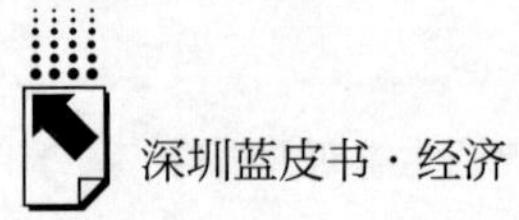

三　深圳智能网联汽车产业发展生态

（一）总体发展情况

深圳的智能网联汽车产业涵盖企业近百家，创新能力极强，整体技术处于国内和国际领先水平，培育了一批智能化、网联化整体解决方案企业和整车及关键零部件重点企业。2018 年，全市智能网联汽车及相关产业总产值超过 210 亿元①，全国占比 5.6%，预计到 2021 年，市场规模将超过 1200 亿元。同时，深圳智能网联汽车产业链集群广泛深入地服务于国内各大整车及部分国际市场，市场占有率极高，华为在全球通信设备领域市场占有率为 28%，全球排名第一，中兴通讯全球市场占有率达 13%，全球排名第四，比亚迪累计新能源汽车销售量达 24.78%，市场占有率接近 10%，全球排名第一；深圳航盛电子年产汽车电子产品近 600 万台（套），国内市场覆盖率在 90% 以上，市场占有率近 23%，是国内汽车电子行业第一家也是唯一一家被国家发改委、科技部等五部门授予“国家认定企业技术中心”称号的企业。

（二）发展特点

1. 产业特色和竞争优势明显，产业集群规模初步显现

深圳集聚全球信息通信、人工智能、新能源汽车、无人机、无人船等领域龙头企业，为智能网联交通系统发展提供了坚实的基础。在移动通信等基础技术领域，华为是全球最大的通信设备提供商，5G 移动通信技术全球领先。在人工智能等关键技术领域，腾讯积极布局人工智能和无人驾驶，发布“AI in car”生态系统，致力于解决车辆的驾驶智能问题。在汽车和无人机等新兴应用领域，比亚迪新能源乘用车、大疆消费级无人机占有率均位居全

① 本报告相关统计数据来源于课题组调研，特此说明。

球第一，云洲创新成为国内无人船领航者，为移动通信、人工智能与智能网联交通系统融合应用、互动演进提供了良好的应用基础和载体。

除上述外，深圳在 5G 技术、雷达传感器、车规级芯片、车载计算平台、边缘计算等重点领域取得了国内领先的研究成果，掌握了一批关键核心技术，可实现诸如 V2X 碰撞预警、盲点监测等功能。经过深圳市政府卓有成效的积极引导与培育发展，深圳市智能网联汽车产业多个领域已达到国内领先水平，部分细分领域跻身世界前列。

2. 产业结构及企业质量生态良好

在产业结构方面，深圳市在智能车辆、信息交互和基础支撑三大智能网联汽车产业领域，形成了比较完整的上下游产业链配套体系，在整车设计制造、人工智能算法与芯片、机器视觉、激光雷达、毫米波雷达、先进驾驶辅助系统、V2X 通信系统、电控 ECU 系统、智能交通系统、道路试验测试等各个领域已形成完整的技术、产品和服务体系。新产品和新业态不断涌现，产业呈现爆发增长态势。截至 2019 年 10 月，深圳市从事智能网联汽车产业的相关企业有 100 多家，规模以上企业 36 家，高新技术企业 21 家，其中包括中兴、华为、腾讯、比亚迪等一批世界级企业。

在企业发展质量方面，深圳市智能网联汽车产业构建了基于供应链协同的融通发展模式，在龙头骨干对供应链的引领带动下，在智能网联汽车产业形成 10 个左右带动能力突出、资源整合水平高、特色鲜明的大企业，如 5G 应用、自动驾驶解决方案供应商（华为、AUTOX）、智能整车（比亚迪）、指挥交通（交通中心、海梁科技）、汽车电子（航盛电子、金溢科技），激光雷达（速腾聚创）、科研院所（中科院先进院、清华大学深圳研究生院），产业金融（深创投）、无线充电（南方电网）等，带动上下游中小企业深度协同发展。

3. 行业协同技术创新生态体系初步形成，产学研合作水平较高

在平台方面，深圳建立了一批国家级、省市级智能网联汽车产业创新载体，包含国家级技术创新载体 10 个，省级技术创新载体 30 个，如新一代移动通信设备与终端技术国家工程实验室、无线通信接入技术国家重点实验

室、中国科学院人机智能协同系统重点实验室、国家综合交通大数据应用技术工程实验室、智能协同关键技术与装备行业研发中心、中国科学院电动汽车研发中心、大数据系统计算技术国家工程实验室等，汇聚了一批著名高校和科研机构。

深圳智能网联产业广泛开展产学研合作，依托深圳在汽车、交通、电信、软件等领域的产业优势及资源，积极开展产业资源的互动与合作，协同发展；在5G通信、V2X技术、智能交通专用测试设施设备等领域开展共性技术攻关，推动产业、资金和政策三维深度融合，打造产、学、研、资、政紧密合作的良性生态。与此同时，积极开展跨区域合作交流，加大深圳、澳门、香港三地在智能网联汽车产业的产学研交流合作，截至2019年底，香港各院校在深圳设立的科研机构有近百家，部分重点实验室已开始运作。

（三）深圳智能网联汽车产业发展的不足

1. 产业政策不完善

为推动智能网联汽车产业的发展，国家出台了一系列有利的产业政策。目前，我国智能网联汽车国家层面和部分地区层面产业政策，主要作用于基础性、共性、关键技术领域以加速推动技术研发与应用，加快我国汽车产业技术进步，逐步缩短我国与欧美日等发达国家和地区之间的差距。截至目前，深圳市尚未出台针对智能网联汽车的专项扶持政策，导致在招商引资、人才引进方面缺乏有力的抓手。

2. 核心技术的研发和应用相对落后

智能化和网联化是智能网联汽车的两条技术主线。我国智能网联汽车发展路线模仿了欧美日的技术发展路线，即以发展智能化为起点，分阶段融合网联化技术，最终达到智能化和网联化的高度融合，以实现完全意义上的自动驾驶。目前，深圳智能网联汽车在技术上处于国内第一梯队，但是核心技术研发与应用与欧美日等发达国家和地区相比总体水平仍显滞后，特别是在智能化关键技术方面仍存在较大差距。

3. 产品测试场地的建设不足与评价标准的缺乏

智能网联汽车的研发过程离不开测试与综合评价。相比国内外先进地区，深圳智能网联汽车的测试场地建设不足与评价标准缺乏是不争的事实。目前美国建成 SmartRoad、Mcity、GoMentum Station 等测试场地，用于自动驾驶技术以及 V2X 技术测试与研发。英国和瑞典已经建设了包含兼具测试智慧交通、V2X 技术测试等功能的综合性测试场地。我国重庆已经在原传统测试场地基础上改扩建了智能汽车实验场地。虽然坪山正在建设智能网联汽车的测试场地，但目前现有的测试场地还不能满足技术开发的需要。

四 关于完善深圳智能网联汽车产业生态的相关建议

（一）出台和优化针对智能网联汽车产业的专项政策

一是正确定位产业政策功能。在当前阶段，智能网联汽车方面的产业政策应该支持智能网联汽车产业发展的基础设施建设，鼓励关键技术研发，完善产业技术标准。二是创新优化产业政策工具。要摒弃传统的直接补贴方式，综合运用贸易、财政、货币、创新等政策工具，形成政策的组合拳，提高政策的有效性及其推动效应。三是改善产业政策治理。要加强“企、学、研、政”合作，通过广泛、充分地交流意见，提高政策的科学性和可实践性。要引入政策绩效评估机构，对智能网联汽车产业政策实施效果进行动态评估，并依据评估结果不断地对产业政策进行微调，提高政策效果和保持政策的先进性。

（二）推进智能网联核心技术的研发和产业化

加强深圳汽车、信息通信、电子等领域的企业资源整合与共享，依托深圳智能网联测试中心、深圳未来智能产业发展创新中心等平台，开展智能网联汽车相关的关键核心技术研究。推动企业、科研机构、高校等联合攻关智能网联汽车领域的重大工程和重点专项，着力突破核心技术和关键零部件等方面面临的困境。实质性鼓励企业加大对智能网联汽车领域的研发投入，集合整个产业链条的科技资源与研发力量，加速推进产业化进程。支持企业开展协同攻关智能网联汽车领域的关键共性技术，建立先进的面向未来出行的创新平台。

（三）加快测试场地建设与测试评价标准制定

分阶段加快测试场地建设，同时分层次地加快测试评价标准的制定。首先，需要加快测试场地的建设。需要建设高速道路和城市道路的测试道路环境。应仿真道路实际环境运行。需要对测试场地进行无线网联、4G、5G 网联全覆盖。加强信息安全，进行网络加密。还需要布置 GPS 基站以及支持北斗导航应用系统，以提高车辆运行定位的准确性。其次，需要加快测试评价标准体系的制定。构建多维度的测试评价框架，完善测试评价体系。

参考文献

刘天洋等：《智能网联汽车试验场发展现状与建设建议》，《汽车技术》2017 年第 1 期，第 7 ~ 11 页。

黄武陵：《无人驾驶在路上，我们准备好了吗?》，《机器人产业》2017 年第 1 期，第 20 ~ 22 页。

冯春林：《我国智能网联汽车产业的发展困境与应对策略》，《当代经济管理》2018 年第 5 期，第 3 ~ 7 页。

“双区”建设篇

“Two Areas” Section

B.11
关于建设中国特色社会主义先行示范区的思考和建议

欧阳仁堂*

摘　要： 本报告首先提出了对深圳市建设中国特色社会主义先行示范区内涵的几点思考，认为深圳市建设中国特色社会主义先行示范区，意味着党中央对深圳未来发展定位更新、范围更广、标准更高、期待更多，也意味着深圳必须具备强大的辐射带动能力、强大的资源配置能力和强大的综合服务能力。按照习近平总书记视察广东、深圳重要讲话精神的四个方面，结合全国“两会”对广东提出的“四个走在全国前列”要求及五大发展理念，本报告提出了几条政策建议，包括构建国际一流的营商环境、建设现代化经济体系、建设国际科技产业

* 欧阳仁堂，经济师，深圳市政府发展研究中心经济处处长，主要研究方向为经济、产业经济等。

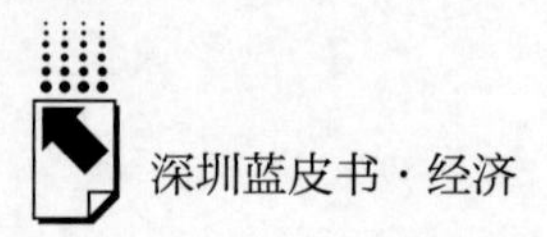

创新中心、构建全方位新格局、提高发展的平衡性和协调性、营造共建共享社会治理格局以及建设生态文明建设典范城市。

关键词： 深圳 中国特色社会主义先行示范区 高质量发展

一 内涵理解

（一）基本内涵

深圳建设中国特色社会主义先行示范区就是要在中国特色社会主义道路上走在最前面，为不断完善和丰富社会主义制度内涵做探路尖兵，示范引领全国其他地区共同建设富强民主文明和谐美丽的社会主义现代化强国。

深圳建设中国特色社会主义先行示范区就是要建成与社会主义现代化强国相匹配的全球标杆城市，成为向世界展示社会主义制度优越性的重要窗口，彰显习近平新时代中国特色社会主义思想的生动实践，在建设社会主义现代化强国中发挥示范带动作用。

从“先行先试”到“先行示范区”，要求不仅自己先行，继续敢闯敢试、敢为人先，而且要在先行中当示范，为全国其他地区探索更多可复制、可推广的先进经验；从“经济特区”到“先行示范区”，要求不仅要在经济领域引领发展，而且要在经济、政治、文化、社会、生态、党建等各领域全方位走在前列；从“试验田”到“先行示范区”，要求不能满足于某一阶段领先，而是要全过程领跑；从“排头兵”到“先行示范区”，要求不能只是“一马当先”，而是要带动“万马奔腾”，不仅要创建社会主义现代化强国的精彩样本，而且要成为现代化强国的城市范例和世界先进城市标杆。

建设中国特色社会主义先行示范区，意味着党中央对深圳未来发展定位更新、范围更广、标准更高、期待更多。

一是在经济建设上，率先建成高质量发展的现代化经济体系，率先构建具有强大国际竞争力的现代产业体系，率先建立更具活力、更加高效的社会主义市场经济体制，率先形成全面开放新格局，科技创新水平和经济综合实力世界一流。

二是在民主法治上，率先构建最广泛、最真实、最管用的民主制度，率先建成一流的法治城市、法治政府、法治社会，率先构建人人参与、人人尽责、人人共享的基层治理机制，城市治理体系和治理能力现代化水平世界一流。

三是在文化建设上，率先构建一流的公共文化服务体系，率先形成具有世界影响力的文化，率先形成高度发达的社会主义社会文明，率先打造世界领先的文化产业，城市文化软实力世界一流。

四是在社会建设上，率先发展一流的民生社会事业，率先构建完善的社会保障体系，率先形成共建共治共享共富的社会治理新格局，人民群众生活水平和社会发展水平世界一流。

五是在生态建设上，率先构建人与自然和谐共生的空间格局，率先形成低碳循环、可持续发展的产业结构，率先迈向生产发展、生活富裕、生态优良的文明发展道路，生态文明建设和城市规划建设水平世界一流。

（二）具备三大能力

一是强大的辐射带动能力。城市的辐射带动能力是指该城市通过其经济、金融、贸易、创新、文化、教育、人才等优势，引领带动其他地区发展的能力，它反映了一个城市在全球范围内的影响力和贡献度，一般根据城市的辐射半径评判其在全球城市体系中的能级。纽约、伦敦等全球城市可辐射到世界各地，新加坡、中国香港等国际城市可辐射到亚太各地。深圳要创建社会主义现代化强国的城市范例，必须具有以下三个能力。

其一，对全球经济的辐射带动能力，拥有雄厚的经济实力、发达的现代产业、高度开放的金融体系、全球化的贸易网络等，成为全球性经济中心城市。

其二，对全球科技的辐射带动能力，具有国际一流的科技实力、多领域的引领创新能力、完善的综合创新生态、广泛的国际科技合作网络、快速的科技成果产业化通道等，成为国际科技创新中心。

其三，对全球文化的辐射带动能力，具有国际一流的文化设施、一流的文化作品、一流的文化环境、一流的文化产业等，成为国际文化交往中心。

二是强大的资源配置能力。城市的资源配置能力是指该城市在全球范围内吸纳、凝聚、配置城市经济社会发展所需的战略资源的能力，它反映了一个城市在全球范围内进行资源配置的规模、质量和效率，是衡量一个城市发展能级的决定性因素。纽约、伦敦等全球城市体系的塔尖城市就是典型的全球资源配置中心，它们具有全球金融资源、创新资源、商贸资源、人力资源的配置力。深圳要创建社会主义现代化强国的城市范例，必须具备以下几种能力。

其一，全球性金融资源的配置能力。拥有世界一流的资本市场、一流的金融机构、一流的金融产品、一流的金融风险防控机制等，金融体系发达，金融环境开放，成为国际金融中心。

其二，全球性创新资源的配置能力。拥有世界一流的大学、一流的研究机构、一流的科技基础设施、一流的创新载体、一流的科技智库、一流的高科技企业等，成为全球的创新枢纽。

其三，全球性商贸资源的配置能力。拥有一流的商品要素资源配置功能、一流的会展活动资源配置功能、一流的国际航运资源配置功能、国际物流资源配置功能等，成为世界的商品集散和贸易中心。

其四，全球性人力资源的配置能力。拥有世界一流的猎头机构、一流的人才队伍、一流的人才服务机制、一流的薪酬体系、一流的工作生活环境，实施高度开放的人才政策，成为世界的人才高地。

三是强大的综合服务能力。城市综合服务能力，指的是为辐射区域的各类经济、科技、文化等活动提供全面、高效、便捷的服务能力，是中心城市集散功能的基本实现途径，一般根据城市的能级、定位、比较优势来决定服务能力强弱。纵观全球一流城市，无不是具备强大综合服务功能的城市，比如巴黎、东京等。深圳要创建社会主义现代化强国的城市范例，必须具备以下几个条件。

第一，发达的对外交通联系网络。拥有世界级港口、机场、车站、口岸等，国际航线可通达全球主要城市、港口，成为国际交通枢纽和物流中心。

第二，发达的信息通信网络。拥有一流的信息基础设施、一流的大众媒体、一流的社交平台、一流的跨境交易平台、一流的信息企业和机构等，成为国际信息中心和电子商务中心。

第三，发达的专业服务网络。拥有一流的律师事务所、税务事务所、会计事务所、航运服务机构、科技服务机构、咨询管理机构、智库机构等，成为国际专业服务中心。

二 几点建议

建设中国特色社会主义先行示范区，打造全球标杆城市，建议将习近平总书记视察广东、深圳重要讲话精神的四个方面，与全国“两会”期间对广东提出的“四个走在全国前列”要求及五大发展理念结合，从以下几个方面进行系统谋划，推出一批含金量高、针对性强、示范价值大的政策举措。

（一）着力打造全面深化改革先行示范区，率先构建国际一流的营商环境

聚焦放管服、营商环境、科技管理、新经济服务监管、住房制度等领域，推出一批在全国叫得响、影响大的改革品牌。

一是深化“放管服”改革。“放管服”改革是处理好政府和市场关系的“牛鼻子”。我们要进一步减少政府的微观管理、直接干预，放手让企业和群众创业创新，激发市场活力和社会创造力。围绕“放”，深入推进强区放权改革，一方面加强顶层设计，完善相关法律法规，使强区放权有法可依、依法推进，推动跨部门、跨领域、跨地域、关联度大的审批事项和系统权限“全链条”下放；另一方面合理调整优化部门机构设置，坚持“人随事走”“费随事转”原则划转人员编制和经费，提升业务承接能力。围绕“管”，加强事中事后监管，充分运用大数据、云计算、物联网、人工智能等新技

术，探索智能监管、信用监管、第三方监管等新模式。围绕“服”，大力实施智慧政务工程，加快建设数字政府，以“信息技术+制度创新”推动政务流程再造、政府管理体制变革，重构行政审批和政务服务流程及标准，建设高效的服务型政府。

二是加大营商环境改革力度。营商环境正成为城市的核心竞争力。我们要对标国际一流，按照世界银行及国家相关部门的营商环境指标体系，深入实施创建国际一流营商环境改革创新试验区行动方案，力争到2025年，建成市场化、法治化、国际化的营商环境，接近中国香港、新加坡等全球前列城市。突出市场化，发挥市场在资源配置中的决定性作用，减少政府对市场和交易活动的行政干预，改革阻碍市场充分竞争的制度政策，营造有利于激发各类市场主体活力的良好氛围。突出法治化，加大知识产权保护和增强对企业家财产权的法律保护力度，探索在人工智能、无人驾驶、基因测序、无人机等新兴领域率先立法，形成产权得到充分保护、产业能够健康发展的一流法治环境。突出国际化，对标国际经贸规则，率先探索与国际接轨的投资规则，率先构建与国际衔接的人才管理制度，率先建立与国际对接的政策体系。

三是探索新经济服务监管体制改革。随着新技术、新业态加速涌现，传统的服务监管制度已不能适应新经济快速发展的需要。深圳要发挥示范带动作用，探索新的服务监管机制，增加促进新经济发展的制度供给，加快科研成果从样品到产品再到商品的转化，带动新技术、新产品、新业态蓬勃发展，使深圳成为全球新技术、新产品率先使用推广的高地。在监管方面，实施新技术、新产品监管“松绑”计划，构建更加包容审慎的准入监管机制，探索新技术、新产品分阶段分类管理模式，让更多新技术、新产品及时走向市场。在应用示范方面，实施新经济应用示范计划，在深港科技创新合作区、前海、坪山等具备条件的区域开展新技术、新产品创新应用试点，为全国新经济发展提供实践样本。

四是优化科技管理体制机制。当前，全球已进入大创新时代，我们要加快重构科技管理体制，率先探索建立符合科研规律的科技创新管理制度和国际科技合作机制，发挥市场对技术方向、路线选择、要素价格、要素配置的导向作用，建立充满活力的科技管理和运行机制，打造最适宜创新的制度环境。在科研项目管理体制方面，以成果为导向，建立常态化的政企科技创新咨询制度，建立更具弹性的评审机制，建立基础研究领域包容和支持非共识创新的制度，探索建立科研项目经理人制度等。在创新资源配置机制方面，以市场为导向，探索建立科研项目攻关动态竞争机制，完善科技成果共享制度，探索建立社会资源参与基础研究与应用基础研究的支持机制等。在科技创新评价机制方面，以价值为导向，构建突出创新质量、贡献、绩效的分类评价体系，科学评价创新成果的科技价值、经济价值、社会价值。

（二）打造高质量发展先行示范区，率先建设现代化经济体系

聚焦高新技术产业、战略性新兴产业、先进制造业、现代服务业，实施补链强链稳链计划，推动产业基础高级化和产业链现代化，加快构建“高端高新高质”的现代产业体系，整体向全球产业链、价值链的高端迈进。

一是加快发展高新技术产业。大力实施高新技术产业七大工程，推动高新技术产业高质量发展，更好发挥示范带动作用，到2025年，科技和产业竞争力居国际前列，高新技术产业整体迈向全球中高端，成为推动全国高新技术产业发展的重要引擎。

二是着力发展七大战略性新兴产业。实施新兴产业集群发展计划，加快落实《深圳进一步加快发展战略性新兴产业实施方案》，围绕新一代信息技术、高端装备制造、绿色低碳、生物医药、数字经济、新材料、海洋经济等七大战略性新兴产业，优化重构产业政策，大幅提升产业科技含量，加快形成具有国际竞争力的万亿级和千亿级产业集群，努力将深圳建设成具有国际竞争力的战略性新兴产业发展高地。

三是大力发展先进制造业。充分发挥产业链优势，抢抓新一轮科技革命、产业变革的历史机遇，大力发展先进制造业，全面支持企业提升竞争

力，打造新一代电子通信、新能源汽车等若干世界级制造业集群，力争到2025年成为国内智能制造、绿色制造、高端制造的排头兵，跻身国际制造业强市。

四是全力发展现代服务业。推进国家服务业综合改革试点，规划建设具有国际影响力的金融聚集区，支持人民银行金融科技研究院等运营发展；推进供应链管理、综合贸易物流等发展，打造全球供应链管理中心；支持会计、法律、咨询等专业服务业高水平、国际化发展。

（三）着力打造创新发展先行示范区，率先建设国际科技产业创新中心

聚焦提升原始创新能力、引领创新能力、自主创新能力、成果转化能力，打造综合性国家科学中心主阵地，加快建成创新能力卓越、创新经济领先、创新生态一流的国际科技产业创新中心。

一是着力提升原始创新能力。实施原始创新"补短板"计划，聚焦大装置、高平台、前沿领域，着眼国家战略需求，高标准建设光明科学城，规划布局一批科学装置、重大科技基础设施和重点实验室，加强基础研究，鼓励从"0"到"1"的创新，强化自主创新成果源头供给，努力取得重大原创性突破，建设综合性国家科学中心主阵地。

二是着力提升引领创新能力。实施技术创新"登峰"计划，充分发挥科学家和企业家的创新主体作用，依托新型研发机构和优势企业，加快布局5G移动通信、人工智能、无人驾驶、金融科技、精准医疗、增材制造等重点领域，突破一批颠覆性技术，抢抓引领世界科技前沿、主导未来产业变革的重大技术先机，力争在若干战略领域取得突破，在2～3个领域确立全球领先优势，加速从跟跑、并跑向领跑跃升。

三是着力提升自主创新能力。实施核心技术"攻坚"计划，围绕提升产业竞争力、保障经济安全和改善民生的战略需求，形成关键核心技术攻坚体制，集中优势力量开展协同攻关，着力突破电子信息、生物医药、新材料等深圳优势产业的"卡脖子"技术，全面提升技术自主创新能力。

四是着力提升成果转化能力。实施科技成果快速产业化计划，推进产、学、研、用一体化，支持龙头企业整合科研院所、高等院校力量，建立创新联合体，鼓励科研院所和科研人员进入企业，疏通应用基础研究和产业化连接的快车道，促进创新链和产业链精准对接，建设国际重要的科技成果产业化基地，为全国破解经济与科技“两张皮”探索新路径。

（四）着力打造开放发展先行示范区，率先构建全方位开放新格局

聚焦粤港澳大湾区、“一带一路”、前海蛇口自贸区、国际航运中心等重点领域，携手港澳参与全球合作与竞争，建设服务全国、面向世界的全球城市，形成更高层次的开放新格局。

一是打造粤港澳大湾区核心引擎。以深港合作为重点，以广深港澳科技创新走廊为支撑，以强化与珠江西岸联系为发力点，在高科技产业、科技创新、金融等方面发挥引领作用，主动担当好粤港澳大湾区建设职责。围绕深港合作，重点打造三个合作平台：前海深港现代服务业合作区探索深港服务业融合发展、港澳居民来深工作生活便利化政策，建成深港合作先导区及粤港澳深度合作示范区；深港创新特别合作区探索实行更为便利的人员出入境政策，试行科技资金跨境流动政策，打造粤港澳国家级创新平台；活化改造中英街，打造以文化旅游、免税购物为主的国际化商贸旅游区域。围绕广深港澳科技创新走廊，加快完善深圳实施方案，构建“四核十八节点”空间格局，发挥主引擎作用，打造高度发达的创新经济带，努力成为全国创新发展重要一极。围绕强化与珠江西岸联系，加快深中通道深圳段建设，推动深肇铁路、深珠高铁深圳段建设，争取国家和省支持建设更多珠江两岸联系通道。

二是打造“一带一路”枢纽城市。制订出台参与国家“一带一路”建设行动计划，谋划在新时代更好地服务于“一带一路”建设的新举措。携手港澳推进与共建“一带一路”国家大型基建、海外园区建设、金融、商贸物流、文化旅游等方面的交流合作，推动深圳产品、技术、装备和服务

“走出去”。争取国家支持打造面向南海开发的海事服务中心，完善海事服务基础设施，举办具有全球影响力的国际海洋合作论坛。积极参与新疆丝绸之路经济带创新驱动发展试验区和中巴经济走廊建设。加快推进跨境电商综合试验区建设，可争取国家支持创办“一带一路”博览会等大型展会。

三是打造中国自贸区新标杆。实行更加便利的贸易投资政策，全面对接国际通行投资贸易规则，在服务业开放、投融资、财政税务、金融创新、法治建设、出入境管理、人才服务等方面，探索实行更加灵活的管理体制，谋划推出一批在全国有影响力、可复制推广的制度创新，建设高水平对外开放门户枢纽。加快构建自由贸易账户体系，争取率先在人民币国际化、金融业对外开放、综合监管等领域先行先试，研究建设人民币离岸业务在岸结算中心，建设我国金融业对外开放试验示范窗口和跨境人民币业务创新试验区。

四是打造国际航运中心。夯实港口基础设施建设，完善港口集疏运体系，建设绿色平安港口，实施智慧港口建设，促进现代航运服务业发展，将深圳港打造成绿色智慧的全球枢纽港，与香港港共建国际航运中心。创新以贸易便利化为重点的贸易监管制度，积极争取国家支持，在深圳港开展有关自由贸易港试点工作，并根据国家授权实行集约管理体制，取消或最大程度简化港区货物的贸易管制措施。

（五）着力打造协调发展先行示范区，率先提高发展的平衡性和协调性

聚焦深汕特别合作区、特区内外深度一体化、深莞惠“3+2”经济圈、对口帮扶等重点领域，建立健全促进区域融合发展的体制机制和政策体系，加快形成区域协调发展新格局。

一是高标准推进深汕特别合作区建设。推动深汕高铁、新深汕高速等规划建设，加快市政基础设施、小漠国际物流港等项目建设，探索引进港资共建，优化合作区体制机制，为深圳发展提供空间保障。并以深汕特别合作区为平台，争取省里支持在深圳至深汕特别合作区的沿线区域规划建设一个深惠合作区，这样就可以“串珠成链”，形成一个新的创新走廊，带动粤东地

区加快发展。

二是推进特区内外深度一体化建设。深入实施“东进、西协、南联、北拓、中优”战略，根据全市功能布局，加快推进原特区外交通、教育、医疗等公共设施建设。制定落实特区一体化攻坚计划方案和指标，对特区一体化项目实行开放式动态管理，推进重点项目建设落到实处，建立适应特区一体化需要的政府投资项目建设标准体系。对标国际先进城市，按照投入、建设、管理、服务统一标准，提升原特区外城市建设管理现代化水平。

三是大力推进深莞惠“3+2”经济圈建设。进一步完善区域协调体制机制，探索建立更为有利的工作执行机制和检查督促机制，确保合作事项落到实处。探索建设新型产业合作试验区，按照“产业转移+服务资源植入”的模式，通过委托管理、投资合作等多种形式共建园区。探索经济圈同城化合作机制，选择若干片区开展同城化试点。创新公共服务共建共享机制，推进教育、医疗、社保、养老、保障房等对接合作，提升区域协调发展水平。

四是全面推进对口帮扶协作建设。要站在服务全国全省高度，全力做好对口帮扶和扶贫协作、对口支援、对口合作等工作。扎实推进援疆、援藏工作，坚决打赢对口河源、汕尾精准脱贫攻坚战，落实好中央和省委交给深圳的对口帮扶任务。

（六）着力打造共享发展先行示范区，率先营造共建共治共享社会治理格局

聚焦提升社会治理社会化、法治化、智能化、专业化水平，持续完善党委领导、政府负责、社会协同、公众参与、法治保障的社会治理体制，探索超大城市的社会治理新模式，让社会治理既充满活力又和谐有序，把深圳建设成为最安全稳定、最公平公正的地区。

一是提升社会治理社会化水平。有效整合社会各方面资源，动员社会各方面力量参与社会治理，充分发挥社区居民、社会组织在社会服务、社会治理中的参与、协同作用。机制创新是关键。通过构建社工培养机制，形成专业社工制度；建立社会化招募、培训、遴选、服务、评价、激励等机制，将

志愿服务由行政推动转为自主行为；强化完善保障机制，逐步提高社干、社工、辅工等人员待遇。群众参与是基础。积极探索强化基层群众自理机制，比如建立健全居民议事会制度，让居民参与社区建设，最大限度地集中民智、激活民力、凝聚民心。购买服务是重点。改变过去政府对社会治理事务大包大揽的做法，将适合由企业和社会组织承担的社会治理任务通过职能转移、购买服务和招投标等方式全部交给企业和社会组织来承担。

二是提升社会治理法治化水平。在落实党的领导、明确政府与社会的权责边界、健全社会协同和公众参与机制等方面都需要以法治作为最基本的保障。以法治规范政府权力运行。政府权力严格按照法定程序公开透明运行，依法决策施政，完善责任追究制度及责任倒查机制，确保决策施政的规范化和科学化，法外滥权的行为需要终身担责。以法治规范公共事务治理。党委、政府、社会组织、公众在治理结构中的地位、职责与义务，通过法律确定下来，合理界定政府权力的职能和边界，规范各方的分工与合作。以法治保障人民群众权益。构建全覆盖的公共法律服务体系，让群众在接受法律服务和保障过程中增强依法办事、依法维权、合理表达的意识和能力。以法治解决各类社会矛盾。引导群众通过制度化、法律化的方式维护权益，尽量运用司法手段公正解决和群众切身利益相关的各种矛盾，让司法成为社会矛盾最终的、有公信力的解决方式。

三是提升社会治理智能化水平。运用大数据、云计算、物联网、人工智能等现代技术手段，大幅提高对社会综合治理的能力。加快数字政府建设。推进“数字政府”改革建设试点城市建设，完善政务网络和大数据中心建设，打造“一网两地三中心”，“一网”即统一的政务网络，“两地三中心”即在市内建设同城双活数据中心，在异地建设备份中心，建成一体化、绿色化、智能化的大数据中心。加快智慧城市建设。加快实施高速宽带网络、全面感知体系、城市大数据、智慧城市运行管理、智慧公共服务提升等工程，高标准建设水、电、能源、交通、管网等智能化基础设施，构建覆盖城市运营各领域信息的“城市数据湖”，提高城市治理者对大数据的研究应用能力和数据使用效率。探索网络化社会治理新模式。探索实施“互联网＋群众路线”治理模式，丰富群众依法参与社会治理的方式和渠道，调动广大群众积极参与社会治理的积极性，扩大参与广度，拓展参与深度。

四是提升社会治理专业化水平。推进社会治理专业化、职业化，促进政府治理、社会调节与居民自治的良性互动。加强专业化人才队伍建设，建设高素质专业化干部队伍和社会治理各类人才队伍，夯实社会治理基础。提高综合运用专业化工作方法的能力，熟练运用预测预警、风险防控、事件应急、教育感化、心理疏导、矛盾调处、利益协调、政策引导、规范执法、责任追究等机制，借助信息化手段，德法并举，实现社会治理目标。

（七）着力打造绿色发展先行示范区，率先建设生态文明建设典范城市

聚焦绿色生产、绿色交通、绿色生活等方面，着力打造无废城市、低碳城市、美丽城市、海绵城市的典范，率先走出一条经济发展与环境保护双赢的绿色发展新路径。

一是打造无废城市典范。率先制定废弃物资源化利用过程中，环境污染防治、环境风险控制技术等规范，综合利用产品的环境健康风险治理控制等标准。依托工程实验室、产学研平台、产业孵化器、标准实验室，构建资源化利用过程及产品的污染防治技术、标准研究、风险评估等科技支撑体系。建设一批“无废”经济产业园，产业园地下重点建设生产区，融合无机物废弃物资源化系统与有机物废弃物资源化系统。推进建筑废弃物、生活垃圾、电子垃圾、退役动力电池的处理和循环利用，建设工业固体废弃物安全处置中心，建设生活垃圾分类投放、分类收集、分类运输、分类处理系统。

二是打造低碳城市典范。通过绿色信贷、绿色债券、绿色保险等多元化金融手段，构建完善的绿色产业融资体系，探索在全国率先发行国际绿色市政债券。继续推进能源结构清洁化，发展智能电网，推广普及新能源汽车，大力推广低能耗绿色建筑。完善低碳发展机制，围绕碳排放总量达到峰值目标，研究制定低碳发展路径，完善碳排放统计、核算制度，定期编制温室气体排放清单。在特定区域设立低排放控制区，全面控制硫氧化物、氮氧化物

和颗粒物的排放。

三是打造美丽城市典范。建设世界级森林城市，大力落实十年规划，加大森林公园、湿地公园、特色公园的建设力度，实施森林生态修复工程，着力推进国土绿化；建设好广东珠江口城市群森林生态系统国家定位观测研究站、广东深圳城市森林生态系统定位观测研究站，利用遥感、地理信息系统、微信等多种信息技术手段，大力推进智慧森林城市建设。建设世界著名花城，着力推进“四季花城、生态花城、人文花城”建设，建成一批花卉景观大道、花卉特色公园、花漾街区、街心公园，增加城市绿化层次和色彩，提升城市街区生态品位，打造闻名海内外的花景。

四是打造海绵城市典范。推进落实《深圳市海绵城市建设专项规划及实施方案》，实现市、区、片区三级高标准海绵城市规划全覆盖。制定海绵城市制度政策和标准体系，建立全市海绵城市智慧管控平台，尽快制定出台海绵城市建设规划建设管理办法。统筹协调给排水、园林绿化、道路广场等设施建设，综合采用渗、滞、蓄、净、用、排等措施，提升城市市政基础建设的系统性。践行好“四个全”“四个同”，即实行全行业、全流程、全类型、全市域的项目管控机制，实现海绵城市设施和主体工程同时规划、同时设计、同时施工、同时使用。

参考文献

《习近平新时代中国特色社会主义思想学习纲要》，人民出版社，2019。

《中共中央　国务院关于支持深圳建设中国特色社会主义先行示范区的意见》。

《粤港澳大湾区发展规划纲要》。

张广生主编《全球城市发展报告 2019：增强全球资源配置功能》，格致出版社，2019。

B.12
深圳现代产业体系建设情况报告

方　茹*

摘　要： 本报告首先分析了当前深圳市现代产业体系的基本情况。从现代产业角度看，深圳市已经基本形成“梯次型现代产业体系”，战略性新兴产业持续增长、服务业内部结构进一步优化、先进制造业迈向高端；从重点细分领域看，工业软件领域的智能设备和智能控制层面的部分产品已经打入国际市场并达到国际一流水平，海洋经济发展取得一定突破，生物医药产业技术创新规模领先、竞争优势明显，金融领域主要指标水平位居全国前列；从深港澳产业合作看，CEPA 项下合作不断深化，科研项目和人才加快聚集，医药领域、金融创新领域和贸易通关合作有序推进；从产业配套服务看，知识产权保护与运营顺利开展、更加开放便利的境外人才引进制度逐步实行。虽然深圳市建设现代产业体系取得了一定的成就，但仍存在产业外部依存度大、部分行业存在明显短板、产业结构过于依赖电子通信、配套环境有待优化提升、深港合作领域受到一定限制等问题。深圳市未来需要加快构筑规划政策体系、优化完善创新链条、积极开展对外合作、持续优化制度环境、建设现代产业发展高地、打造大湾区发展共同体等。

关键词： 现代产业体系　战略性新兴产业　深港澳合作

---

* 方茹，深圳市南山区发展和改革局，主要研究方向为粤港澳大湾区发展、深港合作及现代化产业结构升级。

一　当前深圳市现代产业体系的基本情况

（一）深圳现代产业情况

深圳的产业已经基本形成“梯次型现代产业体系”，包括以新材料、生物医药、新一代信息技术、数字经济、高端装备制造、绿色低碳、海洋经济为代表的新兴产业；以华为、比亚迪为代表的先进制造业；以腾讯、平安集团为代表的现代服务业。

1. 战略性新兴产业持续增长

2019 年前三季度七大战略性新兴产业（新一代信息技术、高端装备制造、绿色低碳、生物医药、数字经济、新材料、海洋经济）实现增加值 6959. 18 亿元，同比增长 9. 5%，高于全市地区生产总值增速 2. 9 个百分点，占 GDP 比重为 37. 2%，比上半年高出 0. 9 个百分点。其中，新一代信息技术产业和数字经济产业增加值均超过 1000 亿元，分别为 3492. 47 亿元和 1146. 58 亿元，同比分别增长 8. 4% 和 16. 1%，占新兴产业增加值的比重分别达到了 50. 2% 和 16. 5%。高端装备制造、绿色低碳、生物医药、新材料、海洋经济等产业增加值分别为 771. 04 亿元、722. 97 亿元、238. 86 亿元、241. 69 亿元和 345. 58 亿元，分别同比增长 4. 6%、4. 0%、11. 5%、6. 4% 和 17. 2%。数字经济、生物医药、海洋经济产业增长强劲。

2. 服务业内部结构进一步优化

服务业特别是高端服务业向中心城市聚集优势明显。2019 年上半年，深圳市规模以上服务业（以下简称“规上服务业”，不含金融、房地产开发、批零住餐等行业）实现营业收入 5974. 56 亿元，同比增长 11. 94%；金融业完成增加值 1663. 16 亿元，同比增长 7. 0%；物流业增加值为 863. 81 亿元，同比增长 8. 1%。深圳在新兴信息技术服务、金融服务、科学研究和技术服务业等领域处于大湾区核心定位。

3. 先进制造业迈向高端

2019 年前三季度，全市规模以上工业增加值为 6354.94 亿元，同比增长 5.3%。其中，先进制造业增长 7.2%，占规上工业增加值比重为 71.4%。华为成为全球 5G 领导者，拥有麒麟、巴龙、昇腾和鲲鹏系列等四大芯片，发布全球首款搭载鸿蒙操作系统的终端。腾讯是全球最大互联网公司之一、全球服务用户最多的互联网企业之一。比亚迪是新能源汽车引领者，在欧洲纯电动大巴市场占有率超过 20%，排名第一。大疆创新占领消费级无人机全球 70% 的市场份额，贝特瑞成为全球最大的锂离子电池负极材料供应商，优必选成长为全球顶尖的集人工智能和人形机器人研发、制造和销售于一体的高科技企业。华为、华星光电、大族激光、大疆等一批先进制造业，提升了深圳制造业和经济发展的质量。

（二）重点细分领域情况

1. 智能制造

在集成电路领域，海思半导体有限公司率先使用 10 纳米先进工艺，成为台积电（TSMC）全球第五大客户、中芯国际（SMIC）全球第二大客户。在工业软件领域，智能设备和智能控制层面的工业软件部分产品已打入国际市场，并已达到国际一流水平，金蝶在 SaaS ERP 和 SaaS 财务云领域，分别以 18.25%、46% 的市场份额比例独占鳌头，远超国内外厂商。在物联网领域，NB-IoT 技术标准通过的提案中有 41% 来自华为，中兴微电子发布中国首款自主研发的 TEE 安全架构 NB-IoT 芯片“RoseFinch7100”。在增材制造领域，深圳长朗三维科技有限公司自主研制出具有国内领先水平的中等尺度高速多喷头 3D 砂型/砂芯铸造打印机。

2. 海洋经济

在产业规模方面，2018 年深圳共有涉海单位约 7320 家，实现海洋生产总值约 2327 亿元，占全市 GDP 比重为 9.6%，低于上海、宁波、青岛、广州等国内主要海洋城市。在产业结构方面，深圳海洋第一产业占比很小，海洋第二、第三产业为主导。在产业集聚方面，建成大鹏新区海洋生物产业园、孖洲岛海洋工程装备制造基地等海洋产业集聚区，深圳大空港海洋新城、南方海洋科学城、中欧蓝色产业园正在规划建设中。在技术创新方面，海洋高端装备突飞猛进，中集来福士自主设计建造的蓝鲸 1 号海上钻井作业平台在南海成功试采可燃冰，中集在建的深水半潜式钻井平台占全球的 25%，已交付深水半潜式平台占国内的 80%。

3. 生物医药

在产业规模方面，2018 年，深圳生物医药产业增加值为 298.58 亿元，同比增长 22.3%，同比增速居战略性新兴产业之首。在产业集聚方面，已形成以南山高新技术产业园、坪山国家生物产业基地核心区、大鹏国际生物谷为重点片区，福田、罗湖、光明等各区协同发展的产业布局，并涌现出迈瑞医疗、华大基因、海王生物、海普瑞、翰宇药业、北科生物、微芯生物等一批国家级龙头企业和创新型企业，以雁阵式创新梯队“领跑”。在技术创新方面，深圳新一代基因测序能力位居世界第一，拥有全国唯一的国家基因库，细胞治疗发展基础较好，部分领域处于国际领先地位，自主创新成果不断涌现，生物产业规模全国领先，竞争优势明显，生物“硅谷”雏形初现。

4. 金融

在贡献方面，全市金融业总资产从 2015 年的 8.6 万亿元增长至 14.9 万亿元，稳居全国大中城市第三，与北京、上海居于“第一梯队”，2019 年深圳金融业实现了全市约 1/7 的 GDP 和近 1/4 的税收。在主要指标方面，深圳银行业总资产、存贷款规模均仅次于北京、上海，居全国大中城市第三；22 家法人证券公司净资产、净利润、净资本均仅次于上海，居全国第二。在金融组织体系方面，第六次党代会以来累计招引分行级以上持牌金融机构 150 多家，人民币国际投贷基金注册成立，平安保险、招商银行在 2019 年“世界 500 强”中排名第 29 和第 188，规划建设福田金融核心区、红岭创新金融产业带、南山科技金融城等金融集聚区和重点金融楼宇。

（三）深港澳产业合作情况

1. CEPA 项下合作不断深化

充分发挥 CEPA 协议作用，深化深港服务业在更宽领域、更高层次合作，将前海打造成服务业吸引外资高地。使得香港服务提供者能够在深圳设立独资公司，从事带乘务员飞机租赁服务、民用飞机的维修和保养服务、船舶维修和保养、为内地至港澳航线经营人提供船舶代理服务；使得香港服务提供者能够从事部分增值电信业务；使得香港服务提供者能够在深圳设立独资企业，从事国产影片发行、电影放映、音像制品制作、演出经纪业务。

2. 科研项目和人才加快聚集

充分发挥深港科技创新合作区科技创新引领示范功能，集聚深港科技创新资源。一是已引进或确定入驻的香港及国际优质科研项目 76 个，近四成项目聚焦深港两地共同选择的信息科学、生命科学和材料科学三大领域；形成“基础科研—产品研发—孵化转化”的完整创新链条，引进建设 10 个孵化器及知识产权服务机构。二是正在洽谈对接中的优质科研项目 67 个，包括香港理工大学智慧城市研究所、商汤人工智能项目、健康老龄化国家实验室、“三岁定八十”建设健康大湾区计划等。三是建设 10 个科研成果转化孵化平台及知识产权服务机构，开设粤港澳青年创新创业工场，引入 21 个港澳创业团队，其中 6 个团队已融资 2. 3 亿元。孔雀谷深港创科育成基地引入香港和全球 27 家具有原创性、颠覆性、高成长性项目。中国（南方）知识产权运营中心投入使用。

3. 医药领域合作稳步推进

与香港环球医疗服务有限公司合作，共建服务粤港澳大湾区香港名医诊疗中心，构建名医坐诊、远程医疗服务、进口医疗设备检测、国际进口药品使用、健康管理及康复中心等“六大模块”，2019 年引进不少于 50 位香港业界知名权威医生在香港名医中心开设专科诊所。签约落户深澳中医药创新研究院、香港生物医药创新协会、希玛眼科大湾区总部及高端眼科医院、香港生产力促进局深圳（坪山）创新技术中心、香港铠耀生物科技产业转化项目、香港生物医药创新协会等一批港澳合作项目。洽谈引进香港理工大学深圳分校、香港港专学院、中国药促会坪山国际新药孵化器等高精尖项目。

4. 金融创新合作有序深化

推动深港跨境金融合作，降低港资金融机构进入内地市场的门槛，成立全国首家 CEPA 框架下的消费金融公司招联消费金融、首家港资控股全牌照证券公司汇丰前海证券、公募基金公司恒生基金，港交所联合交易中心、香港金银业贸易场等标志性港资金融企业通过前海成功进入内地市场。

5. 贸易通关合作着力开展

全国首创深港“供应链协同”改革项目，支持港企拓展内地航运市场。推进深港跨境通关合作，采用陆路跨境快速通关和先入区后报关模式，大幅缩减企业入区货物通关时间互认货运成本。黄金深港通、深港陆空联运改革等项目均已启动落地。建立“前店后仓”运作模式，实行“集检分出”检验检疫监管，有效确保储运货物便捷通关。

（四）产业配套服务情况

1. 知识产权保护与运营顺利开展

积极探索知识产权证券化工作，规范有序建设知识产权和科技成果产权交易中心。一是优化知识产权保护体系。出台实施《深圳经济特区知识产权保护条例》、深圳市知识产权保护“36 条”等，强化知识产权保护联席会议制度，建立三级联动的行政执法体系，构建全链条保护政策体系。二是大力推动知识产权证券化。华星光电以专利许可发行证券化产品为试点，通过企业实际案例形成标准化模式；同时，推动建立知识产权运营基金，金融知识产权联盟、知识产权金融公共服务平台等多种形式，积极提供知识产权证券化服务。三是推进产权交易和保护平台建设，先后组建国家专利技术（深圳）展示交易中心、中国（南方）知识产权运营中心、中国（深圳）知识产权保护中心等知识产权和科技成果产权保护交易平台。目前，全市知识产权工作成效显著，2019 年上半年，全市专利申请增长 14.51%，PCT 国际专利申请量继续居全国大中城市第一。每万人发明专利拥有量达 99.49

件，有效发明专利五年以上维持率为84.8%，居全国第一。

2. 更加开放便利的境外人才引进制度逐步实行

一是优化人才引进政策。先后出台和实施《深圳经济特区人才工作条例》、《关于促进人才优先发展的若干措施》、“鹏城孔雀计划”等相关法规和政策措施。二是推动外国人才到深圳工作管理体制机制改革。开展外国高端人才服务“一卡通”试点工作，优化“外国人来华工作许可”办理业务流程，共享基础信息，完善信用监管，采取“承诺制”和“容缺受理”便利措施，为外国人申请和办理工作许可、工作居留等业务提供一站式服务。三是加强引智平台建设。充分发挥中国国际人才交流大会作用，同时积极在澳大利亚、加拿大、德国、以色列、日本、英国和美国等地举办中国深圳创新创业大赛国际赛等交流活动。深圳引才工作成效显著，截至2019年4月全市海内外高层次人才近1.3万人，其中，全职院士46人，国家“千人计划”人才422人，高层次人才队伍年龄结构优异，平均仅为39.3岁。四是打造接轨香港的最佳营商环境。在前海打造最接近香港的投资环境，实行最国际化的商事仲裁，先后成立了全国首家港澳台和外国法律查明基地，首家借鉴香港廉政监督模式的廉政监督局，首家粤港澳合伙型联营律师事务所，全国11家粤港澳联营律师事务所7家落户。

二　存在的问题

1. 产业外部依存度大，易受外部因素影响

深圳经济依赖于进出口贸易，外贸依存度连续10年下降后仍达124%，高于台湾省的105%和韩国的67%；第二产业结构轻型化，以原材料和市场“两头在外”为产业联系链条和以生产生活资料的下游加工业为主。上游原材料等大宗商品价格暴涨暴跌导致深圳市企业经营出现亏损，目的地市场在外导致其产品容易受到贸易摩擦的影响。

2. 一些行业存在明显的技术短板，核心零部件依赖海外

深圳市部分产业链存在明显的技术短板，核心零部件如高端芯片制造、半

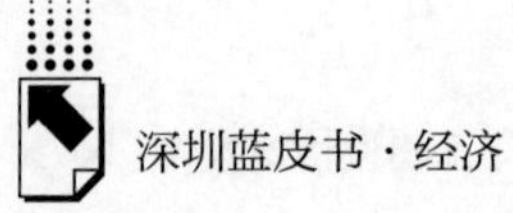

导体材料供应等对海外公司依赖严重，在贸易冲突中容易导致技术封锁问题。

3. 产业结构过于依赖电子通信，其他如高端制造、数字经济、生物制造发展相对滞后

电子信息制造业产业规模占全国行业规模的1/6，贡献全市工业经济增长的80%。但同时，生物医药、高端装备制造等行业，仍存在相对规模较小、门类不全等问题，生物医药占全市工业产值的比重仅不到1%，高端装备制造以3C设备为主，依托于下游的电子制造业，在航空航天、海洋工程、工业机器人等方面尚有显著的门类欠缺。

4. 配套环境有待提升，融资资源偏紧、PE规模不大、涉外律师较少

在融资方面，深圳融资成本比北京、上海高，珠三角直贴利率常年高出长三角0.5个基点和京津冀1个基点。在PE/VC方面，2010年以来深圳企业从PE/VC融资的案例数和融资规模分别为12560例、5114亿元，同期北京企业从PE/VC融资35733例、25069亿元，上海企业从PE/VC融资20068例、10442亿元。从投资轮次看，深圳PE/VC资本寻求稳定的成熟项目以规避风险的战略倾向，而加州PE/VC资本入场时向早期倾斜。在涉外诉讼方面，目前深圳在市内企业遇到海外贸易等诉讼问题时，缺少足够的法律服务资源。2019年全国千名涉外律师人才名单中，深圳市不足30人，与上海、北京、江苏等地存在较大差距。

5. 深港合作领域受到一定限制，面临体制机制障碍和法规制度束缚

粤港澳大湾区包括11个城市，涉及一个国家、两种制度、三种法律制度、三个单独关税区。深港澳亟须在“一国两制”背景下，大胆创新，积极探索，在科技创新、法律服务、金融合作、税务政策等方面促进资源共享、制度对接、待遇互认、要素趋同、流转顺畅，实现粤港澳三地有机融合。

三　政策建议

1. 聚焦“产业+改革”，加快构筑规划政策体系

一是率先在建设现代化经济体系上走在最前列。联动香港构建开放型、

创新型产业体系，打造现代化经济体系示范区。二是促进深港澳三地规则衔接。以清单式批量申请授权方式，在商事登记便利化、科技创新、产业合作等领域深化改革、先行先试。出台深圳市促进深港澳规则相互衔接若干措施的政策文件，推动一批重大政策、重大任务落地实施。三是发挥重点平台改革作用。全力推动《新时代全面深化前海深港现代服务业合作区改革开放方案》、“双扩区”、前海总规修编。深化深港科技创新合作区制度创新试验，探索跨境“监管沙盒”等重点项目，推动离岸贸易、服务贸易等领域的探索和突破。

2. 聚焦“产业 + 创新”，优化完善创新链条

不断提高科技创新的贡献份额，强化企业创新主体地位。一是组织开展新兴产业扶持计划。围绕集成电路、人工智能、智能制造、生物医药等新兴产业，对市级创新载体建设、高技术产业化发展项目等给予事中事后资助。积极争取国家大基金支持，大力推动国产 EDA 软件和自主知识产权 IP 产品研发。二是引导和支持企业加大研发投入。在光明科学城圈层布局前沿交叉研究平台、新型研发机构和研究型大学等诸多创新平台和载体，构建“基础研究—技术开发—产业应用”创新链。鼓励有实力企业牵头组织或参与国家重大科技项目，做好针对高新技术企业的财税优惠政策落实。三是促进新兴产业集聚发展。加快推进国家高新区扩区，出台国家自主创新示范区产业规划，瞄准世界科技产业前沿，抢抓有可能成为主导第四代科技革命的第三代半导体技术和主导第五代科技革命的量子科学，率先前瞻布局新一轮科技产业发展重点，推动形成梯次式新技术新产业格局，着力培育新的增长点。

3. 聚焦“产业 + 开放”，积极开展对外合作

一是统筹利用国际国内两个市场、两种资源。加快集聚国内外总部资源和高端要素，联动港澳构建开放型、创新型产业体系，加快现代服务业和新兴产业重大项目和平台布局建设，深度融入全球产业链、创新链、价值链。鼓励支持市内企业对国外优质公司的兼并重组、跨国并购。二是着力吸引国外优质资本。加强招商引资力度，有针对性地举办制造业企业进口博览会，引进国内外高端技术企业和重要环节的生产企业。支持前海建设数字贸易云

平台和跨境电商大数据中心，携手港澳构建链接全球物流和供应链网络。三是减少深圳企业受海外市场影响程度。优化海外市场行业结构，扩大“走出去”国家范围，降低国外市场和政策风险影响。降低深圳企业下游的外贸依存度，发挥政府部门力量，拓展深圳企业产品的内需市场。

4. 聚焦“产业 + 环境”，持续优化制度环境

一是完善市场营商环境。争取国家支持，在前海开展财税制度改革、政府采购体制改革、服务业税收体制改革创新试点，继续实施现代服务业企业所得税优惠政策，探索创新离岸税制安排，在国家统筹下以财税制度改革推进现代服务业高质量发展。二是进一步提高金融服务实体经济能力。引导境外机构精准支持企业创新，对境外风投、创投基金等采用股权投资方式到大湾区直接投资于种子期、初创科技型企业，视同内地创投企业给予再投资退税、投资额抵减应税所得额等税收优惠。三是发挥香港涉外法律服务优势。深化深港合作，加快建设“一带一路”法治地图，完成 64 个国家和地区的民商事法治地图，为企业“走出去”提供强大的法律咨询服务。

5. 聚焦“产业 + 质量”，建设现代产业发展高地

一是推动产业智能化发展。组织实施一批市级强基项目，争创一批国家级智能制造示范项目。积极培育工业互联网平台，推动企业数字化、智能化发展。二是推动产业提升发展。继续实施传统优势产业提升扶持计划，加速眼镜、钟表、服装等传统产业向国际时尚创意转型。大力发展再制造产业。三是推动产业引领发展。加快建设覆盖全市的 5G 网络，推进 5G 技术应用和商用进程，打造全球新一代信息产业资源配置中心，巩固深圳在全球通信行业的引领地位。创建国家生物医药和生命健康创新政策试验区，推动上市医药器械一站式注册申请、国际临床试验数据互认。

6. 聚焦“产业 + 协同”，打造大湾区发展共同体

依托香港和澳门科研资源优势和高新技术产业基础，发挥深圳战略性新兴产业优势引领作用，全面加强与大湾区其他城市产业深度合作。一是促进与港澳金融市场互联互通。推动深港金融（基金）产品互认，优化深港通机制，探索建立港澳保险大湾区服务中心，全方位深化在金融机构、业务、

人才、监管等领域的交流合作，推进粤港澳大湾区金融融合发展。先行先试推进人民币国际化，鼓励发展国际财富管理、国际风险管理、跨境投资并购等业务，拓宽跨境人民币融通渠道。二是打造以深圳、东莞为核心的具有全球影响力和竞争力的电子信息等世界级先进制造业产业集群。利用大湾区完整产业链配套，完善“总部 + 基地”发展模式，联合东莞、惠州、中山、江门等大湾区城市开展先进制造业合作试点，推动大湾区电子信息、汽车、电气、机械设备等优势制造产业集聚发展。

参考文献

赖敏斌等:《基于新钻石模型下的深圳海洋产业比较研究》，《科技和产业》2019 年第 9 期。

B.13

发挥粤港澳大湾区"深港一级"作用，以规则相互衔接促进要素自由流动

方 茹*

摘 要： 粤港澳大湾区城市群发展，不仅要跨越地理空间的边境，更要跨越政治制度、经济制度、文化制度的边界。本报告通过研究分析粤港澳大湾区中存在的规则和制度差异，提出以规则衔接促进要素自由流动的发展策略，助力打造港澳大湾区发展新增长极。

关键词： 规则衔接 深港合作 粤港澳大湾区

一 深港澳规则衔接背景和意义

（一）做深做强"深港一极"的突破口

习近平总书记强调，粤港澳大湾区建设要以规则相互衔接为重点。粤港澳三地政治、经济、法律制度不同，意识形态和社会环境存在差异，政府和居民的思维方式、办事程序、生活习惯也不尽相同，同时制度规则的差异导致港澳与内地之间人流、物流、资金流、信息流等要素流动有不少限制，要素流动成本比较高。因此，通过推动规则相互衔接，促进要素自由流动，是

---

* 方茹，深圳市南山区发展和改革局，主要研究方向为粤港澳大湾区发展、深港合作及现代化产业结构升级。

深圳在大湾区建设中进一步深化改革、做深做强“深港一极”的主要抓手和核心突破口。

（二）发挥市场和创新的活力的关键点

深港澳规则衔接是在“一国两制”背景下，大胆创新，积极探索，在科技创新、法律服务、金融合作、税务政策等方面促进资源共享、制度对接、待遇互认、要素趋同、流转顺畅，实现粤港澳三地有机融合。规则衔接是推进粤港澳大湾区建设的首要任务和关键环节。在此背景下，积极发挥先行先试作用，促进深港澳规则相互衔接，有利于用法治化、市场化方式协调解决大湾区合作发展中的问题，解决与发展不相适应的体制机制障碍和法规制度束缚，让创新的动力充分涌流，让市场主体的活力充分展现。

（三）推动“一国两制”事业发展的新实践

粤港澳大湾区需要坚守“一国”之本，也可以善用“两制”之利。在这样的背景下，就需要有更高的智慧、更大的胸怀、更全局的视野来分析区域经济发展所面临的问题和挑战，通过政策的安排以及国家重大战略平台的打造，进一步丰富“一国两制”事业的实践内涵，为国家发展创造新的机遇。因此粤港澳大湾区建设通过促进规则相互衔接、要素自由流动，有利于充分认识和利用“一国两制”制度优势、港澳独特优势和广东改革开放先行先试优势，不断深化粤港澳互利合作，进一步建立互利共赢的区域合作关系，推动区域经济协同发展，提升制度创新综合实力。

（四）打造内地与港澳深度合作示范区

依托粤港澳良好合作基础，充分发挥深圳前海、广州南沙、珠海横琴等重大合作平台作用，探索协调协同发展新模式，深化深港澳全面务实合作，有利于促进人员、物资、资金、信息便捷有序流动，为粤港澳发展提供新动能，为内地与港澳更紧密合作提供示范。

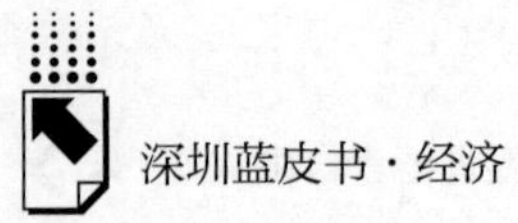

二 深港澳规则衔接现状

粤港澳大湾区城市群发展，不仅要跨越地理空间的边界，更要跨越政治制度、经济制度、文化制度的边界。这是粤港澳大湾区最显著的特色，也是粤港澳大湾区建设的难点所在。

在通关便利化方面，一是深港两地人员通关采取人工验证、电子自助通关两种模式，深圳除深圳湾口岸实行“一地两检”外，其他口岸均实行“两地两检”。随着深港两地口岸通关客流量激增，普通旅客通道平均通关超过1小时，高峰期甚至达到2小时；二是香港单牌、粤港两地牌往来深港两地受到一定规定限制，无法满足深港两地人员日益密切的交流需求；三是内地三月一次、一次七天的限制要求大大降低了科研人员流动便捷性；四是广州终端、香港终端、珠海终端独立运行，在过渡高层、气压基准面、度量衡上存在不同，现有条件下空域资源基本饱和，使各机场运行受到极大限制；五是存在大湾区地面综合交通特别是与港澳的便捷往来仍存在一些规则制度障碍，如高速公路对客运大巴在夜间的限行、空海联运便捷性不足，港澳游艇自由行等政策覆盖面不足，自由航行水域仍然较小，运营管制仍然较为严格等。

在医疗民生方面，一是按照国家现行政策，香港强积金与内地社保制度无法直接关联，内地医疗保险关系和工伤保险关系也无法转移至港澳；二是大湾区内病人转诊面临着医生执业资格互认、路途医疗风险控制、病历转移与使用等制度障碍；三是港澳新药进入内地被视为进口新药，并未享受到“国民待遇”，申请时限对比内地新药显著增加，制约大湾区内新药研发的合作；四是医院等级评审与国际标准不对接，医院评审标准和医疗卫生服务尚未与国际接轨。

在科技创新方面，一是深港两地在科研资金跨境使用监管政策上存在差异，在科研资金使用范围、人员薪酬比重、报销凭证、税收要求等方面不能对接；二是深澳在科创领域的优势未能有效结合，科技要素便捷流动缺乏足够的专业平台支撑与专项资金支持；三是境内科创型企业在境外借款融资或进行跨境人民币贷款的额度低且耗时长，不利于科创型企业开展科技研发活动。

在青年人才方面，一是在金融、会计、规划、设计、建筑、教育、律师、医生、护士等行业，港澳执业人士在内地执业仍需参加内地执业考试并取得相关执业证书；二是在选拔任用港澳居民人才上，国有企业、政府事业单位存在障碍；三是在吸引更多港澳青年来深就业上，很多港澳优秀人才对毕业后马上创业仍存在顾虑，倾向于“先就业后创业”模式。

在金融方面，一是国外资本投资湾区内不良资产渠道未充分打通，对于跨境不良贷款转让是否需要事先取得国家发改委的前置备案尚不明确；二是随着外汇管制日趋严格及境外刷卡消费的额度限制，香港保险的客户无法完成续期保费缴纳，或者在申请理赔后无法将理赔资金换汇回流内地；三是粤港澳三地跨境业务监管标准不同，与香港相比，内地人民币跨境结算便利化水平不足，企业需事前逐笔提交真实性证明材料，手续烦琐、结算成本较高；四是港澳两地间资本可自由流动，但内地与港澳间的资本流动存在较多约束；我国外汇管理规定5万美元以上的外汇资金汇出，需要税务部门出具意见或者缴纳税款凭证；五是税制不同，我国采取的是以流转税和所得税为主体税种的双主体税制，其中流转税包括增值税和消费税，所得税包括企业所得税和个人所得税。而在大湾区“9+2”城市范围内，香港和澳门以所得税为主体且税负较轻，没有流转税。

在司法合作方面，一是由于民事诉讼法、联营办法等限制，港澳地区律师在内地执业受到了较多限制，如联营所在股权比例规定、联营所直接聘用香港律师、与内地在执业保险问题上的不兼容、联营所与母所人格未分离、对于客户账户管理上的差异、香港法律业务中的中国公证人公证业务无法在联营所开展等；二是广东地区实施的《中华人民共和国刑法》，和香港、澳门的商标类犯罪法律规定存在较大刑事司法制度差异，三地刑事执法部门不同，且缺乏案件对接机制；三是随着广东与香港、澳门更紧密合作区的建立，不断出现了商标侵权等纠纷，且因不同知识产权制度的存在，不符合某法域法律的商标却可能符合另一法域关于商标的法律规定。

三　未来发展方向

（一）发展目标

推进机制衔接，有利于在更高起点、更高层次、更高目标上推进改革开放，形成全面深化改革、全面扩大开放的新格局；有利于更好地实施粤港澳大湾区战略，丰富“一国两制”事业发展的新实践；有利于率先探索全面建设社会主义现代化强国新路径，为实现中华民族伟大复兴的中国梦提供有力支撑。推进机制衔接，一是提高国家整体对外开放水平和质量，与国际接轨；二是推动“一国两制”的伟大国家战略实践；三是促进港澳融入国家发展大局；四是便利为深圳高效引进国际一流资源要素提供便利，形成一流营商环境和科技创新氛围。

（二）实现规则的“联通”“贯通”“融通”

在推动大湾区规则相互衔接上，致力于在寻求最大公约数中扬长补短，进一步谋划推动打通制度掣肘、规则关隘的改革举措和政策创新，在确保“一国两制”基本制度不动摇、不变形、不走样的前提下，积极携手港澳尤其是香港推动“一策三地”创新，充分利用、结合并对接港澳市场经济高度发达、深度对接国际投资贸易规则、现代化管理经验丰富等优势，实现比较优势的综合集成，以进一步促进大湾区市场机制的有机对接、资源要素的自由流动以及行政管理的相互适应。其中，对于城市管理、营商环境等港澳领先、能够复制的部分，可以采用拿来主义，实现规则的“联通”。对于港澳作为自由贸易港、独立关税区等难以直接复制的国际投资贸易规则，可以学习借鉴其先进理念和做法，加快构建与之接轨的制度规则体系，实现规则的“贯通”。对于社会保障、执业（职业）资格认证等管理方式不同造成的制度规则差异，要充分协商，逐步推动规则的“融通”。

（三）发挥深圳先行先试走在前列作用

大力破除在人流、物流、资金流、信息流、基础设施、科技创新、国民待遇、营商环境等方面的体制机制障碍，聚焦重点问题，争取国家政策支持，着力实现突破。在人员流动方面，完善传统通关模式和查验技术，满足湾区内大规模、高频次人员往来需求；在物流方面，解决货物通关环节多、非查验环节耗时长的问题，提升通关效率，降低企业成本；在资金流方面，破除国家相关规定制约，促进资金跨境自由流动，促进三地金融市场有效互联互通。

（四）以要素规则衔接促进粤港澳大湾区建设

强化机遇意识。抢抓机遇，用好机遇，紧紧抓住粤港澳大湾区建设这个“纲”，利用这个大机遇、做好大文章。一是在跨境合作方面突出共同利益。在深港合作中突出经济区域的共同利益和共同发展需求，率先实现不同关税区间的要素无障碍流通，为大湾区乃至全国形成现代流通核心竞争力发挥引领作用。二是明确深港的关系和权限。发挥深圳核心城市作用，实行更为开放、可行的政策，打破体制机制障碍，使深港成为珠三角城市群的带动力量。三是构建解决纠纷的长效机制。借鉴欧盟经验，既要发挥“硬法”的基础性作用，也要健全 CEPA 机制等“软法”的延伸性作用，实行软硬并举的治理。四是系统设计合作方案。逐步将公共管理、社会服务等纳入先行先试，探索与国际全面接轨的制度性经验。

四　政策建议

（一）加快通关机制衔接，实现湾区一体通行

一是推动皇岗口岸、沙头角口岸重建和改造罗湖口岸，在深港间具备条

件的口岸探索实施“合作查验、一次放行”模式，提升人员流动便利化水平；推动莲塘口岸、深圳湾口岸部分查验场地实行24小时通关。二是率先对参与大湾区科研合作项目、已签订合作协议的科研人员缩短签注申请办理时限，放宽商务备案指标配额等方面限制。三是完善跨境车辆海关管理措施，落实符合条件的跨境车辆可通过多个口岸出入境政策；推动建立与港方签署广深港高铁西九龙站口岸合作机制，包括信息交换、会晤约见、热线联络、交流互访、应急处置、打击走私等。四是进一步加强与民航局、香港、澳门以及省政府协调，采用“大终端、小进近”的思路，在同一终端内，按照相邻机场成立若干进近管制室的方式，推动大湾区空域优化和粤港澳三地在飞行规则、标准方面的统一，推动建成国际领先的空中交通管理示范区。五是进一步对接港澳，在可靠的技术条件下，取消高速公路对客运大巴的夜间限行等，提升国际航空枢纽对周边城市的辐射带动功能。六是扩展港澳游艇自由行试点范围，纳入拥有优质游艇客户资源和良好口岸停泊条件的机场码头；对接港澳降低游艇海关担保金比例；扩大港澳游艇自由行水域范围；放宽游艇载客人数限制，允许游艇租赁，开放游艇夜航，允许已完税无“三证”合法游艇进港停泊等。

（二）加快医疗机制衔接，实现湾区体系互认

一是将香港大学深圳医院作为跨境公立医院服务异地结算试点，并与香港部分公立医院建立转诊合作和跨境救护车互通机制，推动实现电子健康记录互通、检查报告互认。二是推动在深圳扩大跨境医疗费用结算范围，在香港特区政府试点、在香港大学深圳医院使用港府发出的“长者医疗券”的基础上，深圳向港澳全面开放医疗服务，港澳政府对移居内地的居民直接结算在试点医院的医疗费用。三是设立国家药品评审中心和医疗器械评审中心粤港澳分中心，受理港澳新药和医疗器械注册审批，受理进口药审批、仿制药质量和疗效一致性评价，提供药品医疗器械上市评审注册“一站式”服务。四是按照国际医疗质量认证的评审标准、认证管理等要求，组织制定国际版三甲医院评审标准，申报国际医疗质量协会（ISQua）认可，推动医疗

卫生服务与国际接轨。五是试点港澳医生在深多点执业，港澳医生参照《医师执业注册管理办法》办理执业注册后可在全市执业，实现三地医师共享、多点执业；推动成立深港专科医生培训中心，启动外科、儿科、急症医学科、家庭医学科、麻醉科等作为国家专科医师培训基地；探索与国际接轨的全科医生培训与认证制度，建立符合中国国情并与国际接轨的全科医师培养及认证制度。

（三）加快科研机制衔接，实现湾区强强联合

一是积极争取国家政策授权，推动深港两地科研资金管理制度有效衔接。准许深圳在科研资金进出境正面清单管理上先行先试，对清单内的科研资金进出境设置绿色通道，简化其跨境流动流程；推行科研资金进出境零税率、科研资金外汇自由结算运营机制；选择适用于香港和内地的经费报销制度。二是充分利用澳门资金充裕、对外开放程度高、科研项目交流与科研人员往来更加便捷、国际高端科研仪器使用更加便利的优势，积极推动深圳科技创新企业与澳门高校合作开展研究，设立深澳科技创新专项基金，围绕澳门与深圳共同的科技创新优势产业建立更多专项项目实验室，实行“深圳科创企业提需求、澳门科研团队做研究”的合作机制。三是允许科创型企业在境外发行人民币债券用于科技研发、生产等活动。境外机构在境内银行开立的人民币结算账户，可存放定期存款，支持符合国家产业方向的科技创新类企业开展多币种跨境融资。四是加大外汇管理服务科创企业发展力度，支持科创企业开展跨境融资活动，探索推进科创企业外债便利化试点，在外债额度、外债登记、外债使用等环节适度放开限制性要求。

（四）加快人才机制衔接，实现湾区筑巢引凤

一是争取授权，制定深圳港澳专业人才执业管理办法，在合作区深方区域推进执业便利化，在金融、会计、规划、设计、建筑、教育、法律、医疗等领域具有港澳以及国际职业资格的专业人士，经备案后依法依规提供专业

服务；对于现行法律不允许在内地执业的，授权深圳市组织相关职业资格考试和审查。二是针对境外人员选聘提拔出台指导意见，由用人单位对该类人群学历信息验证、征信信息、履职经历等背景调查核定建档，或支持专业境外人才引进服务机构，负责项目及人才引进管理。三是鼓励本市企业到港澳地区招聘，提供更多的就业选择，对来深工作的港澳青年，在人才资格认定、安居房配租等激励政策上加大倾斜力度。四是加强以交流为目的的职业培训，建设粤港澳大湾区就业信息平台，使劳动者可以便捷地获得各地就业需求信息。

（五）加快金融机制衔接，实现湾区互联互通

一是加快制定境外机构投资者对境内不良资产的专项监管和工作细则，同时考虑到国外机构投资者对不良资产投资会做大量尽调，明确不需要就不良贷款及其他信贷资产的跨境转让另外再报批备案。二是积极与香港保险业联动在深设立大湾区保险服务中心，有条件支持并允许在该中心处理内地保单持有人的保费缴纳、向内地人士支付理赔款的业务。三是简化收付款手续，允许优质企业凭“跨境业务人民币结算收/付款说明”或收付款指令，直接在银行办理货物贸易及服务贸易人民币跨境结算，无须事前、逐笔提交真实性证明材料。四是推动在全市范围内复制推广现行自贸区版跨境双向人民币资金池，在广东自贸区片区复制自由贸易账户体系，进而促进粤港澳企业之间贸易投融资便利化。五是推进落实跨国公司跨境资金集中运营管理新政策，探索选取个别优质企业，研究细化方案，开展高层次的本外币一体化跨境资金池试点，提高企业跨境资金运营效率。六是调整和优化增值税税率，制定适应电子商务时代的增值税合作措施；深化企业所得税合作框架协议，扩大企业所得税优惠目录的适用范围，增添仲裁机制；完善纳税人收入信息交换机制；扩大港澳货物零关税的优惠范围直至取消关税。

参考文献

吴泱、廖乾：《欧盟税收合作经验对粤港澳大湾区建设的启示》，《西南金融》2018年第9期。

梁玉霞、袁媛：《欧盟统一商标制度对我国内地与港澳知识产权冲突解决的启示》，《前沿》2012年第21期。

曾凯华：《欧盟人才流动政策对粤港澳大湾区发展的启示》，《科学管理研究》2018年第3期。

B.14

深圳研发投入强度离国际一流还有多远?

——基于欧盟2018年底发布的“全球产业研发投入2500强”的研究

董晓远*

摘　要：　本报告以欧盟2018年12月发布的“全球产业研发投入2500强”数据库为基础，采用研发投入规模、研发投入强度、营业利润率等指标进行综合评价，指出了深圳各行业研发投入强度在可比城市中的相对位置，即对标硅谷，在六大可比行业中，深圳的“科技硬件和设备”行业研发投入强度已经领先，其余行业仍需学习追赶；放眼全球，在研发投入2500强深圳公司所分布的15个行业中，有5个行业已经位于前沿，其余十大行业仍需学习追赶。

关键词：　深圳市　研发投入强度　高新技术产业

2019年8月18日，新华社全文转发了《中共中央 国务院关于支持深圳建设中国特色社会主义先行示范区的意见》，引起了社会上的普遍关注和热烈反响。其中关于“发展目标”一段，提出“到2025年，深圳经济实力、发展质量跻身全球城市前列，研发投入强度、产业创新能力世界一流”，引起了一些学者高度关注。深圳市社会科学院课题组近年来致力于创新引领型全球城市发展战略研究，对于深圳研发投入强度

* 董晓远，博士，深圳市社会科学院经济研究所所长、研究员，主要研究方向为宏观经济学、计量经济学。

在世界先进城市坐标中的位置，进行了深入研究，所取得的研究成果如下。

一 深圳目前在研发投入强度、赢利能力等几个方面需要全面对标的城市或地区，只有硅谷

我们根据全球权威数据库，采用多个指标进行综合评选，发现深圳目前在研发投入强度、赢利能力等方面需要全面对标的城市或地区只有硅谷。

（一）选用全球权威数据

在对全球研发投入的统计与研究方面，欧盟的“产业研发记分牌”，是国际上影响最大、权威性最强的。我们以欧盟2018年12月发布的“全球产业研发投入2500强”数据库为基准，进行评选。进入该数据库的公司，2017～2018年度的研发投入，最少的为0.25亿欧元，最多的为134.4亿欧元，平均值为2.9亿欧元。这些2500强公司，分布于全球46个国家大大小小的1000多个城市或地区中。其中包含了美国公司778家，占全球2500强研发投入的31.1%；欧盟公司577家，占23.1%；日本公司339家，占13.6%；中国公司438家，占17.5%；世界其他地区的公司368家，占14.7%。

（二）采用研发投入规模与研发投入强度等多指标进行综合评价

课题组认为，研发投入强度世界一流，主要是从研发投入角度来说的，世界金融中心、贸易中心、政治中心、文化中心未必能够成为研发投入强度一流的城市。从研发投入企业2500强的区域加总数据来看，众所周知的国际大都市，其研发投入强度并不高，大多低于深圳（8.8%），如东京（3.2%）、伦敦（3.1%）、巴黎（2.5%）等；深圳经常对标的几个城市的研发投入强度都低于深圳，如首尔（3.2%）、新加坡（3.9%）、香港（3%）、特拉维夫（5.9%）、北京（1.5%）、上海（2.5%）、广州（3.8%）等。

作为深圳在研发创新方面要学习与对标的国际一流城市，要有足够多的研发公司，足够多的研发人员，足够多的研发投入，足够高的研发投入强度，足够强的可持续发展能力（赢利能力、营业利润率）。

在全球产业研发投入企业2500强所分布的城市或地区中，研发投入规模超过25亿欧元，且研发投入强度与赢利能力均不低于深圳的城市或地区有14个，企业数、从业人员数、研发投入、研发投入强度、营业利润率等指标全面高于深圳的，只有美国的硅谷。详见表1。

表1　2018年全球产业研发投入企业2500强所在城市或地区情况

序号	企业总部所在城市或地区	2500强企业数（家）	2017~2018年研发投入强度（%）	2017~2018年营业利润率（%）	2017~2018年从业人员（人）	2017~2018年研发投入（亿欧元）
1	萨米特（美国新泽西州）	1	30.5	27.8	7467	33.1
2	剑桥（美国马萨诸塞州）	25	29.9	16.5	25907	43
3	肯尼沃斯（美国新泽西州）	1	25.3	18.7	69000	84.7
4	圣迭戈（美国加利福尼亚州）	15	23.4	15.7	55529	55.7
5	巴塞尔（瑞士）	5	17.1	18	257848	174.9
6	殷格翰（德国）	1	17	19.3	49610	30.8
7	千橡树市（美国加利福尼亚州）	2	14.7	42	31140	31.2
8	沃尔多夫（德国）	1	14.2	20.8	88543	33.3
9	新不伦瑞克（美国新泽西州）	1	13.8	24.8	134000	88
10	雷德蒙德（美国华盛顿州）	1	13.3	31.7	131000	122.8
11	硅谷（美国加利福尼亚州）	127	12.1	23.5	1218178	879.2
12	新竹（中国台湾）	28	9.1	21.6	132228	60.5
13	勒沃库森（德国）	2	9	23.5	115996	54.4
14	纽约（美国纽约州）	33	8.8	21.6	532559	153.8
15	深圳（中国广东）	38	8.8	14.4	1003161	189.9

资料来源：根据https://iri.jrc.ec.europa.eu/scoreboard/2018-eu-industrial-rd-investment-scoreboard上的数据表“R&D ranking of the world top 2500 companies.xlsx”整理。本报告的其他表格也是如此。

表1说明，尽管深圳的研发投入强度在全球绝大多数城市或地区中居于前列，但仍有提升的空间。既提升研发投入强度，又提升赢利能力，虽有难度，但并非不可能。

二　对标硅谷，在六大可比行业中，深圳的“科技硬件和设备”行业研发投入强度已经领先，其余行业仍需学习追赶

从欧盟发布的“全球产业研发投入 2500 强”数据和英国富时罗素的产业分类基准①来看，在全球研发投入 2500 强企业中，总部在硅谷的有 127 家，分布在 13 个行业；总部在深圳的有 38 家，分布在 15 个行业。深圳与硅谷都有的行业共 6 个，如“科技硬件和设备”“软件和计算机服务”“制药和生物科技”等。在这六大行业中，深圳“科技硬件和设备”行业的研发投入强度达 13.7%，超过硅谷 3.6 个百分点。深圳的“软件和计算机服务”“休闲用品”行业，虽然研发投入强度低于硅谷，但在赢利能力方面已明显高于硅谷。详情见表 2 和表 3。

表 2　2017～2018 年深圳与硅谷研发投入等指标对比情况（1）

行业		列入 2500 强企业数(家)		2017～2018 年研发投入强度(%)		2017～2018 年营业利润率(%)	
		深圳	硅谷	深圳	硅谷	深圳	硅谷
总计		38	127	8.8	12.1	14.4	23.5
可比六行业小计		28	111	10.7	12.0	9.3	24.1
1	电子和电器设备	13	6	5.5	5.9	8.4	10.4

① 该标准获得全球公认，NASDAQ、纽约证券交易所、伦敦证券交易所均在使用这一分类标准，它从四个分类层面把全球约 10 万只证券及相关公司进行明确分类。现行分类标准包括 41 个行业，分别是：石油和天然气生产商，产油设备、相关服务和分销，替代能源，化工制品，林业和造纸，工业金属和矿业，采矿，建筑和材料，航空航天和国防，一般工业，电子和电器设备，工业工程，运输，辅助服务，汽车和零件，饮料，食品生产商，家庭用品及住宅建筑，休闲用品，个人消费品，烟草，卫生保健设备和服务，制药和生物科技，食品和药物零售，一般零售商，媒体，旅游与休闲，固定线路电信服务，移动电信服务，电力，天然气、水和多用途设施，银行，非人寿保险，人寿保险，房地产投资和服务，房地产投资信托，金融服务，股权投资工具，非股权投资工具，软件和计算机服务，科技硬件和设备。这一产业分类基准，与国民经济统计的行业分类标准，尚不存在对应关系表。

续表

行业		列入2500强企业数(家)		2017~2018年研发投入强度(%)		2017~2018年营业利润率(%)	
		深圳	硅谷	深圳	硅谷	深圳	硅谷
2	科技硬件和设备	7	44	13.7	10.1	0.7	22.4
3	软件和计算机服务	4	32	7.7	15.7	36.5	26.8
4	制药和生物科技	2	25	7.6	18.9	23	44.4
5	休闲用品	1	1	3.1	18.6	4.7	-12.1
6	金融服务	1	3	4.2	9.8	8.5	16.7

资料来源：根据欧盟的数据表"R&D ranking of the world top 2500 companies. xlsx"整理。

表3 2017~2018年深圳与硅谷研发投入等指标对比情况（2）

行业		企业从业人员数(人)		2017~2018年研发投入(亿欧元)		2017~2018年营业利润(亿欧元)	
		深圳	硅谷	深圳	硅谷	深圳	硅谷
总计		1003161	1218178	189.9	879.2	311.9	1710.7
可比六行业小计		802187	1134880	179	844.1	155.4	1690.4
1	电子和电器设备	435085	76140	18.5	8	28.5	14.1
2	科技硬件和设备	295527	614229	134.2	435.8	6.9	968.9
3	软件和计算机服务	47091	407155	24.2	343.3	114.5	586
4	制药和生物科技	13950	15515	1.4	44	4.3	103.4
5	休闲用品	8016	1273	0.4	1.8	0.6	-1.2
6	金融服务	2518	20568	0.3	11.2	0.6	19.2

资料来源：根据欧盟的数据表"R&D ranking of the world top 2500 companies. xlsx"整理。

三 放眼全球，在研发投入2500强深圳公司所分布的15个行业中，有5个行业可称得上已经位于前沿，其余十大行业仍需学习追赶

（一）深圳位居前沿的5个行业

深圳与硅谷可对标的行业只有6个，能够提供的信息量稍显不足。为了

方便深圳各行业对标和学习国际先进技术，我们将全球产业研发投入 2500 强的深圳公司所在的 15 个行业，与 2500 强所在的 1000 多个城市或地区的相应行业进行逐一对比，发现有 5 个行业，这 1000 多个城市或地区中已经没有哪一个可以在研发投入强度与赢利能力两方面同时超过深圳。这 5 个行业分别是："工业工程"、"个人消费品"、"电力"、"林业和造纸"以及"采矿"。

（二）深圳仍需学习追赶的十大行业

在余下的 10 个行业中，每个行业还有少则二三个、多则几十个城市或地区依然走在深圳前列。详见表 4。

表 4　深圳 15 大行业研发投入强度在全球城市或地区中的排名

序号	行业	排名
1	电子和电器设备	56
2	一般工业	34
3	科技硬件和设备	32
4	休闲用品	21
5	制药和生物科技	20
6	金融服务	6
7	银行	6
8	房地产投资和服务	4
9	软件和计算机服务	3
10	家庭用品及住宅建筑	3
11	林业和造纸	1
12	个人消费品	1
13	工业工程	1
14	电力	1
15	采矿	1

资料来源：根据欧盟的数据表"R&D ranking of the world top 2500 companies. xlsx"整理。

1. 电子和电器设备

深圳这一行业进入全球研发投入 2500 强的公司有 13 家，其从业人员达 43.5 万人，研发投入为 18.5 亿欧元，研发投入强度为 5.5%，营业利润率为 8.4%。在研发投入强度和营业利润率两方面同时超过深圳的城市或地区有 55 个，可比性较强、可以对标的城市包括：韩国的首尔，相应公司有 2 家，其从业人员为 33.0 万人，研发投入为 138.5 亿欧元，研发投入强度为 7.2%，营业利润率为 21.9%；德国的柏林，相应公司有 1 家，其从业人员为 37.2 万人，研发投入为 55.4 亿欧元，研发投入强度为 6.7%，营业利润率为 9.1%。

2. 科技硬件和设备

深圳这一行业进入全球研发投入 2500 强的公司有 7 家，其从业人员达 29.6 万人，研发投入为 134.2 亿欧元，研发投入强度为 13.7%，营业利润率为 0.7%。在研发投入强度和营业利润率两方面同时超过深圳的城市或地区有 31 个，可比性较强、可以对标的城市包括：美国加利福尼亚州的圣迭哥，研发投入强度为 24.5%，营业利润率为 21.9%，研发投入为 45.6 亿欧元；荷兰的埃因霍芬，研发投入强度为 16.8%，营业利润率为 26.4%，研发投入为 13 亿欧元。

3. 制药和生物科技

深圳这一行业进入全球研发投入 2500 强的公司有 2 家，其从业人员达 1.4 万人，研发投入为 1.4 亿欧元，研发投入强度为 7.6%，营业利润率为 23%。在研发投入强度和营业利润率两方面同时超过深圳的城市或地区有 19 个，可比性较强、可以对标的城市主要是硅谷和纽约。其中，硅谷有相应公司 25 家，其从业人员为 1.6 万人，研发投入为 44 亿欧元，研发投入强度为 18.9%，营业利润率为 44.4%；纽约相应公司有 11 家，其从业人员为 11.5 万人，研发投入为 116.7 亿欧元，研发投入强度为 19%，营业利润率为 27.8%。

4. 一般工业

深圳这一行业进入全球研发投入 2500 强的公司只有 1 家，其从业人员为 5.1 万人，研发投入为 0.9 亿欧元，研发投入强度为 1%，营业利润率为 7.6%。在研发投入强度和营业利润率两方面同时超过深圳的城市或地区有 33 个，可比性较强、可以对标的城市，一是荷兰的阿姆斯特丹，有相应公司1家，其从业人员为7.4万人，研发投入为17.4亿欧元，研发投入强度为7%，营业利润率为10.3%；二是美国明尼苏达州的圣保罗，相应公司有1家，其从业人员为9.1万人，研发投入为11.1亿欧元，研发投入强度为4.2%，营业利润率为22.9%。

5. 软件和计算机服务

深圳这一行业进入全球研发投入2500强的公司有4家，其从业人员为4.7万人，研发投入为24.2亿欧元，研发投入强度为7.7%，营业利润率为36.5%。在研发投入强度和营业利润率两方面同时超过深圳的城市或地区有2个，一个是中国福建的厦门，一个是美国马萨诸塞州的贝德福德。两者的研发投入强度分别为17.1%和16.5%；营业利润率分别为56.9%和42%。但代表这两个城市的均是不足500人的单个公司，研发投入均不足1亿欧元，可比性略低。

6. 休闲用品

深圳这一行业进入全球研发投入2500强的公司只有1家，其从业人员为0.8万人，研发投入为0.4亿欧元，研发投入强度为3.1%，营业利润率为4.7%。在研发投入强度和营业利润率两方面同时超过深圳的城市或地区有20个，可比性较强、可以对标的城市，一是瑞士的沙夫豪森，有相应公司1家，其从业人员为1.2万人，研发投入为4.3亿欧元，研发投入强度为16.6%，营业利润率为21.7%；二是日本的京都，相应公司有1家，其从业人员为0.6万人，研发投入为4.7亿欧元，研发投入强度为6.1%，营业利润率为16.8%。

7. 家庭用品及住宅建筑

深圳这一行业进入全球研发投入2500强的公司只有1家，其从业人员为0.6万人，研发投入为0.3亿欧元，研发投入强度为3.5%，营业利润率为19.8%。在研发强度和营业利润率两方面同时超过深圳的城市或地区，只有2个，一是伦敦，二是德国莱希河畔的兰茨贝格。这两个城市各有相应公司1家，研发投入强度分别为5.6%与4.7%，与深圳的3.5%相差不大；其营业利润率分别为20.4%与27.4%，与深圳相差也不大。

8. 银行

深圳这一行业进入全球研发投入2500强的公司只有1家，其从业人员为7.2万人，研发投入为6.1亿欧元，研发投入强度为2.1%，营业利润率为41.1%。在研发投入强度和营业利润率两方面同时超过深圳的城市或地区有5个，可比性较强、可以对标的城市，一是丹麦的哥本哈根，有相应公司1家，其从业人员为1.98万人，研发投入为4.2亿欧元，研发投入强度为6.1%，营业利润率为52%；二是澳大利亚的墨尔本，相应公司有1家，其从业人员为3.3万人，研发投入为4.9亿欧元，研发投入强度为4.3%，营业利润率为49.7%。

9. 金融服务

深圳这一行业进入全球研发投入2500强的公司只有1家，其从业人员为0.25万人，研发投入为0.3亿欧元，研发投入强度为4.2%，营业利润率为8.5%。在研发投入强度和营业利润率两方面同时超过深圳的城市或地区有5个，可比性较强、可以对标的城市，除了前面提到的硅谷外，还有美国宾夕法尼亚州的奥克斯。奥克斯有相应公司1家，其从业人员为0.36万人，研发投入为1.8亿欧元，研发投入强度为13%，营业利润率为33.4%。

10. 房地产投资和服务

深圳这一行业进入全球研发投入2500强的公司只有1家，其从业人员为1.1万人，研发投入为0.3亿欧元，研发投入强度为3.9%，营业利润率为8.7%。在研发投入强度和营业利润率两方面同时超过深圳的城市或地区有3个，分别是法国的巴黎、中国的泉州及广州，其中巴黎的代表性较强。巴黎有相应公司1家，其从业人员为1.9万人，研发投入为1亿欧元，研发投入强度为6.2%，营业利润率为15.4%。

四　对策建议

1. 分类指导，精准服务

深圳要实现到2025年研发投入强度、产业创新能力世界一流的目标，需要各行各业和政府部门共同努力，但不是平均用力。电子信息产业在深圳经济结构中起着举足轻重的作用，但与之密切相关、重合度较高的“电子和电器设备”与“科技硬件和设备”的研发投入强度和赢利能力却在各行业排名中相对落后。这类行业提升研发投入强度与赢利能力的空间比较大，对于深圳提升整体研发投入强度的贡献也比较大。因此，政府部门应当加大对这类行业的调研和支持力度，深入剖析这类行业提高研发投入强度和赢利能力的重点与难点在哪里，政府在哪些方面可以有效地帮助企业。

2. 提高研发投入强度应与提高赢利能力同时倡导、两者并重

从欧盟公布的全球研发投入 2500 强企业的研发投入强度与盈亏状况来看，随着研发投入强度的提高，同一研发投入强度区间内亏损企业所占的百分比逐渐上升，研发投入强度超过 20% 之后，亏损企业所占百分比显著增大。政策追求的目标，应当是研发投入强度与赢利能力的同时提升，研发投入强度的提高不能以牺牲或严重损害赢利能力为代价，否则，是无法持续的。

3. 借鉴“欧盟创新调查”等国际通行的方法与手段，加强调查研究，强化“循证决策”

全球产业研发投入 2500 强企业，在各个城市或地区的分布很不均衡，多的有几十家，甚至超过 100 家（如东京 187 家，硅谷 127 家，伦敦 55 家，巴黎 40 家），少的只有 1 家，样本十分有限。由于一家或几家企业对于一个城市或一个城市的某一行业的代表性，值得怀疑，因此，本报告中的一些结论，仅仅是基于对现有数据库的初步探讨，对于政策制定有一定的启示意义，但还远不足以成为政策制定的依据。要为政策制定提供依据，还需要多部门共同努力，借鉴“欧盟创新调查”等国际通行的方法与手段，广泛深入地开展调查研究。

B.15

世界四大湾区要素资源流动比较分析

廖明中*

摘　要： 纽约、旧金山、东京、粤港澳等世界四大湾区集聚了各类优质发展要素资源，占据了全球价值链和资源配置的制高点，并深刻重塑了全球经济地理格局。本报告聚焦物资流动、人员流动、资金流动、信息流动等四种流动形式，比较分析了世界四大湾区的流动现状和特征。研究发现：纽约湾区以国际移民之都和金融湾区著称；旧金山湾区是全球知名的科技湾区，创新创业非常活跃；东京湾区是全球一流的产业湾区，是日本对外投资的总调度中心；粤港澳大湾区集全球贸易中心、全球航运中心、全球金融中心和亚太地区新兴的科技创新中心于一体，是快速成长中的综合湾区。

关键词： 四大湾区　要素流动　资源配置

一　世界四大湾区基本情况

流动性和世界湾区的发展是相互影响、相互依存的。流动性及其类型、强度、质量等特征，是理解世界湾区发展状况、评价世界湾区发育程度和竞争力的重要视角。纽约、旧金山、东京、粤港澳等世界四大湾区集聚了各类

* 廖明中，深圳市社会科学院经济研究所研究员，主要研究方向为区域经济、国际经济。

优质发展要素资源，占据了全球价值链和资源配置的制高点，并深刻重塑了全球经济地理格局。

纽约湾区在地理概念上就是通常所说的美国纽约大都会区，覆盖美国人口最稠密的纽约市、长岛（Long Island）和纽约州哈德逊河（Hudson River）中下游的河谷地区，以及新泽西州和宾夕法尼亚州的一部分。为便于获取统计数据，如无特别说明，本报告采用纽约—纽瓦克—泽西市都会区（New York-Newark-Jersey City，NY-NJ-PA）来界定纽约湾区的范围，具体包括新泽西州 12 个县，纽约州 12 个县，宾夕法尼亚州 1 个县，共 25 个县。土地面积 2.148 万平方公里，占美国国土面积的 0.2%。2017 年，纽约湾区名义 GDP 达 14445 亿美元，约占同期美国 GDP 的 7.4%，是美国乃至全球的经济和金融中心。如果将纽约湾区视为一个单一经济体，其经济总量可在 2017 年世界经济体中排第 13 名。2017 年纽约湾区人均 GDP 约为 7.2 万美元，高于美国人均 GDP（5.9 万美元）①，是全美和全球收入水平最高的地区之一。

旧金山湾区（San Francisco Bay Area）是美国加利福尼亚州北部的大都会区，位于萨克拉门托（Sacramento）河下游出海口的旧金山湾和圣帕布罗湾（San Pablo Bay）。传统上，旧金山湾区包括旧金山（San Francisco）、圣马特奥（San Mateo）、圣克拉拉（Santa Clara）、阿拉米达（Alameda）、康特拉科斯塔（Contra Costa）、索拉诺（Solano）、马林（Marin）、纳帕（Napa）和索诺马（Sonoma）等 9 个县。为便于获取统计数据，本报告中旧金山湾区的范围是旧金山—奥克兰—海沃德、圣何塞—桑尼维尔—圣克拉拉、纳帕、圣罗莎和瓦列霍—费尔菲尔德等 5 个都会统计区，即在传统 9 县基础上增加 1 个圣贝尼托（San Benito）县。2017 年，旧金山湾区名义 GDP 为 8375 亿美元，约占同期美国名义 GDP 的 4.3%。2013 ~ 2017 年旧金山湾区实质 GDP 增长率达 4.4%，是全美最具增长活力的地区。如果将旧金山湾区视为单一经济体，其经济总量可在 2017 年世界经济体中排第 18 名。2017

① 美国人均 GDP 来自世界银行世界发展指标数据库。

年旧金山湾区人均 GDP 约 10 万美元，明显高于美国同期水平（5.9 万美元）①，是全球收入水平最高的区域。

东京湾区是指以日本首都东京为中心的大都会区，也称首都圈、东京都市圈，位于日本中东部沿太平洋的出海口。为便于获取统计数据，本报告中东京湾区的范围为“一都三县”，即东京都（Tokyo Metropolis）、埼玉县（Saitama）、神奈川县（Kanagawa）和千叶县（Chiba），土地面积约 1.36 万平方公里，占日本全国总面积的 3.6%②。其中，东京都土地面积为 2194 平方公里，占东京湾区总面积的 16.2%。2014 年东京湾区 GDP 约为 15700 亿美元，占同期日本经济总量的 32.3%，每平方公里产出约为 1.2 亿美元，是全球经济密度最高的区域。如果将东京湾区视为单一经济体，其经济总量可在 2017 年世界经济体中排第 12 位。其中，2014 年东京都 GDP 约为 8966 亿美元，占整个东京湾区经济总量的 57%，每平方公里产出 4.1 亿美元。2014 年东京湾区人均 GDP 约为 4.3 万美元，略高于同期日本人均 GDP（3.8 万美元）③，是日本和全球高收入地区之一。

粤港澳大湾区包括香港、澳门和广东省的广州、深圳、珠海、佛山、惠州、东莞、中山、江门、肇庆等珠三角 9 市，总面积 5.65 万平方公里，约占中国土地面积的 0.6%。上述 11 个城市在地域上相连、在文化上同源，历史上也一直是个有密切联系的区域。与此同时，粤港澳大湾区又是一个拥有多样性制度安排的区域，香港、澳门两个城市和珠三角 9 市实行不同的政治制度、法律制度、行政体制，且粤港澳三地分属不同的关税区，这一点跟纽约湾区、旧金山湾区、东京湾区存在明显的区别。2017 年，粤港澳大湾区名义 GDP 约为 14800 亿美元，占同期中国 GDP 总量的 12.2%，其经济总量可在 2017 年世界经济体中排第 18 名。2013～2017 年香港、澳门、珠三角地区的 GDP 年均增长率分别为 2.9%、-0.6% 和 8.4%，经济增长态势

---

① 美国人均 GDP 来自世界银行世界发展指标数据库。

② Statistical Handbook of Japan 2018.

③ 世界银行数据库（https://data.worldbank.org.cn）。

持续向好，已经具备成为世界一流湾区的坚实基础和条件①。2017 年粤港澳大湾区人均 GDP 约 2.2 万美元，明显高于同期中国人均 GDP （8759 美元）②，经济发展水平在中国处于领先地位。世界四大湾区的基本情况见表 1。

表 1 世界四大湾区基本情况

四大湾区	面积(万平方公里)	人口(万)	人口密度(人/公里^2)	名义 GDP(亿美元)	人均 GDP(万美元)
纽约湾区	2.148	2000	931	14445	7.2
旧金山湾区	2.149	781	364	8375	10.0
东京湾区	1.36	3644	2686	15700	4.3
粤港澳大湾区	5.65	7000	1252	14800	2.2

注：表格中数据除东京湾区名义 GDP、人均 GDP 为 2014 年数据外，其他均为 2017 年数据。

资料来源：纽约湾区、旧金山湾区的名义 GDP 和实际 GDP 增速数据来自美国经济分析局（U. S. Bureau of Economic Analysis）。

二 纽约湾区的要素资源流动现状和特征

（一）物资流动方面

纽约湾区是全球公认的国际贸易中心、国际航运中心和国际航空枢纽，也是全球物资流动最频密的区域。位于纽约湾区的纽约和新泽西港是美国东海岸最大的天然深水港和美国第三大港口。2018 年纽约和新泽西港共处理 718 万个标准集装箱（TEUs）、货值约 2114 亿美元，分别较 2017 年增长 7% 和 9.4%。纽约湾区拥有美国最繁忙的空域，由纽约和新泽西港务局管理的肯尼迪（JFK）、纽瓦克（EWR）、拉瓜迪亚（LGA）和斯图尔特

① 根据香港政府统计处、澳门统计暨普查局、珠三角各市统计局和世界银行数据库（https://data.worldbank.org.cn）数据计算。

② 中国人均 GDP 来自世界银行数据库（https://data.worldbank.org.cn）。

(SWF) 机场群2018年完成货物吞吐量230万吨，较2017年增长2.8%①。纽约湾区2018年货物出口额为992亿美元，在全美各大都会区中列第二位，主要出口市场为加拿大、香港、瑞士、英国等国家和地区②。

（二）人员流动方面

纽约湾区人口约2000万人（2017年），人口密度为931人/公里^{2}③。其中，纽约市土地面积为778平方公里，人口规模为862万人（2017年），分别占纽约湾区总面积的3.6%④和总人口的41.9%⑤；人口密度约为1.1万人/公里^2，是全球人口最为稠密的城市之一。纽约湾区是典型的国际移民之都和多元文化大熔炉，也是全球人员流动最频密的区域。长期以来，纽约湾区凭着非凡魅力吸引了来自全球各地怀抱梦想的人。2010~2016年纽约湾区人口净增加58.6万人，其中流入纽约湾区的国际移民数为84.9万人，从纽约湾区流向美国国内其他地区的人口则达90.3万人（见表2）。据美国人口普查局统计，2010~2015年共有45.2万国际移民进入纽约市，约占同期纽约州国际移民人数的72%和美国国际移民总数的8.5%。其中，2015年纽约市净流入国际移民15.8万人。2017年纽约市白人、非洲裔和亚洲人口的比重分别为42.2%、24.3%、14.5%；2017年纽约市有310万人出生在外国，占纽约全市人口的37.8%，超过73%的外国出生人口拥有高中以上

① 港口统计和机场统计数据均来自Port Authority of New York & New Jersey官方网站。

② U. S. Census Bureau, "U. S. Exports by Metropolitan Area," April 24, 2019.

③ U. S. Census Bureau, "American Community Survey 1-year estimates," Retrieved from Census Reporter Profile page for New York-Newark-Jersey City, NY-NJ-PA Metro Area <http://censusreporter.org/>, 2017; U. S. Census Bureau, "Annual Estimates of the Resident Population: April 1, 2010 to July 1, 2018," 2019.

④ U. S. Census Bureau, "American Community Survey 1-year estimates," Retrieved from Census Reporter Profile <http://censusreporter.org>。其中，纽约市由五个自治市镇（Boroughs）组成，包括曼哈顿—纽约县（Manhattan-New York County）、布朗克斯—布朗克斯县（Bronx-Bronx County）、布鲁克林—国王县（Brooklyn-Kings County）、皇后区—皇后县（Queens-Queens County）、史坦顿岛—里士满县（Staten Island-Richmond County）。

⑤ U. S. Census Bureau, "2017 American Community Survey," Population Division-New York City Department of City Planning (December 2018).

学历；2017 年由移民创办的企业数占纽约全市企业总数的 52%，从事娱乐、医疗、技术、金融分析行业的在职人员分别有 54%、50%、47% 和 44% 出生在外国[①]。纽约湾区历来以世界之都的姿态对国际社会保持开放友好态度，湾区最大、最主要的都市核心区——纽约—怀特普林—韦恩都市区（New York-White Plains-Wayne，NY-NJ）2018 年共吸引 1056 万国际游客。其中 2017 年纽约市创纪录吸引 6280 万游客，其中包括 1310 万国际游客和到纽约参加商务会议的 620 万游客[②]。

表 2　2010 年、2016 年纽约湾区人口和移民变动情况

指标	总人口（万人）		自然增长（万人）	移民（万人）		变动	
	2010 年	2016 年		国外	国内	人口（万人）	比例（%）
纽约市	817.5	853.8	40.2	50.0	-52.4	36.3	4.4
纽约湾区	1956.7	2015.4	67.2	84.9	-90.3	58.6	3.0

资料来源：Frank Donnelly，Anastasia Clark，Janine Billadello，“New Yorkers on the Move：Recent Migration Trends for the City and Metro Area，” WCIB Occasional Paper Series，February 2018。

（三）资金流动方面

纽约湾区是全球首屈一指的国际金融中心和“金融湾区”，也是全球资金流最频密的区域。2019 年 9 月英国智库 Z/Yen 集团发布的《全球金融中心指数》（GFCI 26）显示，纽约排名世界第一。纽约是逾 22 家世界五百强企业[③]、纽约证券交易所（NYSE）、纳斯达克证券交易所（NASDAQ）和华尔街的所在地（见表 3）。摩根大通、花旗银行、高盛等一批金融保险业巨头将总部设在纽约，大大增强了纽约湾区的金融聚集效应。根据美国经济分析局（BEA）统计，2017 年纽约湾区金融、保险业增加值为 2835 亿美元，

① Office of the New York State Comptroller；NYC Mayor's Office of Immigrant Affairs；Office of the New York City Comptroller.

② 纽约市政府官网（www1. nyc. gov）。

③ 2019 年财富世界 500 强榜单（www. fortunechina. com）。

占纽约湾区 GDP 的 19.6%，占同期美国金融、保险业增加值总额（14659亿美元）的 19.3%。纽约湾区是全球上市市场的领导者，2018 年纽约证券交易所和纳斯达克证券交易所共有 319 宗 IPO，募集资金 682 亿美元①。纽约市风险资本投资从 2008 年的约 20 亿美元增加至 2017 年的约 94 亿美元，占全美风险投资总额的比重则从 2008 年的不到 5% 提升至 2017 年的 11%②。风险投资资金的快速集聚驱使众多高科技初创团队和项目资源汇聚到纽约湾区，大大推动了纽约湾区创新经济的发展进程。

表 3　总部位于纽约的世界 500 强金融保险企业

单位：亿美元

排名	企业名称	行业	营业额
41	摩根大通公司	银行,商业储蓄	131.4
71	花旗集团	银行,商业储蓄	97.1
142	大都会人寿	银行,商业储蓄	67.9
204	高盛	银行,商业储蓄	52.5
218	摩根士丹利	银行,商业储蓄	50.2
235	美国国际集团	财产与意外保险	47.4
268	美国纽约人寿保险公司	人寿与健康保险	43.4
270	美国运通公司	多元化金融	43.3
297	美国教师退休基金会	人寿与健康保险	41.1
413	Travelers Cos. 公司	财产与意外保险	30.3
449	国际资产控股公司	多元化金融	27.6

资料来源：2019 年财富世界 500 强榜单（www.fortunechina.com）。

（四）信息流动方面

纽约湾区是全球领先的数字化大都会区之一，也是具有全球辐射功能的

① Eikon/Wind 统计。

② Office of New York City Comptroller & National Venture Capital Association（NVCA）2018 Yearbook.

信息中心、创新中心和文化中心，信息技术要素流动高度活跃。2017 年纽约湾区信息、专业和商业服务业增加值达 3780 亿美元，占整个湾区 GDP 的 26.2%，占全美信息、专业和商业服务业增加值的 10.9%①。2011 年以来纽约市启动实施“数字城市路线图”，包括将老式公共电话改造为免费无线上网热点，政府信息公开立法，推动纽约成为美国首个申请顶级域名（.nyc）的城市，与 IBM 合作发起“数字纽约”项目等②。“数字纽约”将科技创新与金融、文化、时尚和地产等既有产业的升级换代较好地结合起来，使人们的交流更加容易，推动了纽约创新资源要素的快速集聚，位于曼哈顿中心区的硅巷（Silicon Alley）现已成为纽约湾区高科技产业的代名词。纽约湾区汇聚了哥伦比亚大学、康奈尔大学、纽约大学等一批具有全球影响力的高等学府，还拥有包括联合国总部、191 个常驻代表团和 105 个领事馆在内的世界上最多的外交和领事使团，2018 年纽约市共举办 49 场 ICCA 国际会议，是全球政务和商务交流最频繁的地区之一。

三　旧金山湾区的要素资源流动现状和特征

（一）物资流动方面

20 世纪七八十年代旧金山湾区已从工业经济向知识经济和信息经济转型，形成了以信息、专业和商业服务业等高端服务业为主导产业，仅保留了与信息产业相关的少量制造业，物资流动方面明显不及纽约湾区繁忙。旧金山湾区有多个港口，包括奥克兰港（Port of Oakland）、里士满港（Port of Richmond）、红木城港（Port of Redwood City）和旧金山港（Port of San Francisco）。其中，奥克兰港（Port of Oakland）是旧金山湾区最大的集装箱

① Value Added by Industry & Gross Domestic Product (GDP) by Metropolitan Area (U. S. Bureau of Economic Analysis)。

② Road Map for the Digital City: Achieving New York City's Digital Future, the City of New York, 2011.

港口，也是全美第五大集装箱港，2018 年共处理约 255 万个标准集装箱（TEUs），2010～2018 年年均增长 1.1%（见图 1）。旧金山湾区三大国际机场，即旧金山、圣何塞、奥克兰机场群 2017 年完成货物吞吐量约 108 万吨，低于 2007 年的峰值水平（约 120 万吨）①。2018 年旧金山湾区货物出口额为 520 亿美元，在全美各大都会区中列第五位，主要出口市场为日本、中国、韩国、中国台湾和中国香港等国家和地区。

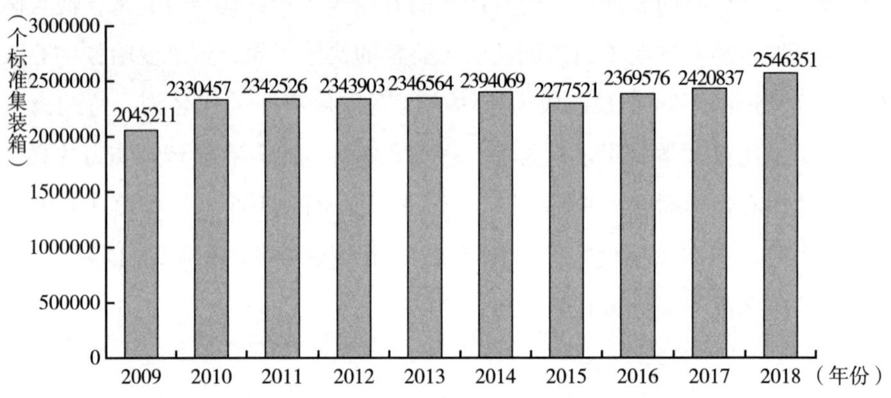

图 1　2009～2018 年奥克兰港完成集装箱吞吐量情况

资料来源：SF Bay Conservation and Development Commission。

（二）人员流动方面

旧金山湾区 2017 年的人口总量约为 781 万人②，人口密度为 364 人/公里^2。旧金山湾区被誉为高科技初创公司的栖息地，也是国际移民创新创业的乐土，人员流动非常频繁。自《1965 年哈特－塞勒法案》规定美国的移

① City of San Jose-Annual Report on City Services 2017 - 18, http://www.sanjoseca.gov/DocumentCenter/View/81857.

② U. S. Census Bureau, "American Community Survey 1 - year Estimates," Retrieved from Census Reporter Profile page <http://censusreporter.org/>, 2017; U. S. Census Bureau, "American Community Survey 1 - year Estimates," Retrieved from CensusReporter Profile page <http://censusreporter.org/>, 2018.

民政策必须以技术和家庭团聚为根本，驱动了一代又一代全球精英移民前往美国。旧金山湾区因其独特的创业文化、较为宽松的法律环境，人才流动变得非常顺畅，由此汇聚了全世界特别是亚洲大量优秀的人才。据统计，2010～2017 年约 31.6 万国际移民进入旧金山湾区（见表4），占同期加利福尼亚州吸引国际移民数的 22.2%。其中，2017 年硅谷（San Mateo 和 Santa Clara）净流入国际移民数为 2.1 万人，旧金山市净流入国际移民数约为 0.7 万人。2017 年硅谷和旧金山市出生在外国的人口占总人口的比重分别为 38.2% 和 35.6%，同期加利福尼亚州和美国的这一比重分别为 26.9% 和 13.7%。2017 年硅谷从事计算机与数学、建筑与工程、自然科学、医疗服务、金融服务业的在职人员当中分别有 64.9%、60.7%、48.3%、43.2% 和 45.1% 出生于国外。2017 年旧金山和硅谷地区共吸引海外游客 405 万人次，其中旧金山为 255 万人次[①]。旧金山、圣何塞、奥克兰机场群 2017 年完成航空旅客吞吐量超过 8470 万人次[②]。

表 4　2010～2017 年旧金山湾区国际移民情况

单位：万人

	2010 年	2011 年	2012 年	2013 年	2014 年	2015 年	2016 年	2017 年	2010～2017 年
加利福尼亚州	11.3	12.6	13.4	14.0	15.3	17.7	18.9	18.1	121.3
旧金山湾区	3.1	3.4	3.2	3.2	4.0	4.8	5.1	4.8	31.6
旧金山市	0.7	0.7	0.7	0.7	0.7	0.7	0.7	0.7	5.6
硅谷	1.1	1.2	1.1	1.1	1.5	2.1	2.1	2.1	12.3

资料来源：U. S. Citizenship and Immigration Services and the California Department of Finance, Demographic Research Unit。

① 旧金山和硅谷地区系指 San Francisco-San Mateo-Redwood City，CA 和 San Jose-Sunnyvale-Santa Clara，CA 都会统计区，且海外游客数不包括加拿大和墨西哥游客，数据来自 U. S. Department of Commerce，ITA，National Travel & Tourism Office。旧金山市的游客数据来自 www. sftravel. com。

② City of San Jose-Annual Report on City Services 2017 － 18，http：//www. sanjoseca. gov/DocumentCenter/View/81857.

（三）资金流动方面

在过去的几十年中，美国的财富和资金在一些超级大都会区的集中度不断提高，位于旧金山湾区的硅谷和旧金山市就处于这一行列之中。在旧金山湾区，与高科技创业相关的风险投资高度活跃。据不完全统计，旧金山湾区集聚了1000多家风险投资公司，其中就包括凯鹏华盈（KPCB）和红杉资本（Sequoia）①。2018年流向硅谷和旧金山的风险投资分别达191.7亿美元和308.4亿美元，两者合计占加利福尼亚州风险投资额的78.5%、占美国风险投资总额的45.2%，创下2000年以来风险投资金额和比重的新高（见表5）。风险投资能够有效解决高科技初创企业创新活动中的资金短缺问题，提升初创企业开展技术创新活动的积极性，帮助初创企业实现创新成果的商业化，从而极大地促进了旧金山湾区高科技产业集群的发展。与纽约湾区相比，旧金山湾区传统金融保险业发展相对薄弱。根据美国经济分析局（BEA）统计数据，2017年旧金山湾区金融、保险业增加值为456亿美元，约占旧金山湾区GDP的5.5%，占同期美国金融、保险业增加值总额的3%。

表5　2000～2018年硅谷和旧金山的风险投资情况

单位：亿美元，%

年份	硅谷	旧金山	硅谷+旧金山占加利福尼亚州的比重	硅谷+旧金山占美国的比重
2000	371	95.6	68.6	30.3
2001	149.4	17.8	66.6	28.8
2002	86.2	10	67.5	31.1
2003	81.1	5.2	68.7	32.1
2004	93.5	10.4	71.0	34.2
2005	88.8	13.6	66.4	34.3
2006	108.8	14.7	69.6	35.6

① 李奇霖：《我们能从旧金山湾区借鉴到什么?》，新浪网，http：//finance.sina.com.cn/zl/bank/2019-08-29/zl-ihytcitn2694934.shtml。

续表

年份	硅谷	旧金山	硅谷 + 旧金山占加利福尼亚州的比重	硅谷 + 旧金山占美国的比重
2007	120.3	16.8	67.3	35.3
2008	110.2	21.6	68.7	37.1
2009	76	17.6	71.4	39.2
2010	81.2	23.1	69.4	38.5
2011	94	34.2	68.1	38.4
2012	77.4	40.6	67.8	38.9
2013	79.7	49.8	72.1	39.7
2014	111.4	105.3	64.4	39.9
2015	127.2	160.3	72.8	43.6
2016	98.6	147	73.6	40.1
2017	146	117.7	75.9	36.4
2018	191.7	308.4	78.5	45.2

资料来源：PricewaterhouseCoopers/National Venture Capital Association MoneyTreeTM Report（2000－2015）；Thomson ONE（2017－2019）。

（四）信息流动方面

旧金山湾区是全球信息技术的发源地，发挥着信息和技术组织中枢的作用，是全球顶尖的“科技湾区”。2017 年旧金山湾区信息、专业和商业服务业增加值达 2340 亿美元，占整个湾区 GDP 的 29%，占全美信息、专业和商业服务业增加值的 7%①。旧金山湾区聚集了斯坦福大学、加利福尼亚大学伯克利分校等全球顶级的高校，以及斯坦福直线加速器中心（SLAC）、帕洛阿托研究中心（PARC）等全球知名的研究机构。旧金山湾区拥有发达的电子信息、互联网、软件等高科技企业集群，据欧盟发布的《2017 年欧盟工业研发投入排行》，苹果、谷歌、脸书、英特尔、

① Value Added by Industry & Gross Domestic Product（GDP）by Metropolitan Area（U. S. Bureau of Economic Analysis）。

甲骨文、思科、博通等超过 165 家总部位于旧金山湾区的企业上榜。值得一提的是，旧金山湾区拥有威尔逊（WSGR）、科律（Cooley）、欧华（DLA）等一批全球知名律师事务所，斯坦福大学的技术许可办公室更是全美技术转移领域的佼佼者，这些创新中介机构在湾区创新经济中发挥着桥梁角色，有效地聚拢了高科技初创公司最初发展所需的各类资源要素。旧金山湾区各类国际学术和商务活动也非常频繁，2018 年共承办 58 场 ICCA 国际会议①。

四　东京湾区的要素资源流动现状和特征

（一）物资流动方面

东京湾区是全球一流的先进制造业和国际贸易中心，是名副其实的"产业湾区"，物资流动非常频密。20 世纪 60～70 年代以来，东京湾区从以制造业、重化工业为主的产业格局，逐步形成以对外贸易、金融服务、精密机械、高新技术等高端产业为主的产业格局。东京湾区保留下来的制造业主要集中在全球产业链上游的材料、零部件、装备制造等核心关键产品领域，并处于世界领先地位。2014 年东京湾区实现制造业增加值 1739 亿美元，约占整个东京湾区 GDP 的 12%，约占同期日本制造业增加值的 18.2%②。东京湾区拥有东京港（Tokyo）、横滨港（Yokohama）、千叶港（Chiba）、川崎港（Kawasaki）、横须贺港（Yokosuka）和木更津港（Kisarazu）等六大港口，各大港口的职能分工较为明晰。根据日本国土交通省统计，2018 年东京湾区集装箱吞吐量为 839 万标箱（TEUs），占同期日本集装箱吞吐量的

---

① 2018 ICCA Statistics Report Country & City Rankings。

② 东京湾区各行业增加值数据转引自杨长青、殷姿《环杭州湾大湾区系列专题报告（四）——东京湾区经济案例分析》，南华基金网站，http://www.nanhuafunds.com/contents/2017/11/13-1cf2664e3f8d4aa081ee79bbab635f71.html。

36%左右，其中东京港和横滨港为日本前两大集装箱港①。位于东京湾区的羽田和成田机场2017年共完成货物吞吐量约358万吨，其中成田机场完成货物吞吐量229万吨，在世界各大机场中居第八位②。

（二）人员流动方面

东京湾区人口规模约3644万人（2017年），占日本全国总人口的28.8%；人口密度为2686人/公里^2，远远高于日本全国平均水平（340人/公里^2）③。其中，东京都人口规模为1372万人（2017年），占东京湾区总人口的37.7%；人口密度约为6255人/公里^2，是人口最为稠密的世界级大都市区之一。尽管日本已进入老龄化阶段，全国人口规模呈现萎缩趋势，但东京湾区持续保持着吸引和聚集人才的魅力，是日本乃至全球人员流动最频繁的区域之一。面对劳动力严重不足的实际情况，近年来日本政府开始尝试放松保守的移民管制，推出了一系列吸引外国工人的优惠政策，重点吸引掌握熟练劳动技能的外国工人。据统计，2017年居住在日本的外国人数达256万人，中国人、韩国人、越南人和菲律宾人分别占28.5%、17.6%、10.2%和10.2%。2017年旅居东京都的外国人口规模达48.6万人（见图2），占旅居日本的外国人口总数的19%，占东京人口总数的3.5%④。2017年东京共接待海外游客1310万人次，同期日本接待海外游客总数为2870万人次，东京接待海外游客量占全日本的45.6%⑤。2017年羽田和成田两大机场完成旅客吞吐量超过1.24人次，其中羽田机场完成旅客吞吐量8530万人次，在全球各大机场中列第四位⑥。

---

① 日本国土交通省官方网站（http://www.mlit.go.jp）。2018年东京湾区集装箱吞吐量为东京港、横滨港、川崎港、千叶港的合计数。

② Tokyo Statistical Yearbook 2017 和国际机场协会官方网站（ACI）。

③ Statistical Handbook of Japan 2018.

④ Japan Statistical Yearbook 2019 和日本东京都总务局统计部。

⑤ Tokyo Tourism Strategy Action Plan 2018，Tokyo Metropolitan Government.

⑥ Tokyo Statistical Yearbook 2017 和国际机场协会官方网站。

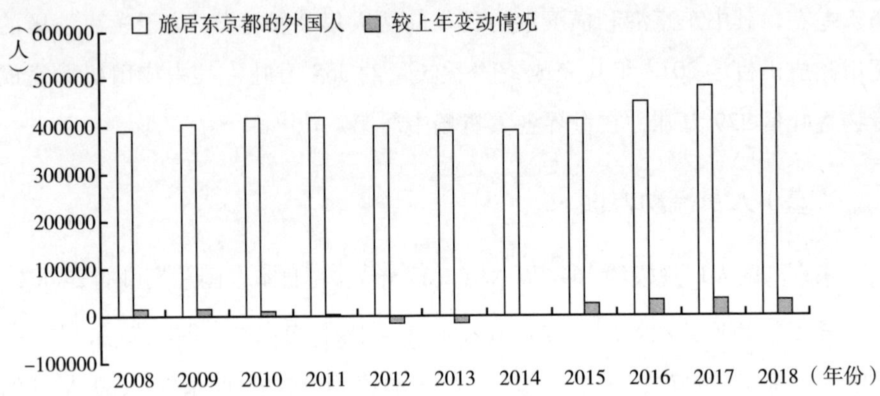

图2　2008~2018年旅居东京都的外国人口变动情况

资料来源：东京都总务局统计部官方网站。

（三）资金流动方面

日本是一个资金输出和对外投资大国，东京湾区作为日本的经济中心，在推动资金流动方面扮演着重要角色。东京湾区集中了丰田汽车、三菱商事、本田汽车、软银集团等39家世界五百强企业（见表6），是日本对外投资的总调度中心。据日本财务省发布的国际投资头寸表，2018年底日本的直接投资资产为16460亿美元，净对外金融资产为30940亿美元。相比之下，2018年底日本吸引的外国直接投资（FDI）存量仅为2782亿美元，外国直接投资存量与名义GDP的比例不到6%①。但在全球金融体系中，东京未能获得与其经济实力相称的国际金融中心地位。2019年9月英国智库Z/Yen集团发布的《全球金融中心指数报告》（GFCI 26）显示，东京排名世界第六。2018年日本证券交易所处理53宗IPO，其中软银集团旗下移动电信部门成为日本史上最大IPO，募集资金超过200亿美元②。与发达的传统金融业相

① International Investment Position of Japan（End of 2018），https://www.mof.go.jp/english/international_policy/reference/iip/e2018.htm.

② 日本交易所集团（JPX）（www.jpx.co.jp）。2013年东京证券交易所和大阪证券交易合并为日本交易所。

比，东京湾区的风险投资发展相对滞后。不过，近年来日本的初创企业投资呈现明显增长态势，创业投资金额从2012年不到6亿美元增长到2018年的35亿美元，而东京则凭借着安全、多元化、智慧城市形象以及和良好的营商环境，正在吸引越来越多的企业进行联合办公、设立孵化器中心①。

表6　入围2019年世界五百强的东京湾区企业

排名	企业名称	行业	营业额（亿美元）
10	丰田汽车公司	车辆与零部件	272.6
33	三菱商事株式会社	贸易	145.2
34	本田汽车	车辆与零部件	143.3
52	日本邮政控股公司	人寿与健康保险(股份)	115.2
64	日本电报电话公司	电信	107.1
66	日产汽车	车辆与零部件	104.4
98	软银集团	电信	86.6
102	日立	电子、电气设备	85.5
105	JXTG控股有限公司	炼油	82.7
116	索尼	电子、电气设备	78.2
118	日本永旺集团	食品店和杂货店	77.1
147	丸红株式会社	贸易	66.8
153	第一生命控股有限公司	人寿与健康保险(股份)	64.8
157	三井物产株式会社	贸易	62.8
159	Seven & I 控股公司	食品店和杂货店	61.5
166	三菱日联金融集团	银行:商业储蓄	60.4
178	东京电力公司	公用设施	57.2
186	日本制铁集团公司	金属产品	55.7
209	三井住友金融集团	银行:商业储蓄	51.7
222	MS&AD保险集团控股有限公司	财产与意外保险(股份)	49.4
224	东京海上日动火灾保险公司	财产与意外保险(股份)	49.4

① The Revitalized Startup Ecosystem and Japan's Changing Business Scene, March 2019, Japan External Trade Organization (JETRO).

续表

排名	企业名称	行业	营业额（亿美元）
231	住友商事	贸易	48.2
245	日本 KDDI 电信公司	电信	45.8
300	三菱电机股份有限公司	电子、电气设备	40.8
324	明治安田生命保险公司	人寿与健康保险(互助)	37.7
334	三菱重工业股份有限公司	工业机械	36.8
345	佳能	计算机、办公设备	35.8
349	富士通	信息技术服务	35.6
350	日本瑞穗金融集团	银行:商业储蓄	35.4
351	三菱化学控股	化学品	35.4
354	日本出光兴产株式会社	炼油	35.1
356	日本钢铁工程控股公司	金属产品	34.9
371	东芝	电子、电气设备	33.3
374	普利司通	车辆与零部件	33.1
377	损保控股有限公司	财产与意外保险(股份)	32.9
436	Medipal 控股公司	批发:保健	28.7
440	斯巴鲁公司	车辆与零部件	28.5
458	东日本旅客铁道株式会社	铁路运输	27.1
470	日本电气公司	信息技术服务	26.3

资料来源：2019 年财富世界 500 强榜单（www. fortunechina. com）。

（四）信息流动方面

东京湾区是日本经济的信息中心和组织中枢，知识型和技术密集型行业特别是信息服务、商务服务业高度集聚。据统计，服务业是东京湾区的绝对支柱产业，2014 年东京湾区实现服务业增加值 11689 亿美元，约占湾区 GDP 的 3/4①。东京湾区是日本各类大型跨国公司和大批制造业隐形冠军企

① 杨长青、殷姿：《环杭州湾大湾区系列专题报告（四）——东京湾区经济案例分析》，南华基金网站，http：//www. nanhuafunds. com/contents/2017/11/13 – 1cf2664e3f8d4aa081ee79bbab635f71. html。

业的聚集地，据欧盟发布的《2017 年欧盟工业研发投入排行》，东京湾区共有超过 200 家企业上榜。东京湾区学术交流和政务商务活动频繁，集聚了东京大学、东京工业大学等大批知名高等学府，世界各国驻日大使馆以及亚洲开发银行等一批国际组织。2017 年东京湾区举办各类国际会议 927 场，约占日本国际会议总场次的两成①。东京更是全球知名的会议中心，2018 年共承办 123 场 ICCA 国际会议②。

五　粤港澳大湾区的要素资源流动现状和特征

（一）物资流动方面

粤港澳大湾区是全球重要的贸易中心、航运中心和物流中心，集合了全球最繁忙的空港和海港，物资流动繁忙。粤港澳大湾区产业体系完备，集群优势明显，制造业基础牢固。其中，香港在贸易结算等专业服务业领域有优势，持续发挥作为珠三角与国际市场的中转站角色；深圳高新技术产业发达，广州是国际商贸中心，佛山、东莞等珠三角城市制造业基础雄厚。2018 年珠三角九市实现规模以上工业增加值 4181 亿美元，约占同期中国工业增加值的 9%③。粤港澳大湾区拥有规模庞大的港口群，包括深圳港、广州港、香港港三个世界级集装箱港口及虎门、惠州、汕头、珠海等地方港口。2018 年深圳港、香港港、广州港分别完成集装箱吞吐量 2573 万标箱（TEUs）、2162 万标箱（TEUs）和 1959 万标箱（TEUs），分别列全球主要集装箱港的第四、第六和第七位④。粤港澳大湾区还拥有香港、广州、深圳等具有国际影响力的航空枢纽，2018 年香港国际机场、广州白云机场、深圳宝安机场分别完成货物吞吐量约 510 万吨、189 万吨和 122 万吨。

---

① 2017 年国际会议统计，日本政府观光局（JNTO）。

② 2018 ICCA Statistics Report Country & City Rankings.

③ 《广东统计年鉴 2019》和《2018 年国民经济和社会发展统计公报》。

④ 《世界集装箱港口吞吐量排行》，日本国土交通省官方网站，http：//www. mlit. go. jp。

（二）人员流动方面

粤港澳大湾区2017年底人口总量约7000万人，人口密度为1252人/公里^2。在全国人才竞争趋于白热化的情况下，广东省特别是珠三角地区凭借强劲的经济动能保持着对人才的强大磁吸效应。2018年广东省常住人口数量继续居全国首位，占全国人口总量的8.13%，比上年提高0.1%。2018年广东省新增177万常住人口，其中珠三角九市新增150.45万人，约占广东全省新增人口的85%。2018年广东省跨省净流入总量为1843.88万人，庞大的跨省流动人口为粤港澳大湾区提供了充裕的劳动力资源并带来了人口红利①。在国际移民方面，面对人口老龄化趋势，近年来中国逐步放松移民政策，但总体上常住广东的外国人口比重还非常小。随着广东推出一系列吸引境外人才的有力举措，例如国家财政部支持广东省、深圳市对在大湾区工作的境外高端人才和紧缺人才给予内地与香港个人所得税税负差额补贴且免征个人所得税②，中央明确支持深圳实行更加开放便利的境外人才引进和出入境管理制度等③。香港则长期以来奉行开放包容的人才和移民政策，2015年国际移民占人口总数的比例高达38.9%④，是一座典型的移民大都会。在吸引游客方面，粤港澳大湾区是国际知名的旅游目的地，2018年广东省、香港、澳门分别接待海外游客总数3748万人次、6515万人次、3923万人次⑤。香港、广州、深圳三大机场分别完成航空旅客吞吐量7266万人次（2017年）、6974万人次（2018年）和4935万人次（2018年），其中香港、广州在全球各大机场中分别列第8位和第13位⑥。

① 《2018年广东人口发展状况分析》，广东省统计局。

② 《关于粤港澳大湾区个人所得税优惠政策的通知》（财税〔2019〕31号）。

③ 《中共中央　国务院关于支持深圳建设中国特色社会主义先行示范区的意见》。

④ World Bank，International Migrant Stock（% of population），2015.

⑤ 《香港统计年刊2019》以及澳门统计暨普查局和广东省统计局官方网站。

⑥ 香港国际机场、广州白云机场和深圳宝安国际机场以及国际机场协会官方网站（ACI Passenger Traffic 2017，https：//aci.aero/data-centre/annual-traffic-data/）。

（三）资金流动方面

粤港澳大湾区是全球最重要的金融中心之一，集合了香港和深圳两大证券交易所，资金的跨境流动和国内流动高度频繁。2019 年 9 月英国智库 Z/Yen集团发布的《全球金融中心指数报告》（GFCI 26）显示，香港和深圳分别排在全球第 3 位和第 9 位。据 2019 年财富世界五百强榜单，粤港澳大湾区共有平安保险、华为、美的、格力、恒大等 23 家企业上榜（见表 7），其中 10 家位于香港，7 家位于深圳，3 家位于广州，佛山和珠海各 1 家。加上大批跨国公司选择将香港、广州和深圳作为辐射中国内地市场的总部，粤港澳大湾区成为全球重要的资金调度中心和外资聚集地，2018 年整个湾区吸引外国直接投资（FDI）约 1327 亿美元[①]。

表 7　入围 2019 年世界五百强的粤港澳大湾区企业

排名	企业名称	行业	营业额（亿美元）	所属城市
80	华润有限公司	制药等综合业务	91.97	香港
212	联想集团	计算机、办公设备	51.04	香港
244	招商局集团	邮件、包裹及货物包装运输	45.93	香港
280	怡和集团	地产等综合业务	42.53	香港
336	和记黄埔	专业零售	35.10	香港
339	来宝集团(NOBLE GROUP)	贸易	34.42	香港
352	长江和记实业有限公司	专业零售	35.36	香港
388	友邦保险集团	人寿与健康保险(股份)	32.37	香港
451	中国太平保险集团	人寿与健康保险(互助)	27.49	香港
495	万洲国际有限公司	食品:消费产品	21.21	香港
29	中国平安保险(集团)	人寿与健康保险(股份)	163.60	深圳
61	华为投资控股有限公司	网络、通信设备	109.03	深圳
119	正威国际集团	金属产品	76.36	深圳

① 粤港澳大湾区各市主要经济指标（2018 年），香港贸发局官方网站（www. hktdc. com）。

续表

排名	企业名称	行业	营业额（亿美元）	所属城市
138	中国恒大集团	房地产	70.48	深圳
188	招商银行	银行:商业储蓄	55.064	深圳
237	腾讯控股	互联网服务和零售	47.27	深圳
254	万科	房地产	44.91	深圳
111	中国南方电网	公用设施	80.96	广州
189	广州汽车工业集团	车辆与零部件	55.04	广州
301	雪松控股集团	贸易	40.64	广州
177	碧桂园	房地产	57.31	佛山
312	美的集团	电子、电气设备	39.58	佛山
414	珠海格力电器	电子、电气设备	30.24	珠海

资料来源：2019 年财富世界 500 强榜单（http://www.fortunechina.com）。

（四）信息流动方面

粤港澳大湾区是全球电子信息产业重镇，也是新兴的国际科技创新中心，信息和技术要素高度集聚，要素流动相当频密。粤港澳大湾区聚集了香港大学、香港科技大学、香港中文大学、中山大学、南方科技大学等一批全国和全球知名高校。粤港澳大湾区同样拥有发达的电子信息通信、互联网和软件等高科技企业集群，据欧盟发布的《2017 全球产业研发投入 2500 强企业榜单》，华为、腾讯、比亚迪等超过 72 家总部位于粤港澳大湾区的企业上榜。香港拥有大量金融、法律、会计等专业服务人才，专业及工商业支持服务是香港的四大支柱产业之一，再加上“一国两制”赋予的制度优势，香港是跨国企业进入中国内地市场，以及中国内地企业进入“一带一路”和国际市场的信息交流中介和超级联络人。粤港澳大湾区各类政务、学术和商务活动相当活跃。截至 2019 年 10 月，驻香港外国机构的总领事馆有 62

家，名誉领事馆有57家，官方认可机构有6家[①]。广州也是我国重要的外交活动主场，截至2018年10月共集聚了各国和地区领事馆约63家[②]。2018年香港、澳门、广州、深圳分别承办129场、39场、20场和12场ICCA国际会议[③]。

---

① 领馆及官方认可机构（截至2019年10月1日），香港特别行政区政府总部礼宾处官方网站（www. protocol. gov. hk）。

② 外国驻广州总领事馆一览表（截至2018年10月26日），广州市人民政府官方网站（www. gz. gov. cn）。

③ 2018 ICCA Statistics Report Country & City Rankings.

B.16
粤港澳大湾区监管协作视角下深圳创新跨境金融监管机制研究*

吴燕妮**

摘　要： 随着粤港澳大湾区金融业的快速融合发展，跨境金融监管问题逐渐受到关注。作为粤港澳大湾区核心引擎城市之一，深圳率先创新跨境金融监管得益于湾区内部金融协作的顶层设计。尽管深圳具有跨境金融监管的基础，但在监管体制和机制上仍面临着监管协同、区际法律冲突等方面的现实问题和挑战。深圳作为社会主义先行示范区，可以借鉴境外跨境监管经验，创新使用跨境监管工具，积极争取部分下放跨境监管事权，推进建立统一的城市间跨境监管机构，提高跨境监管的针对性和有效性，守住不发生系统性风险的底线。

关键词： 粤港澳大湾区　跨境金融　金融监管

一　创新跨境金融监管的背景分析

（一）金融危机后监管跨境监管协作受到重视

尽管2008年爆发的国际金融危机已经过去十多年，但是“全球经济依

---

* 这里采用中国社会科学院法学研究所廖凡研究员在其文章中下的定义，即“跨境金融监管合作主要是指在双边、区域和多边层面，如何制定、认可、实施相关监管标准、原则和规则，以实现维护国际金融稳定这一总体目标”。参见廖凡《跨境金融监管合作：现状、问题和法制出路》，《政治与法律》2018年第12期。

** 吴燕妮，深圳市社会科学院经济研究所研究员，法学博士，中国社科院博士后，德国马克斯普朗克研究所访问学者。

然笼罩在危机的深度阴霾之下”[①]。金融风险的周期性爆发往往意味着监管的缺位。危机后在世界范围内开展的监管反思浪潮使很多国家开始逐渐告别“最少的监管是最好的监管”，即“轻触式监管”信条，开始思考系统性金融风险的防范和更为严格的监管措施。金融监管要对未来进行预判，适应不断变化的金融体系和发展趋势。同时，在金融全球化的背景下，资本在全球范围内高度流动，未来的金融监管“软肋”将广泛存在于跨境领域，各国金融市场一损俱损、一荣俱荣，客观上必然要求各国加强国际监管合作，特别是区域和国际金融开放背景下的跨境金融领域可能出现的监管“真空地带”。

（二）加强金融监管是中国加大金融开放力度的必然要求

习近平总书记多次强调，“防范化解金融风险特别是防止发生系统性金融风险，是金融工作的根本性任务”。在2008年爆发的国际金融危机中，中国相较于其他发达经济体，相对保持了基本稳定的经济体系，这主要是由于中国彼时的金融监管环境的复杂程度相对较低，宏观经济总体较为稳健。然而，随着我国金融市场逐步开放，与全球金融市场的互动日益增多，极大地增加了金融风险，也对金融监管水平提出了更高要求。在我国深化金融体制改革、金融市场开放度越来越高的时代背景下，金融监管体制改革成为重点和难点。

（三）粤港澳大湾区跨境金融监管势在必行

作为全世界唯一一个拥有两大区域金融中心的湾区，粤港澳大湾区中广东与香港的金融联动和跨境展业实际上已经成为湾区金融发展的必然趋势。香港金融中心拥有健全的法律和监管制度，兼有深度和高流动性的资本市场，稳健的金融基础设施和领先的专业服务，金融市场要素相对齐备、市场化和自由度较高，金融创新产品多样，是粤港澳大湾区居民跨境资产配置最为便利的平台和门户。根据胡润排行榜2018年的数据，全球十亿美元高净值人群最集中的10个城市中，有5个在中国，其中粤港澳大湾区城市就占据了3席。

---

① 〔荷〕乔安妮·凯勒曼等编著《21世纪金融监管》，张晓朴译，中信出版社，2016，第13页。

此外，香港特区自2004年发展离岸人民币业务以来，至今已经成为全球最大的离岸人民币资金池和全球最为丰富的离岸人民币投资产品种类库，全球超过七成的离岸人民币支付交易额经香港处理，足以支撑粤港澳大湾区金融业务跨境发展和清算结算的需求。

从资金流动的层面看，粤港澳大湾区内城市通过进出口贸易、跨境服务以及外商直接投资、对外直接投资等渠道紧密联系，2017年全国人民币跨境结算业务量整体为4.36万亿元，其中广东地区人民币结算业务量近2万亿元，占全国总规模的45%，居各省区市首位。到2018年广东省人民币跨境结算总额已近3.5万亿元，其中仅深圳地区的人民币跨境结算总额就高达1.6万亿元（见图1），占广东省总额的45.7%，反映出粤港澳大湾区跨境资金流动高度活跃。

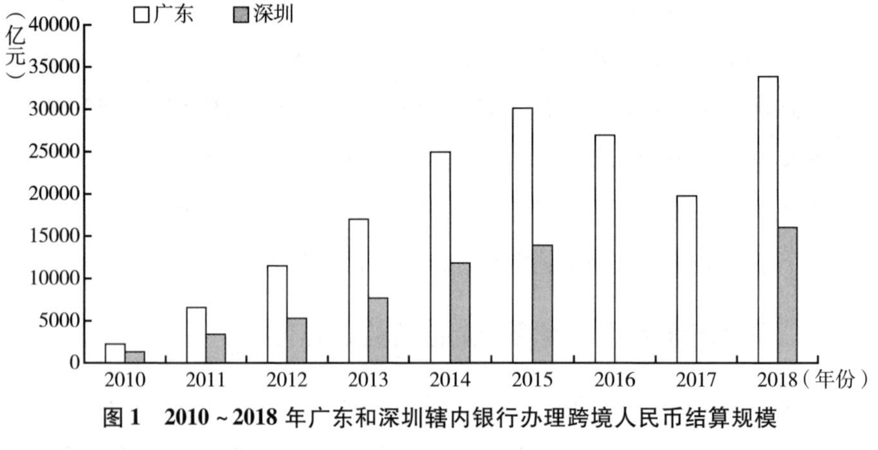

图1　2010~2018年广东和深圳辖内银行办理跨境人民币结算规模

资料来源：Wind。

从资本市场发展的层面看，自2016年12月开通以来，深港通一直处于快速增长的趋势，北向与南向资金使用的额度不断攀升（见图2）。2018年5月起，深股通每日额度增加至520亿元；而港股通每日额度亦增加至420亿元，每日额度为原来的4倍①，在进一步推动大湾区内资本市场的互联互

① 《证监会：沪股通及深股通每日额度分别调整为520亿元》，凤凰财经，http://finance.ifeng.com/a/20180411/16073133_0.shtml。

通的同时，也反映出内地与香港在跨境金融资产配置方面的需求在不断增加，投资品种也在不断丰富①。资本市场互联互通的深化将进一步推动内地与香港、澳门在保险、证券、银行市场等领域的深度对接合作，香港金融中心的服务功能将与其他地区跨境业务形成共振（见图3）。

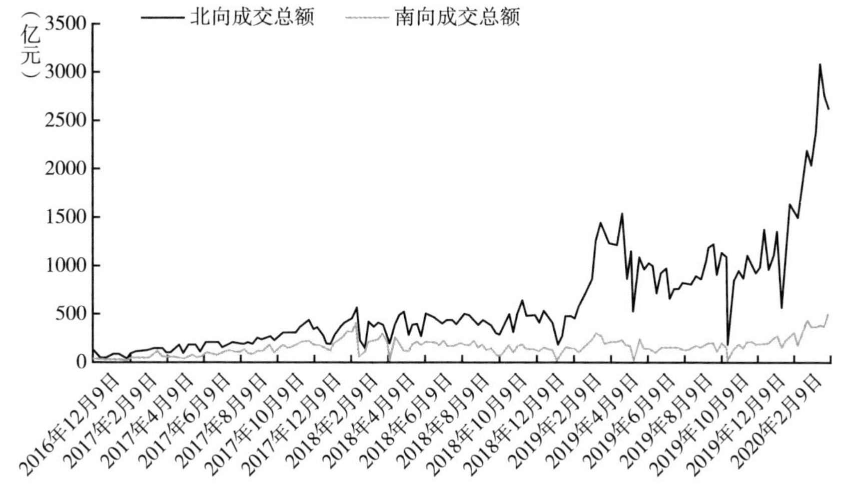

图2　2016年12月至2020年2月深港通开通以来成交总额

资料来源：Wind。

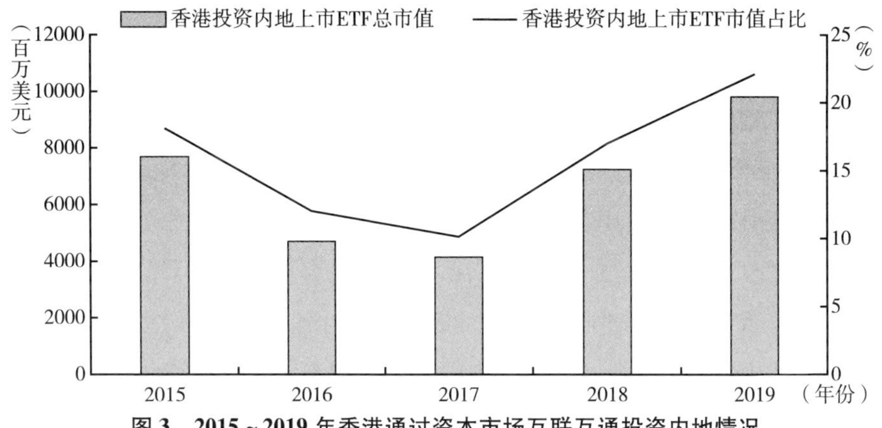

图3　2015～2019年香港通过资本市场互联互通投资内地情况

资料来源：香港证监会。

① 基金互认、QFII、QDII、债券通、点心债、熊猫债等跨境金融产品在湾区不断开展探索。

二 深圳创新跨境金融监管的基础

根据《粤港澳大湾区发展规划纲要》的要求，粤港澳大湾区在2035年基本实现市场高水平互联互通、各类资源要素高效便捷流动的宏大目标。与国际上其他大湾区相比，粤港澳大湾区具备的最大特殊性就在于区内跨境金融要素流动的快速累积和跨境监管协作之间的矛盾。一方面，湾区内的金融基础设施仍处于分割状态①，互联互通的空间潜力巨大；另一方面，跨境监管体制和机制的不完善导致监管压力剧增，湾区金融风险的防控面临着巨大挑战。2019年8月，《中共中央 国务院关于支持深圳建设中国特色社会主义先行示范区的意见》出台，要求下一步深圳要“探索创新跨境金融监管”，这是为深圳下一步金融监管的创新探索赋能，也是深圳的使命重任，决定着深圳的实践将为粤港澳大湾区内部的金融监管协作探路，为我国审慎稳步的金融开放夯实基础。

（一）顶层设计基础

作为粤港澳大湾区核心引擎城市之一，深圳率先创新跨境金融监管得益于湾区内部金融协作的顶层设计。粤港澳大湾区的特殊性倒逼其与境外开放金融环境对接，成为我国内地与境外金融规则融合的试验场。早在《中国（广东）自由贸易试验区总体方案》中就明确提出“推动适应粤港澳服务贸易自由化的金融创新”。2018年国务院颁布的《进一步深化中国（广东）自由贸易试验区改革开放方案》进一步指出“在依法合规的前提下，实施以合作监管与协调监管为支撑的综合监管”，是大湾区内部监管协作的重要一步。同样，如前述中央对于深圳做出的“中国特色社会主义先行示范区”的全新定位要求深圳“在推进人民币国际化上先行先试，探索创新跨境金融监管”，进一步为深圳在跨境金融监管探索中先行先试奠定了良好的制度基础。

① 陈国松：《粤港澳大湾区金融如何互联互通》，《中国外汇》2019年第23期。

（二）依托香港，深圳已开启跨境金融监管初期探索

一是香港特区的金融监管与香港金融中心的发展历史和实践密不可分。借助香港19世纪自由港的地位，其金融监管体系自建立伊始就具有国际化、自由化的特点。国际化体现在香港的金融监管充分吸纳了各国（地区）成熟的监管经验，取长补短，能够适应香港国际化和多样化的金融业态。香港特区也是世界范围内最先接受巴塞尔银行监管委员会建议的地区之一，监管机关也积极与国际证监会组织等国际组织交流联系。而自由化则是在较大程度上承袭了以行业自律为监管特色的英国模式，所以香港金融监管体系高度重视行业协会的自律监管，以香港银行公会、香港证券交易所和香港保险业联会为代表的自律组织重视内部风险的控制和审查，政府则减少对市场的干预，充当守夜人的角色，使政府和行业自律机构合理分工，各尽其职，从而形成了香港自律与他律相结合、多形式、多层次的金融监管体系，有利于监管当局在维持有效监管的同时，发挥行业和市场的积极性，保持市场的活力。香港的金融监管体系经受住了亚洲金融危机、全球次贷危机等严峻考验，积累的丰富监管经验即使在全世界都处于领先地位。

二是深圳毗邻香港，与其他内地城市相比，在我国现有的垂直管理模式之下已经被赋予一定的优势地位。目前，在中央金融监管部门的职权上，广东省和深圳市属于不同的辖区，通常情况下二者没有上下级和指导被指导关系。深圳证监局与广东证监局、深圳银保监局与广东银保监局均属于平级关系[①]。深圳拥有经济特区立法权，在地方性法规所规定的范围内，深圳市金融监管可以不适用广东省的有关规定。中央金融监管机关的广东局一般负责除深圳以外广东其他地区的业务监管，而深圳局则只负责深圳辖区的监管。此外，监管机关还会考虑到深圳作为金融中心的特殊地位而加设特别办事处或办公室，另外承担一些特殊职能。例如证监会还设置有上海、深圳两个证

① 中央监管机关的驻深部门独立于广东省开展金融监管，深圳证券交易所作为法定的全国证券交易场所也不受广东省管理，独立在全国范围内行使监管职权。

券监管专员办事处（简称“专员办”），主要是考虑到上海和深圳为两大证券交易所所在地，其职责也与中国证监会深圳监管局不同，深圳专员办主要负责全国范围内的内幕交易、市场操纵、虚假陈述等案件调查，以及与所在地证券期货交易所、证券犯罪侦查部门联系等。

三是深圳与香港特区具有良好的金融监管合作基础，并已经开展跨境监管的初期探索。早在2014年，深圳前海管理局就在《前海深港现代服务业合作区促进深港合作工作方案》中明确提出要“积极探索深港两地金融监管机构在现行监管合作框架下，开展前海跨境金融企业监管信息分享等方面的合作”。2016年，深港通正式开通，深圳与香港开始探索以交易所互联互通的方式，探索资本市场的跨境监管，两地交易所在备忘录的基础上，通过签订监管合作安排的方式，首次明确了深港通的具体跨境监管机制。2017年，深圳市金融办与香港金管局再次签署合作备忘录，在深港两地金融监管部门定期沟通机制和季度金融监管例会的基础上，探索在深港金融科技合作框架下的金融科技跨境监管，并初步达成了粤港澳大湾区金融监管数据共享的意向，为跨境金融监管迈出了重要的一步。

三　深圳创新跨境金融监管的现实挑战

（一）垂直监管模式不利于区内创新监管机制

目前，我国金融监管实行中央和地方两级监管体制。在中央层面，2017年成立的国务院金融稳定发展委员会（办公室设在人民银行）负责统筹协调各金融管理部门工作，加上2018年银监会与保监会整合后建立的银保监会，实际上形成了“金稳委＋人民银行＋证监会＋银保监会”这样的“一委一行两会”的格局。在这一中央监管格局下，各监管部门实行“中央机关＋派出机构”的垂直监管模式，由中央机关完成整体统筹，各地派出机构则负责各自辖区的相应监管工作。各监管部门派出机构的设置通常遵循“省、自治区、直辖市＋计划单列市”原则。以中国证监会为例，设置的派出机构即由31个省、自治区、直辖市监管局和5个计划单列市监管局（大连、宁波、厦门、青岛、深圳）组成。银保监会也同样采取这一设置。

此外，作为中央监管的重要补充和基层执法力量，我国金融监管体制中还有地方金融监管，负责所在地金融活动的监管。地方金融监管主要依照“地方批、地方管”的原则，负责地方政府辖区的其他金融机构和金融业态的监管，这些其他金融机构和金融业态可以归纳为“7+4”，即七大主体和四大场所①。这样，金融机构和金融业态的顶层设计职责在中央“一委一行两会”，具体细则和办法以及执行则在地方。

中央监管部门一般会通过一些原则性或授权性的规定，给予地方政府和地方金融监管部门一定的自主权，决定对上述主体和场所的监管规则。然而，涉及跨境监管事项，地方监管部门能够实施的权限非常有限，特别是涉及性质不明确、境内外标准不同的新型金融案件。例如近年来为我国金融监管部门所严厉禁止的首次代币发行（ICO）活动，境内监管权属在地方金融监管部门，但执法实际依赖的却是公安机关，在香港却通常由金融监管部门统一完成监管执法工作，这就导致在涉及跨境执法时双方对接部门不一致，必须得通过上级机关甚至国家部委实现。在跨境违法活动出现时，地方职权远远不足以做出迅速判断和反应，致使跨境监管的创新空间极大受限。

（二）广东省内金融监管及执法标准尚未统一

从目前我国金融监管的实践来看，地方金融监管协作机制普遍处于探索阶段②。以广东省为例，一方面，地方金融工作协调议事机构零散单一、缺乏统筹。地市以下地区金融监管力量较弱，尤其是对证券、保险、互联网金融、民间融资等领域监管不到位，难以及时发现和有效管控风险。主要事项以打击非法金融活动和处置地方金融风险的协调机制为主，且存在履职方式

---

① 七大主体：小额贷款公司、融资担保公司、区域性股权市场、典当行、融资租赁公司、商业保理公司、地方资产管理公司。四大场所：投资公司、农民合作社、社会众筹机构、地方各类交易所。深圳由于没有农民合作社，所以是“7+3”的设置。

② 黄峰等：《建立省级金融监管协调机制》，《中国金融》2018年第22期。

单一，以会议平台为主的问题。另一方面，各地监管信息共享机制缺失。目前，省内各市之间的金融监管信息仍然几乎呈现“孤岛”状态①，业已建立的信息共享交流机制也是“碎片化”的。粤港澳大湾区未来的金融市场将会高度关联甚至走向全面开放与融合，金融风险的隐蔽性、交叉性和跨境性等特征会加大监管难度。因此，信息互联互通是非常重要的，否则，难以有效发挥金融风险的事前监测和预警作用。

更值得注意的是，地方保护主义下的“监管套利”和“监管竞底”普遍存在。例如，不少企业和实际控制人背后往往涉及大量民间融资，救济和处置的程度、方式并没有统一标准，各地监管部门有自己的现实考量，多方博弈增加了监管合作的成本。对于境外市场而言，它们会更加难以预判大湾区内部金融监管政策走向，这成为掣肘区内监管协作的因素。

因此，现行机制下深圳金融监管自主权限仍有较大拓展空间。尽管深圳已经具备一些特殊监管权，但是与粤港澳大湾区的监管协作要求尤其是被赋予“中国特色社会主义先行示范区”的高要求相比，权限仍然不足。在法律、法规或国务院部门规章规定由省级政府批准或行使的职权方面，例如国务院规定地方交易场所、区域性股权市场等由省级人民政府审批成立，深圳则无权审批，但深圳有权对设在深圳市的地方交易场所或股权市场进行监管。审批权限和监管权限主体分割，不利于政策的有效实施。

（三）面临短期难以逾越的区际法律障碍

如前所述，粤港澳大湾区最大的特殊性在于“一个国家、两种制度、三套法律体系、四种语言”。其中，“三套法律体系”是区内金融监管合作面临的最大挑战。对于深圳而言，尽管在过去的深港深度融合中已经与香港建立起初步跨境监管协作的经验，但是长远来看，粤港澳三地金融监管定会面临巨大制度差异和法律障碍。

一是，区内缺乏整体法律协调机制和统一的监管标准。作为世界上唯一

① 黄峰等：《建立省级金融监管协调机制》，《中国金融》2018 年第 22 期。

一个拥有两大金融中心、两种制度、三种货币、四个核心城市的湾区城市群，粤港澳大湾区面临着相较其他湾区更为复杂的金融监管局面。香港特区、澳门特区受到英国和葡萄牙金融监管体制的影响，既重视市场自由、重视事后监管，同时也在监管理念、监管制度和方式方面有各自不同的理解，而广东省内城市则受我国传统金融监管重行政、轻民事的影响，在金融监管法治体制尚未全面建成的背景下更强调行政监管手段，因而在涉及跨境监管时，必然存在法律冲突和监管不一致。目前，粤港澳金融监管部门尚未完全实现金融监管协作的常态化，在多数情况下仍然维持一事一议的机制。在粤港澳跨境互设金融机构逐渐频繁和混业经营趋势日趋明显的情况下，大湾区缺乏整体协调和统一监管标准的问题就会导致监管套利，大大增加了跨境监管的难度。

二是，粤港澳大湾区金融产品创新的步伐逐渐加快，跨境金融风险管理机制的缺失成为重要隐患。除深港通、债券通等跨境金融工具之外，内地居民赴港购买保险产品、人民币信贷资产跨境转让、AlipayHK 的跨境线下支付功能开通等，都给湾区跨境金融监管不断提出新的挑战，跨境金融产品和金融活动存在监管主体不明、金融消费者权益保护缺失等风险。同时，粤港澳大湾区跨境金融风险处置机制的缺失，使各金融监管部门难以系统性地对跨境金融活动交叉性风险进行处置，风险的外溢及逃避监管现象无法得到有效遏制。

三是，目前区内涉及金融的争端解决机制无法对接国际需求，很大程度上影响了湾区整体营商环境。在中国社会科学院财经战略研究院发布的《四大湾区影响力报告（2018）：纽约·旧金山·东京·粤港澳》中，将四个大湾区的影响力进行排名，其中的二级指标经济绩效中列出营商环境排名，粤港澳大湾区此项排名落后[①]。法治环境是营商环境中非常重要的一环，目前在金融案件纠纷解决机制领域，尽管区内已经有了

① 刘彦平主编《四大湾区影响力报告（2018）：纽约·旧金山·东京·粤港澳》，中国社会科学出版社，2019，第 28～44 页。

较多多元化探索，但是与国际金融市场对于风险事后救济的要求相比还有较大差距。

四 境外发达市场跨境金融监管协作经验

深圳尽管有中央在跨境金融监管层面先行先试的“赋权”，但是具体的操作和实施细则还在研究层面，而金融的风险却每天都在上演。因此，有必要对目前国际较为通行的跨境监管趋势和案例进行研究，从而为下一步深圳的探索提供更准确的方向。

（一）欧盟跨境金融监管协作

这里主要研究欧盟内部不同国家之间的多边跨境监管问题，而不涉及欧盟整体对外的双边跨境监管问题。欧盟目前的金融监管协作特征与其作为一个“超国家经济体”的地位息息相关。从成立伊始，就旨在“通过建立无内部边界的空间，加强经济、社会的协调发展和建立最终实行统一货币的经济货币联盟，促进成员国经济和社会的均衡发展。”① 欧盟经济一体化是其重要初衷，而源于金融一体化所展开的监管协调则是走向一体化（至少符合其组织建立之初的目标）的重要路径。这主要源于各个成员国之间对于“组织”的基本主权让渡，包括法律机制的逐步统一、执法层面的协调及司法的协作等。

一方面，欧盟拥有自身的立法权限，即“顶层设计”不缺位。在金融监管法律的协调中，主要通过莱姆法路西框架立法。包括4个层面的协调机构。第一层面包括欧洲经济与财政部长理事会、欧洲议会、欧洲委员会，主要是进行框架原则性立法；第二层面包括欧洲银行业委员会、欧洲保险和职业养老金委员会、欧洲证券委员会、欧洲金融集团会，委员会由成员国财政部高级代表组成，主要是确定、建议和决定第一层面指令和条例的实施细

① https：//europa. eu/european - union/about - eu/eu - in.

则；第三层面包括欧洲银行业监管者委员会、欧洲保险和职业养老金监管者委员会、欧洲证券监管者委员会，各委员会由来自成员国各监管部门、欧盟相关机构等的高级代表组成，主要是加强成员国监管机构彼此之间的合作，保证统一实施第一、二层面立法；第四层面为执行层次，即为各成员国包括成员国监管者具体实施欧盟指令、条例，欧洲委员会也担当监督、促进实施的责任。

另一方面，欧盟具有较为刚性的国家间协调机制。欧盟的金融监管协调主要是以欧洲理事会或欧洲理事会与欧洲议会共同颁布指令的方式进行，体现了“最低限度协调原则”，但需要进一步由各个成员国通过法定程序进行国内转化，这个转化的过程并未有统一规定。尽管指令有方向性的约束力，却也给各国的法律程序留下了较大空间①。从司法层面来看，欧洲法院在欧盟的金融监管法律协调中起到了重要作用，欧盟层面的基础条约对金融监管做出初步规定，欧洲法院在实践中主要承担法律解释作用，并且通过判例，起到司法保障的作用②。例如，成员国可以就其他成员国不遵守欧盟法律而直接向欧洲法院提起诉讼，而且欧盟委员会也有权根据基础条约相关条款，对不实施指令的成员国提起诉讼，通过法律救济，不断深化金融监管法律协调的原则。因此，综上，欧盟的金融监管将会在较长时期（欧洲一体化进程的不确定性将会让这个时间段更加扑朔迷离）持续“1 + N”模式，即统一的欧盟金融监管机构和各成员国的金融监管机制并存。

（二）美国跨境金融监管

作为现代金融监管机制发源地的美国，同样也是全球金融市场最大的

① 欧盟的立法并非都具有同等的强制力，例如：条例具有普遍的约束力，可在所有欧盟国家直接适用；指令则对特定成员国具有约束力，需通过成员国国内立法程序转换为本国国内法；决定仅对其指明的对象具有法律约束力，其可以对成员国做出，也可以对公民或个人做出；建议和意见则不具备法律上的约束力，仅发挥指导的作用。

② 张柏森：《“一带一路”下区域金融监管法律协调模式的选择——基于对欧盟模式和东盟模式的比较分析》，《福建金融》2017 年第 3 期。

“政策输出国”，包括香港特区《戴维森报告》和泰国《罗宾斯资本市场报告》在内的许多国家或地区金融监管体系的设计和建立，都或多或少受到了美国资本市场监管经验的影响。

就跨境经验而言，美国主要采取与别国签订“谅解备忘录”的模式，即相关监管机构就特定的监管合作事项签订一种双边或多边法律文件。备忘录一般要求双方以互惠为基础，就约定的监管事项进行合作，“通过交流信息以便利各自职责的履行”[①]。

美国通常通过谅解备忘录的形式与他国建立监管互助协作机制，备忘录作为有正式法律约束力的合同机制，可以由双方约定权利义务及监管合作事项，具有较强的刚性，兼具灵活性。它可以为敏感信息和秘密信息的交换建立一种符合签署国国内法规的明确机制，清楚地阐释当事方的意图，明确规定敏感信息和非公开信息的交换程序及条件[②]。例如在 1981 年 Sante Fe 公司内幕交易案件中，美国证监会（SEC）即通过有关协议请求瑞士监管部门给予协助，成功获取了境外嫌疑人的信息。这样的双边谅解备忘录既允许美国证监会作为主体开展对境外金融风险的调查，也可以与他国合作对位于美国本土的境外机构开展调查和诉讼协助等。

2003 年，美国 SEC 共计向外国监管部门发出 309 项协作请求，而到了 2018 年这一请求数超过了 1200 项，同时还处理了 650 项来自其他国家监管部门的协作请求[③]，为美国证券监管执法提供了有力的支持。

除了具有法律强制力的刚性机制外，美国的境外金融监管还采用较为灵活的非正式机制，包括“监管对话”和跨境培训等。

（三）英国“监管沙盒”经验

“监管沙盒”是金融监管部门为促进金融创新所设立的一项特别的管理

---

① IOSCO，“Principles Regarding Cross-Border Supervisory Cooperation，” Final Report，May 2010，para 3.

② 李仁真、周忆：《论跨境金融集团监管联席会议机制》，《金融监管研究》2012 年第 2 期。

③ SEC International Enforcement Assistance，https：//www. sec. gov/about/offices/oia/oia _ crossborder. shtml#framework。

机制，这一机制旨在为金融机构或给金融服务提供相应支撑的非金融机构测试金融创新提供一个时间和范围有限的“安全空间”[①]。沙盒严格来说并不是为跨境监管而专门设计的，它源于计算机术语，主要目的是建立一个与外界隔离的空间，在空间里的所有操作都不会影响外溢，具有一定的安全性。英国作为金融科技创新的引领者之一，也最早实践了“监管沙盒”这一监管模式，形成了由流程设计、测试工具、准入标准、评估机制、风控措施等组成的一套完整的运作模式和制度体系，以在有效控制风险的前提下鼓励金融创新。监管沙盒客观上能对抗叠加了计算机和互联网技术所带来的风险的金融风险，这一优势让很多国家和地区尤其是传统的英美法系国家和地区成为其拥趸。

2015 年 5 月，英国金融行为监管局（FCA）发布监管沙盒报告，首次引入监管沙盒实践，给予进入沙盒的金融创新产品和企业一定程度的监管豁免，并建立相应的隔离机制，防止金融风险向外传导。2018 年 2 月，FCA 在国内金融实践的基础上进一步提出创建“全球沙盒”的建议，意图建立监管机构和创新企业的跨国交流平台，进一步推动跨境金融监管机制创新和深化。

（四）IOSCO 框架下的多边跨境监管合作

国际证监会组织（International Organization of Securities Commissions，IOSCO）是将各国监管部门组织起来的国际机构。它负责制定和推行证券监管的国际标准，在全球证券监管改革方面与 G20 和金融稳定理事会都有密切的合作[②]。2010 年 10 月，其对外发布跨境监管合作原则的最终报告，提出建立跨境监管合作机制，对监管机构如何加强跨境合作来更好地监督跨境运营的监管实体提出建议。

---

① 2015 年，英国金融行为监管局（Financial Conduct Authority，FCA）发布监管沙盒白皮书，正式启动“沙盒监管”模式，并制定了从申请测试到评估决策的一系列流程，成为各国效仿实施的模板项目。

② 国际证券管理委员会网站，https：//www. iosco. org/about/？ subsection = about_ iosco。

2013 年 6 月，为加强对全球跨境金融监管方式研究，IOSCO 成立“特别工作组”，主要负责开发跨境监管工具、协调实用工具、保护投资者以及减少系统性金融风险等。2015 年 9 月，IOSCO 发布了《IOSCO 跨境监管特别工作组最终报告》，分析了“国民待遇”“认可”“通行证”三种跨境监管工具[①]。“国民待遇”是指在市场准入与现行监管要求方面，赋予国外监管机构和国内监管机构相同权限的一种工具[②]。“认可”是指东道国监管机构对外国监管制度进行评估之后，认可该种监管制度或其部分内容[③]。此外，“通行证”允许获得监管许可或授权的主体在协议规定的其他司法管辖区提供金融产品和服务[④]。

（五）国家集团的联席会议机制

联席会议机制是由相关监管者共同组建的可加强跨境金融监管合作与协调的机制，是一种多建立在非正式国家集团基础之上的常设机制，具有常态化和稳定性特征。由于以非正式的国家集团为基础，因此，“其运行并非基于任何国际条约或正式法律文件，而是代表着一个强有力的以国家为中心的网络”[⑤]。它们通常在这些非正式国家集团的经济地位所产生的巨大全球影响力下，仅仅通过一些不具备法律强制力的多边协议，就能够建立强有力的跨境监管机制（多边协议框架体系内）。例如，具有巨大影响力的巴塞尔银行监督委员会即建立在 G10 框架下；类似地，金融稳定委员会（FSB）即建立在 G20 框架下。

这些机构基于其专业影响力和监管机制的可行性出台各自领域的国际监管规则和标准。其最大特点就在于监管主体是类似于一国财政部门、证券监管部门、银行、保险监管部门或者央行这样的监管专业机关，而不是一国政

---

① 刘辉：《国际证监会跨境金融监管工具最新发展及启示》，《金融发展评论》2017 年第 5 期。

② IOSCO Publishes Report on Cross-Border Regulation，2015.

③ IOSCO Publishes Report on Cross-Border Regulation，2015.

④ IOSCO Publishes Report on Cross-Border Regulation，2015.

⑤ Pauly，L. W.，“ Andrew Baker：The Group of Seven：Finance Ministries，Central Banks and Global Financial Governance，” *New Political Economy* 4（2007）.

府，因此与传统政府间正式机制相比，更加灵活，更加具有针对性，但是这样的“灵活性”代价就是“并不创设国际法上的权利与义务”①，法律效力不足。但是，前述其“常态化”特性也能够较好地完成监管信息互联互通、执法机制协作、风险管理等任务。

五　深圳创新跨境金融监管的路径

深圳作为我国金融发展和创新中心，在我国现代金融业几十年的发展历程中，诸多创新都走在全国前列，也是金融监管实践的开拓者②。新时期，金融监管的国际（区际）跨境合作需求日益膨胀，深圳被赋予“中国特色社会主义先行示范区”重任，理应再次有所担当，结合当前跨境监管中存在的实际问题，研判未来全球金融监管趋势，积极借鉴国际经验，为我国跨境金融监管的机制探索一条可复制、可借鉴的路径。

（一）积极争取为深圳下放部分跨境监管事权

在现有垂直监管模式的基础上，充分考量深圳既有与香港建立起的金融深度融合机制，理顺深圳与广东省金融监管职责及分工，向国务院积极申请支持在深圳开展粤港澳大湾区金融综合监管体制改革，探索金融综合监管创新，将部分贴近市场、有利于产品创新的中央部委和省级政府的监管职能下放至深圳金融监管部门和金融市场组织机构。例如可探索设立人民银行深圳总部，有权评估和制定有关湾区的跨境货币和外汇政策、有权组织实施中央银行公开市场操作、有权监管湾区离岸人民币市场、负责湾区金融宏观审慎监管，保障金融稳定和跨境金融安全等。再如将部分职能下放给人民银行深圳支行，同时将深圳支行上升至省一级分行的地位，与广州分行联合行使监管和政策制定职能。

---

① 李仁真、周忆：《论跨境金融集团监管联席会议机制》，《金融监管研究》2012 年第 2 期。

② 吴燕妮：《粤港澳大湾区背景下深圳完善金融监管体系研究》，《城市观察》2020 年第 1 期。

（二）积极推进建立统一的城市间跨境监管机构

借鉴欧盟建立起的国家间协调机制，由深圳率先牵头向国务院申请建立协调港澳的城市间跨境统一监管机构“粤港澳大湾区金融监管委员会”（以下简称“委员会”）。委员会主导湾区金融监管的顶层设计工作，在保持湾区各地方现有法律体系不变的情况下，湾区各城市有义务将委员会制定的金融监管政策转化为各自的地方立法，委员会是这些政策的唯一解释机关，地方监管机构无权另行解释法规。同时，委员会还将协调各地区的监管部门，体现“最低限度协调原则”，便于跨境监管和执法。最关键的是，委员会的运作方式应充分借鉴欧洲央行和欧盟理事会的体系，力争在深圳建立起央行深圳总部（前述），其负责统一的货币政策和宏观审慎金融监管，委员会负责制定政策，下达政策（类似于欧盟的指令文件），监督湾区内法律转化和执行，形成一个具有“准刚性”特点的粤港澳大湾区内部跨境金融监管体系。

（三）支持深圳在关键领域开展“监管沙盒”试点

英国的“监管沙盒”机制对于具有极大不确定性的跨境金融产品和服务有很强的针对性。一方面，强调粤港澳大湾区内部的金融创新，要求要素有效流动；但是另一方面，要避免“系统性金融风险”的爆发，尤其是要加强对跨境金融风险的预防。因此，跨境金融监管创新同样需要“沙盒”进行试点，而且这种试验无法率先预测，难以通过自上而下的机制有计划开展。

鉴于先行示范区赋予深圳的探索权限，应尽快在深圳开展跨境监管创新，实现在风险可控之下的更高效率、更快速度的金融创新和扩大开放。一方面，应积极争取国务院授权或通过法定程序扩大相关领域特区立法权，赋予深圳开展粤港澳大湾区内的跨境金融监管沙盒探索法定权限；另一方面，可另设机构“粤港澳大湾区金融创新管理局”（以下简称“管理局”）管理沙盒，避免与深圳地方金融监管职能混同。大湾区内满足条件的所有金融机构和创新金融产品都可以向管理局申请进入沙盒，进入沙盒的金融机构或金融产品将不再需要其他任何审批程序，也不需要任何其他资质，即可在管理局规定的范围或条件下直接开展业务，并只接受管理局的监管，从而突破法域限制。“沙盒”机制下，大湾区内各地金融机构可以根据市场需求和相关监管规则，在沙盒管理的范围内联合开发产品区内销售，共担义务、共享收益。例如，传统上保险机构不能跨境销售产品，但是在“沙盒”机制下，保险公司可以开发创新产品，申请进入沙盒，从而开展跨境业务。看似大胆突破的跨境机制一旦进入“沙盒”，就好像进入“安全屋”，运作和监管都可防可控，为跨境监管的创新提供探索经验。

（四）建立具有法律效力的区内监管信息共享平台

借鉴欧盟、IOSCO 等广泛采用的通行机制，通过与香港和澳门签订相互“认证”协议、颁发“通行证”等形式建立信息共享平台，实现区内各地监管信息共享，便于监管执法合作的开展甚至是诉讼协助。事实上，大湾区已经有一些港澳和内地正式及非正式的监管会晤或沟通机制，包括协议和谅解备忘录，但都属于非正式机制，对各方缺乏法律约束力。而若建立在具有“合同”效力的认证基础之上，则该平台运作具有强制性，实际上是粤港澳大湾区金融监管联席会议机制的 2.0 版。

具体而言，具有法律约束力的监管信息平台有如下特点。

一方面，可与港澳争取互相“认可”。短期内清除成本壁垒，即通过改善资本流动性和国内市场准入，充分利用监管救济或其他便利措施，率先实现深圳与港澳监管措施的对照评估及部分监管领域的相互认可，从而减轻跨境监管中的监管竞争和监管空白，保证境外投资者受到足够的保护，降低系统性风险和套利。

另一方面，积极磋商与港澳实现互发监管“通行证”。如港澳金融产品或者机构符合约定的一系列规则，则可向其发出授权或许可，从而促进区内市场准入加强竞争以及提升资本流动效率，区内监管套利和降低监管竞底风险；加强区内信息沟通和执法、司法合作，有效防范多样化的风险，包括金融机构跨境经营风险、突发性重大风险事件的应急处理；促进金融消费者权益保护的合作，加强深圳与港澳地区跨境资金流动的监测、反洗钱及反恐怖融资监管合作等。

（五）采用“非正式资源共享”机制应对多元金融风险

除了上述大量具有正式约束力的机制外，美国采用的“非正式信息共享机制”同样值得借鉴。粤港澳大湾区内经济金融合作基础较好，也有非常广泛的文化交流。深圳可以加强与港澳“监管对话”机制，参与区内境外的非正式信息交流，推广内地监管机制。相应地，香港作为国际金融中心，其先进的英美法系下的金融监管机制也可以大量输入深圳，这需要深圳牵头拓展广泛、“非正式”的信息交换渠道。

此外，可以通过举办大湾区内部的监管培训达成政策层面和信息层面的互通互助。例如，可以牵头设立“大湾区证券市场发展学院”（Great Bay Institute for Securities Market Development）和“证券执法与市场监管学院”（Institute for Securities Enforcement and Market Oversight），通过短期培训的方式，在粤港澳大湾区内部共享金融监管的原则和规则，由金融监管较发达地区（如香港）输出监管经验，帮助欠发达地区了解国际趋势，更好地对接国际规则。

同时，针对近年来出现的纷繁复杂的金融风险，也可以率先与港澳实现科技监管数据交换，包括监管大数据、云计算及金融监管信息系统的对接和数据交换，湾区金融业综合统计、经济金融调查统计和分析监测，以及风险预警等，提高跨境监管的针对性和有效性，守住不发生系统性金融风险的底线。

B.17

创新引领高质量发展　彰显先行示范区磅礴动力

陈望远*

摘　要： 党的十九大以来，深圳经济特区以习近平新时代中国特色社会主义思想为指导，深入贯彻落实习近平总书记对广东重要讲话和对深圳重要批示指示精神，把习近平总书记关于科技创新的重要论述作为深化科技体制改革的根本遵循，紧紧围绕粤港澳大湾区和中国特色社会主义先行示范区“双区”建设，牢固树立创新发展理念，践行高质量发展要求，始终坚持创新驱动、基础先行，加快建设具有全球影响力的创新创业创意之都，不断增强发展魅力、活力、动力和创新力。

关键词： 粤港澳大湾区　先行示范区　科技创新　高质量发展

党的十九大以来，习近平总书记旗帜鲜明地提出“创新是引领发展的第一动力”，大刀阔斧、部署推进了优化科研管理提升科研绩效、深化“三评”改革、扩大高校和科研院所自主权和加强科研诚信建设等改革创新举措，极大地释放了全社会创新创业创造动能。深圳作为首个国家创新型城市、首个以整个城市为单元的国家自主创新示范区和首批国家可持续发展议程创新示范区，始终把习近平总书记关于科技创新的重要论

* 陈望远，博士，深圳市科技创新委员会政策法规处副处长，主要研究方向为科技体制改革、创新驱动发展战略规划及科技政策。

述作为深化科技体制改革的根本遵循，抢抓粤港澳大湾区和中国特色社会主义先行示范区（以下简称“先行示范区”）的“双区驱动”国家重大战略机遇，坚持科技创新和制度创新“双轮驱动”，深化科技供给侧结构性改革，在制度安排、政策保障、体制机制、环境营造上狠下功夫，加快建设具有全球影响力的创新创业创意之都。

一 坚持把创新作为第一动力，完善创新法规政策体系

“创新是引领发展的第一动力”这一重要论断，是对“科学技术是第一生产力”的继承和发展，是贯彻新发展理念的重要发展方向、战略路径和发力点。深圳牢固树立创新第一动力意志，围绕全面激发创新活力和动力，以问题、需求、目标为导向，下好先手棋、打好精准化科技创新政策供给“组合拳”，不断完善有利于驱动高质量发展的科技体制架构和创新法规政策体系。

（一）出台激励创新的法规体系

充分发挥经济特区立法权，围绕科技创新的重点环节，出台《深圳经济特区国家自主创新示范区条例》《深圳经济特区人才工作条例》《深圳经济特区知识产权保护条例》等法规，把深圳创新方面的各种政策、文件、要求、规定以法律形式固化下来，为深圳创新驱动发展提供有力的法治保障。

（二）制定可持续发展议程创新规划

2018 年 2 月，国务院批复同意深圳建设国家可持续发展议程创新示范区。相继编制出台了《深圳市可持续发展规划（2017—2030 年）》、《深圳市国家可持续发展议程创新示范区建设方案（2017—2020 年）》和《2018 年深圳市国家可持续发展议程创新示范区建设实施方案（任务分工表）》等文件，以创新引领超大型城市可持续发展为主题，围绕“五大重点任务”，

提出实施“六大重点行动”，以有力有效的务实举措扎实推进国家可持续发展议程创新示范区建设。

（三）完善创新政策体系

印发《关于深入贯彻落实习近平总书记重要讲话精神加快高新技术产业高质量发展更好发挥示范带动作用的决定》（深发〔2018〕5号），提出实施科技创新能力跃升等“七大”工程。颁布实施《深圳市关于加强基础科学研究的实施办法》（深府规〔2018〕25号），在科学问题、科研环境、学术平台、高端人才和国际化等五个方面提出23条举措，构建全方位的基础研究投入保障体系。落实国家系列重大改革决策部署、充分借鉴国内外先进经验，制定《深圳市科技计划管理改革方案》（深府〔2019〕1号），推出22条具有针对性和创新性的改革举措，构建布局合理、体系完备、定位清晰的“一类科研资金、五大专项、二十四个类别”科技计划管理体系，努力实现“关键环节国际接轨化、体系架构市场导向化、重大项目布局政府主动化、高校科研攻关支持稳定化、人才引进培育梯度化、深港澳合作纵深化、国际交流全面化”。

二　坚持把改革作为点火系，采取更有效措施全速发动科技创新

习近平总书记强调“改革就是点燃科技创新这个新引擎必不可少的点火系”“科技领域是最需要不断改革的领域”。深圳以刀刃向内的改革魄力，聚焦科技创新的痛点、难点、堵点，在项目评审、科研经费、知识产权保护、创新人才等重点环节，不断深化改革，激发创新活力。

（一）重大科技计划项目评审，率先实施“主审制”

制定《深圳市重大科技计划项目评审办法（试行）》（深府规〔2018〕10号），建立一套尊重科研规律、遵循国际惯例、确保廉洁高效、体现公平公正

的项目评审机制，主动选取国际一流专家，在全国率先以“主审制”评审了600多个重大科技计划项目①，受到了评审专家和申请者的高度认可。

（二）科研经费能放尽放，让经费为人的创造性活动服务

习近平总书记深刻指出，要着力改革和创新科研经费的使用与管理，让经费为人的创造性活动服务。按照“科研项目资金管理要服务于科学研究、技术创新和成果转化规律”的思路，出台《深圳市人民政府关于加强和改进市级财政科研项目资金管理的实施意见（试行）》（深府规〔2018〕9号），进一步优化财政科研项目资金管理方式。建立项目资金可追溯制度，鼓励项目单位先行投入项目研发，可追溯确认前期预研和筹备的经费投入，作为项目单位自筹部分确定项目预算，追溯期从项目申报之日起最长不超过6个月。实施科研项目资金分类管理，对于项目单位为高校、科研院所、新型科研机构的，直接费用由项目负责人支配，间接费用由项目单位统筹。合理编制设备费，针对科研仪器设备重复购置问题，明确规定项目主管部门应根据科研规律合理设置设备费在财政资助资金中的占比，在项目单位提供可支持科研活动的项目设备证明后，已有设备可按现值和在项目中的使用率计入自筹经费；同一项目设备可以用于不同科研项目，但不能重复计入不同项目经费。设立奖惩分明的结余资金处理方式，对科研项目完成任务目标并一次性通过验收的，结余资金及利息按规定留归项目承担单位使用，统筹安排用于科研活动的直接支出。未一次性验收通过以及撤销、中止的项目，按规定收回结余资金、利息或追回全部项目资金。

（三）实施最严格的知识产权保护制度，为创新活动护航

与国家知识产权局签署共创知识产权强国建设高地合作框架协议，建立知识产权合规性承诺、行政执法技术调查官、行政执法先行禁令等制度；出台深圳知识产权保护“36条”，构建知识产权全产业、全类别、全链条保护

① 本报告所有数据来源于深圳市科技创新委员会政策法规处，特此说明。

的政策体系；建立三级联动的知识产权行政执法体系，加强对知识产权违法案件的查处；中国（深圳）知识产权保护中心高标准建成并在前海挂牌运作；设立知识产权保护资助措施，对企业开展涉外维权、知识产权大数据监测、重大维权项目等进行资助，帮助企业解决维权难、成本高等问题。

三　坚持把打通创新链条作为重要抓手，推动科技经济融通发展

按照习近平总书记“基础研究是整个科学体系的源头”“要加大应用基础研究力度，疏通应用基础研究和产业化连接的快车道”重要指示要求，为推动创新链和产业链的融合发展，深圳努力打造“基础研究 + 技术攻关 + 成果产业化 + 科技金融”的全过程创新生态链，促进科技成果加速产业化，率先实现科技经济融通发展。

（一）狠补基础研究短板，夯实创新发展基础

深圳大手笔投入，打好基础、储备长远，勇于做栽树人、挖井人。市财政科技专项资金近三年倍增，2019 年安排预算 129 亿元；持续加大基础研究投入力度，确保基础研究投入比例不低于财政科技专项资金的 30%，确保基础研究经费逐年只增不减，2019 年安排 48 亿元，占比达 37.2%。积极推进各类重大创新载体平台建设，累计建设各类创新载体 2260 家，其中国家级 116 家，省部级 600 多家，覆盖了经济社会和科技民生发展的各个领域，成为产生创新成果、汇聚一流科研人才的重要载体。实施大科学装置群带动战略，加快建设光明科学城，开工合成生物研究、脑解析与脑模拟等重大科技基础设施。获批建设鹏城实验室、深圳湾实验室、人工智能与数字经济、现代农业科学与技术等 4 个广东省实验室。稳步推进省部共建肿瘤化学基因组学国家重点实验室。累计启动 11 家诺贝尔奖科学家实验室和 12 个基础研究机构建设。推动高等教育跨越式发展，深圳大学 2018 年新增 7 个一级学科博士学位授权点，6 个学科进入 ESI 世界前 1%；南方科技大学 2017 年成为硕士生推免资格高校，2018

年获教育部批准成为博士学位授予单位，获批4个一级学科博士学位授权点和7个硕士学位授权点，快速形成完整的本硕博人才培养体系。香港中文大学（深圳）、中山大学·深圳、深圳北理莫斯科大学、哈尔滨工业大学（深圳）、深圳技术大学、清华大学深圳国际研究生院等高校发展迅猛。

（二）促进科技经济双向融通发展，推动知识产权和科研成果快速转化为生产力

国家技术转移南方中心建设提速，登记备案的技术转移机构70多家，国家级技术转移示范机构13家。连续举办十一届深创赛，累计2.3万个项目参与比赛，发放奖金累计1.6亿元，培育出6家上市企业，85家新三板企业，4家独角兽企业，434家国家高新企业，上市企业（含新三板）创造税收在11亿元以上。

（三）设立天使投资引导基金，完善科技金融服务体系

设立首期规模50亿元的天使投资引导基金，出资比例创新高、全面聚焦早期项目、100%最大幅度让利，帮助初创企业跨过第一个“死亡之谷”。截至2020年1月，深圳天使母基金已投资决策38支子基金，子基金总规模超过120亿元，天使子基金投资早期天使项目超过60个，预计将撬动超过73亿元的社会资本参与深圳早期投资，全力打造以深圳天使母基金为核心的天使投资基金群。开展创新验证中心研究，探索将高等院校、科研院所（含重点实验室）以及国家级孵化器等创新机构纳入申报机构范围，通过新设或鼓励已设子基金支持其发展，增强早期科技成果转化能力，促进科技成果从实验室走向市场，实现产品从1到100的突破。

四　坚持以构筑产业体系新支柱为重点，推动产业高新高质发展

习近平总书记强调要把新一代信息技术、高端装备制造、绿色低碳、生

物医药、数字经济、新材料、海洋经济等战略性新兴产业发展作为重中之重。深圳认真落实习近平总书记的指示要求，以七大战略性新兴产业为重点，发力实体经济“主战场”。

（一）持续完善产业规划政策体系

印发《深圳市关于进一步加快发展战略性新兴产业的实施方案》《深圳促进第五代移动通信（5G）创新发展行动计划（2018—2020 年）》《深圳市促进智能网联汽车产业发展行动计划（2019—2021 年）》《深圳市推动超高清视频应用和产业发展若干措施（2019—2021 年）》《深圳市进一步推动集成电路产业发展行动计划（2019—2023 年）》《关于加快集成电路产业发展的若干措施》《深圳市新一代人工智能发展行动计划（2019—2023 年）》等文件，瞄准重点产业领域持续发力。

（二）启动建设一批重大产业项目

2019 年度安排战略性新兴产业重大建设项目 51 个，总投资 1466. 35 亿元，年度投资 185. 00 亿元；先进制造业和优势传统产业重大建设项目 28 个，总投资 1511. 04 亿元，年度投资 231. 69 亿元。中国电子深圳湾总部基地、华星光电 T7 项目、生物医药企业加速器二期等项目持续推动建设。此外，光明云谷一期、中山大学深圳校区保障性住房、科学城智慧公园和市政基础设施综合工程一期项目等光明科学城配套项目已开工建设，总投资达 107. 64 亿元。鹏城实验室石壁龙园区一期工程正式开工。深港科技创新合作区项目建设加快，广东省南方量子科技协同创新研究院、香港科技大学创新和深圳清洁能源研究院相继落户，鲲鹏福田深港科技创新合作区基金和深港科技创新合作区公司组建成立。

（三）加快5G、4K/8K 产业布局，构筑信息产业和数字经济引领新优势

在 5G 产业发展方面，2018 年出台了《深圳促进第五代移动通信（5G）

创新发展行动计划（2018—2020 年）》，市政府投资建设深圳市 5G 试验网络平台等 6 个配套公共服务平台，积极指导引导龙头企业和高校、科研机构联合建设 5G 中高频器件省级制造业创新中心。三大运营商均大力布局深圳 5G 网络建设。在 5G 主要产业链环节培育了一批代表性企业，初步构建了相对完善的 5G 产业链，5G 研发技术全国领先，在重点行业的示范应用逐步铺开。5G 网络建设和行业应用的铺开，将有力带动深圳通信设备产业发展。在 4K/8K 产业发展方面，2019 年 4 月印发了《深圳市推动超高清视频应用和产业发展若干措施（2019—2021 年）》，抢抓产业战略机遇和技术制高点，加快培育超高清视频产业集群，着力构筑深圳信息产业和数字经济引领新优势。组建了深圳超高清视频产业联盟，支持超高清视频产业开展关键技术攻关、新产品开发和创新载体建设。支持深圳龙岗智能视听研究院联合北京大学数字视频编解码技术国家工程实验室搭建“4K/8K 超高清视频测试验证平台”。推动创维、康佳、华星光电等重点彩电、面板、芯片厂商加大超高清产品研发力度。

五　推动深圳以创新引领建设先行示范区的政策建议

2020 年是深圳经济特区建立 40 周年，是全面推进粤港澳大湾区和中国特色社会主义先行示范区建设的关键一年，是“十三五”规划的收官之年，是全面建成小康社会之年。扬帆起航、改革开放再出发，深圳要始终牢记党中央创办经济特区的战略意图，始终坚持用好改革开放 40 多年成功经验，全力落实党的十九届四中全会精神与中央科技体制改革重大决策部署，牢固树立创新第一动力意志，坚持把创新驱动发展战略作为城市发展主导战略，以更大力度推进以科技创新为引领的全面创新，为广东省建设科技创新强省做出贡献，为我们国家建设创新型国家和世界科技强国建设做出特区、先行示范区新的更大贡献。

（一）以综合性国家科学中心建设为重要抓手，打造科技创新重要策源地

粤港澳大湾区、先行示范区的首要任务就是要充分发挥科技创新的引领

带动作用。建设高质量发展高地，深圳要打好科技创新优势牌，牢牢抓住新时代党中央、国务院赋予深圳建设综合性国家科学中心国家战略性平台的重要历史机遇，以此为重大牵引，加大科技基础设施和重大创新载体布局力度，汇聚一批全球顶尖战略科学家，抢占新一轮科技产业发展制高点，掌握战略主动权。

（二）以“深港一极”为突破，全力推进粤港澳大湾区国际科技创新中心建设

加快推动以制度创新为核心的深港科技创新合作区建设，创新深港科技创新合作区科技体制机制改革，推动人员流动、科研物资流动、科研资金流动、科研信息流动以及税制、法制、科研管理制度等规则衔接，打造国际创新规则对接区和开放创新先导区。以深港重要一极为突破推动广深港澳科技创新走廊建设，探索深港要素流动新模式，推动深圳成为内地与香港科技合作的示范引领区。

（三）以科技创新为引领，全力推进先行示范区建设

坚持新发展理念，继续用好改革开放“关键一招”，深入实施创新驱动发展战略，充分发挥深圳产学研用深度融合的创新发展优势，以创新驱动高质量发展为主题，以深化科技供给侧结构性改革为动力，以开放协同创新为抓手，以建设现代化经济体系为主攻方向，健全创新治理体系，补齐原始创新短板，突破关键核心技术，发挥科技创新引擎的强大带动作用，辐射带动粤港澳大湾区高质量发展，探索科技创新引领支撑社会主义现代化强国新路径。

（四）以特区立法为保障，制定全新的《深圳经济特区科技创新促进条例》

落实《粤港澳大湾区发展规划纲要》和《中共中央 国务院关于支持深圳建设中国特色社会主义先行示范区的意见》，制定《深圳经济特区科技创

新促进条例》，健全“基础研究+技术攻关+成果产业化+科技金融”的全过程创新生态链，强化战略科技力量布局建设，构建央地协同的关键核心技术攻关新型举国体制，创新基础研究和关键核心技术攻关体制机制，优化促进科技成果的转移转化机制，完善科技人才发现、培养、激励机制，构建科研项目的全生命周期管理及科技伦理治理体制，不断优化创新创业创造环境，在促进高校毕业生及青年人才就业创业等方面研究提出改革措施，最大限度释放全社会创新创业创造动能。

参考文献

《习近平关于科技创新论述摘编》，中共文献出版社，2016。

《粤港澳大湾区发展规划纲要》。

《中共中央　国务院关于支持深圳建设中国特色社会主义先行示范区的意见》。

《国务院关于优化科研管理提升科研绩效若干措施的通知》（国发〔2018〕25号）。

《关于深化项目评审、人才评价、机构评估改革的意见》。

《关于进一步弘扬科学家精神加强作风和学风建设的意见》。

《2020年深圳市政府工作报告》。

B.18
粤港澳大湾区的研究热点与趋势分析
——基于 CiteSpace 知识图谱的文献计量可视化分析

张向荣　林震宇　杨玉洁　燕艳莹*

摘　要： 本文以中国社会科学引文索引数据库（CSSCI）和北大核心数据库为资料来源，运用 CiteSpace 软件绘制 1992 年以来内地关于粤港澳大湾区的科学知识图谱，选取 CEPA、城市群、湾区经济、“一带一路”、区域合作等五个视角，综述和分析国内关于粤港澳大湾区的研究进展。综合来看，研究层次逐步加深，研究范围逐步拓展，学科交叉态势逐步显现，但高质量学术成果较少。

关键词： 粤港澳大湾区　知识图谱　湾区经济

一　研究方法与数据来源

推进粤港澳大湾区建设是国家战略，该战略得到了习近平总书记的高度重视，是党中央一项重大的战略部署。2019 年 2 月 18 日，《粤港澳大湾区发展规划纲要》出台，宣告粤港澳大湾区建设全面启幕。本次研究检索中国知网数据库（CNKI），主题词选择为“粤港澳”或者“大湾区”，以“精

* 张向荣，高级工程师，博士，深圳市科技开发交流中心，主要研究方向为区域经济发展、科技管理研究；林震宇，博士，深圳市标准技术研究院，主要研究方向为基于科技文献计量学研究及相关可视化分析；杨玉洁，西安电子科技大学经济与管理学院，主要研究方向为信息计量和信息可视化；燕艳莹，西安电子科技大学经济与管理学院，主要研究方向为信息计量和信息可视化。

确”的检索方式开展检索，在期刊来源的选择中，选择了中国社会科学引文索引数据库（CSSCI）和北大核心数据库，共检索744篇文献作为研究数据来源，最后筛选出相关文献690篇。通过研究检索结果，最早发表“粤港澳”核心期刊论文的年份是1992年，因此本报告分析1992~2019年的文献数据。

本报告运用Excel图表统计全部文献的年度分布，分表期刊分布，运用CiteSpace工具绘出粤港澳大湾区的可视化知识图谱，对文献的关键词、作者、作者机构做定量分析，对研究视角和焦点问题做定性分析。以此为基础，分析出粤港澳大湾区的研究热点，以实施《粤港澳大湾区发展规划纲要》为切入点，提出粤港澳大湾区的研究方向。

二　粤港澳大湾区研究文献的统计

（一）文献年度分布

1992年以来，以“粤港澳”或者“大湾区”作为主题词的发文数量呈现上升趋势，1992~2019年分别为7篇、0篇、8篇、9篇、7篇、12篇、10篇、13篇、6篇、9篇、15篇、16篇、24篇、12篇、22篇、8篇、26篇、33篇、24篇、22篇、21篇、20篇、17篇、30篇、19篇、55篇、124篇、121篇。2016年3月，粤港澳大湾区概念在《中华人民共和国国民经济和社会发展第十三个五年规划纲要》中第一次被提出，2017年3月5日，李克强总理在第十二届全国人民代表大会第五次会议工作报告中指出：要推动内地与港澳深化合作，研究制定粤港澳大湾区城市群发展规划，发挥港澳独特优势，提升在国家经济发展和对外开放中的地位与功能。从该年开始，发文量呈现快速增长态势，近3年的发文量达到近18年的43.5%，尤其是2019年，统计月份仅到8月底，文章就已经接近2018年全年发文量。

（二）文献发布期刊分布

如表1所示，粤港澳大湾区的研究文献有明显的区域特点，出版地主要集中在广东省。发文量排名前20的期刊共发文291篇，占研究样本文献总量的42%，其中发文量最大的是《特区经济》。发文量排名前20的期刊，如《特区经济》《开放导报》《港澳经济》部分已不在北大核心期刊或CSSCI期刊目录里，说明论文整体研究质量还需要提升。

表1　1992～2019年我国粤港澳大湾区核心期刊和CSSCI期刊（前20名）

序号	期刊	发文量/篇
1	《特区经济》	33
2	《南方金融》	24
3	《国际经贸探索》	23
4	《开放导报》	21
5	《南方经济》	20
6	《港澳经济》	19
7	《华南师范大学学报》（社会科学版）	16
8	《广东社会科学》	16
9	《学术研究》	15
10	《中国金融》	15
11	《科技管理研究》	13
12	《高教探索》	11
13	《国际经济合作》	9
14	《暨南学报》（哲学社会科学版）	9
15	《亚太经济》	9
16	《中山大学学报》（社会科学版）	9
17	《深圳大学学报》（人文社会科学版）	8
18	《地理科学进展》	7
19	《广东财经大学学报》	7
20	《人民论坛》	7

（三）文献的知识图谱

运用 CiteSpace 软件得到粤港澳大湾区研究文献的高频词、高产作者、作者机构的可视化知识图谱。

1. 高频关键词分析

高频关键词是分析研究热点的依据。设置阈值分别为（2，1，2），（2，1，2），（2，1，2），运用 CiteSpace 软件生成粤港澳大湾区研究的关键词知识图谱，如图 1 所示。在 670 篇文献中，关键词出现频次排名前 10 位的分别是“CEPA”“城市群”“湾区经济”“珠三角”“一带一路”“区域合作”“区域一体化”“《港澳经济》”“协同发展”“泛珠三角”，知识图谱中关键词间的关联程度也显示出这些关键词是研究的中心节点。

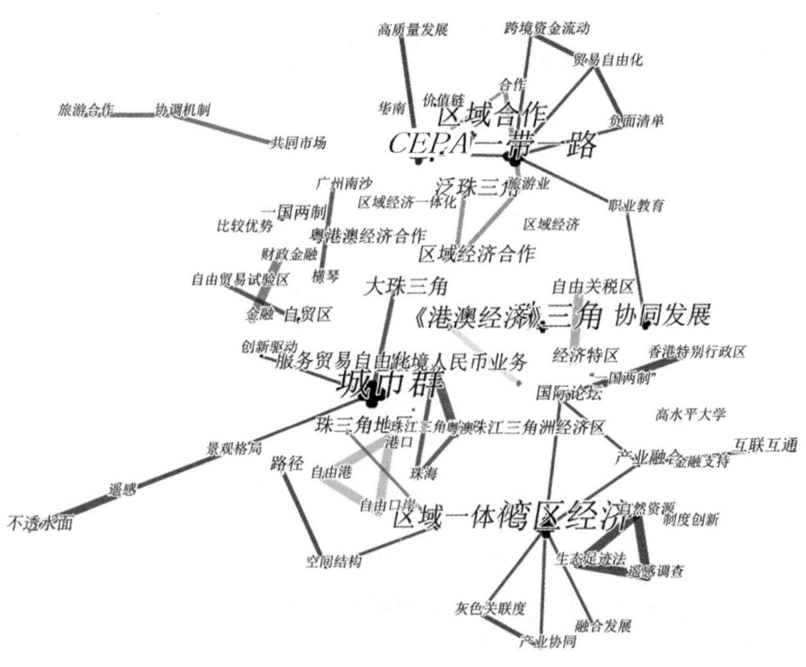

图 1　1992～2019 年我国粤港澳大湾区研究的关键词图谱

2. 作者分析

分别设定阈值为（2，0，0），（2，0，0），（2，0，0），运用 CiteSpace 软件生成粤港澳研究的作者图谱，如图 2 所示。排名前 5 的高产作者分别是周运源（8 篇）、左连村（7 篇）、王鹏（5 篇）、毛艳华（6 篇）、秦学（5 篇）。周运源主要研究粤港澳区域经济和科技合作；左连村主要研究 CEPA 相关问题；秦学主要研究旅游合作发展问题；以毛艳华为核心的研究团队主要在宏观层面研究粤港澳大湾区合作问题，例如，粤港澳大湾区战略定位和协同发展机制创新。粤港（澳）产业科技课题组王峰、邱荣盛等 6 位作者主要研究了粤港澳科技合作。学者们研究涉及粤港澳大湾区战略、合作机制、区域经济和科技合作、CEPA 等，非常具有代表性。

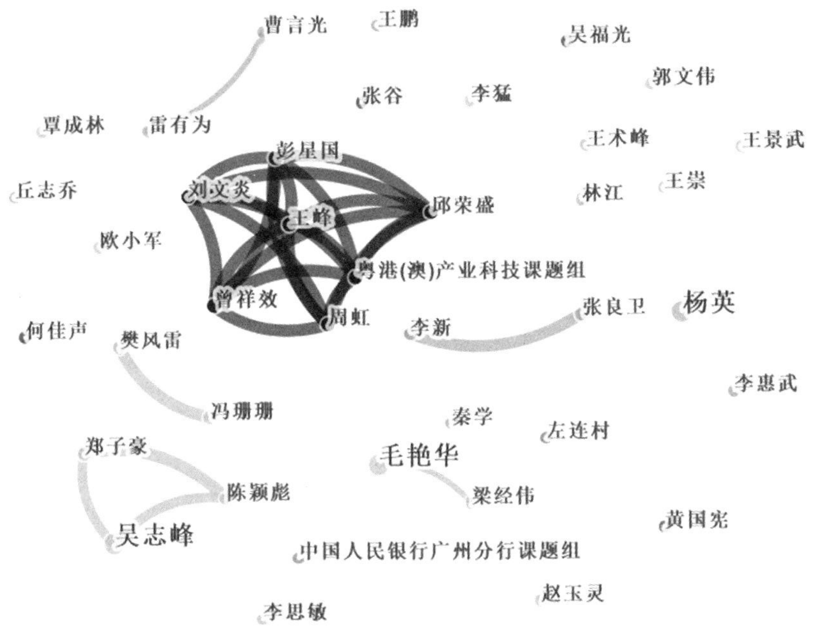

图 2　1992～2019 年我国粤港澳大湾区研究的作者图谱

3. 作者机构分析

分别设定阈值为（2，0，0），（2，0，0），（2，0，0），运用 CiteSpace

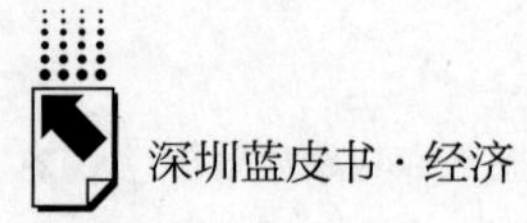

软件生成关于粤港澳大湾区研究的作者机构图谱，如图 3 所示。高产机构有 23 个，主要集中于广东省内各大高校和研究所，发文量最大的是中山大学。排名前 7 的高产机构分别是中山大学（19 篇）、暨南大学（12 篇）、中国人民银行广州分行（9 篇）、深圳大学（4 篇）、广东财经大学（4 篇）、广东外语外贸大学（4 篇）、广州大学（4 篇）。在地域上，广州和深圳等地的高校对粤港澳大湾区的研究层次最深，中山大学专门成立了粤港澳发展研究院，该研究院在粤港澳合作方面的研究成果丰硕；其他地区只有北京交通大学有 2 篇文献，由此可见，处于粤港澳区域的高校对其关注度最高。

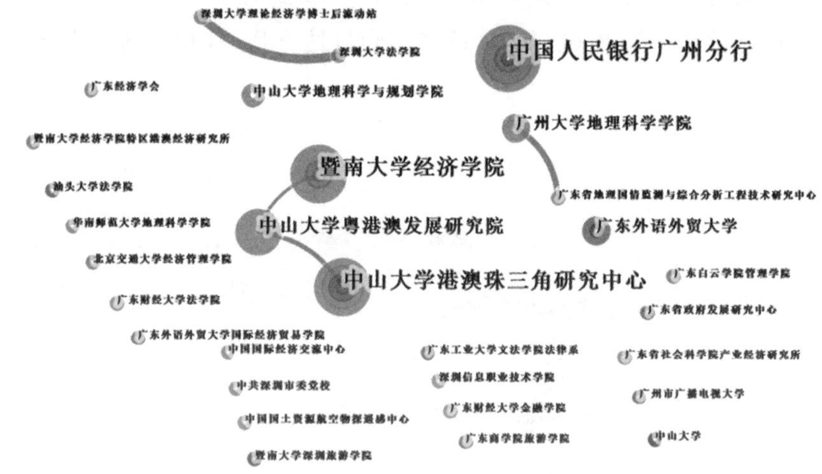

图 3　1992～2019 年我国粤港澳大湾区研究的作者机构图谱

三　粤港澳大湾区研究热点分析

在分析了解各个关键词的频度和关联情况后，本研究选取 CEPA、城市群、湾区经济、“一带一路”、区域合作这五个方向对粤港澳大湾区各方面进行综述。

（一）CEPA

为推进粤港澳三地间经贸合作、产生规模效应共同发展，《内地与香港关于建立更紧密经贸关系的安排》（CEPA）应运而生，该协议促进内地和香港在经济上走向共同发展，同时也鼓励与其他国家和地区加强经贸联系。在经济金融方面，冯邦彦和陈彬瑞①认为 CEPA 带来的金融服务扩展影响将辐射到银行、保险和证券三大方面，建议放宽港澳金融机构准入内地的门槛条件、促进内地金融机构业务向港澳乃至更大区域发展、对三地金融合作采取由易及难分步渐进原则等。左连村②认为 CEPA 框架下粤港澳区域经济整合，应包括观念、市场制度、协调机制、基础设施、信息化、产业、政府职能、发展战略等方面。陈恩和刘璟③研究 CEPA 下粤港澳生产者服务贸易自由化路径，发现香港金融业引入，前海、横琴等试验区发展，政策落实衔接及纳税等方面是关键影响因素。苏振东和赵文涛④通过研究中国海关及工业企业数据，对 CEPA 实施后香港对广东的出口、投资以及出口投资一体化相关关系进行建模实证研究，发现 CEPA 提升了香港对广东投资的次数和强度，进而带来香港对广东出口的增加，两者具有正向反馈作用。在教育方面，陈昌贵和陈文汉⑤提出应建立三地高等教育合作新机制，并就粤港澳教育合作的目标、原则、模式、重点等问题进行了详细讨论。朱健仪⑥指出 CEPA 促进粤港澳经济的发展，能从经济资源上促进教育的提升；而教育的提升将会在未来进一步促进经济发展，形成良性循环。陈恩和刘璟⑦分析了 CEPA 对粤港澳金融、物流、旅游、会展、文化创意、专业服务、服务外包七大方面带来的进展，并提出加强商贸服务、专业服务、科技文化、公共服

① 冯邦彦、陈彬瑞：《CEPA 框架下粤港澳金融合作与广东的对策研究》，《特区经济》2006 年第 1 期，第 16 ~ 20 页。

② 左连村：《CEPA 框架下粤港澳区域经济的整合与辐射》，《特区经济》2003 年第 12 期，第 26 ~ 29 页。

③ 陈恩、刘璟：《粤港澳服务贸易自由化路径研究》，《南方经济》2013 年第 11 期，第 74 ~ 84 页。

④ 苏振东、赵文涛：《CEPA：粤港贸易投资自由化“预实验”效应研究——兼论构建开放型经济背景下对广东自贸区建设的实证启示》，《世界经济研究》2016 年第 9 期，第 118 ~ 134 页。

⑤ 陈昌贵、陈文汉：《CEPA 与粤港澳高等教育的制度化合作》，《高等教育研究》2004 年第 1 期，第 39 ~ 42 页。

⑥ 朱健仪：《CEPA 与粤港澳教育关系研究》，《求索》2006 年第 1 期，第 123 ~ 126 页。

⑦ 陈恩、刘璟：《粤港澳服务贸易自由化路径研究》，《南方经济》2013 年第 11 期，第 74 ~ 84 页。

务，促进粤港澳服务贸易自由化。郭海宏等[①]分析了CEPA实施之后，粤港澳服务业的各项数据（包括投资比重、批发零售业项目数量、销售网点、物流项目、房地产项目的数据），指出CEPA带来进出口贸易、口岸通关便捷性、“自由行”人—物—资金流动、批发零售商进驻、信息服务外包、金融合作、会展业合作等服务相关行业的进步；推进了粤港澳旅游业蓬勃发展。杨小川和熊文佳[②]对CEPA实施前后粤港旅游业进行了对比分析，提出CEPA为粤港旅游业带来机遇、有利于旅游景点资源的开发拓展、促进旅游产业整合等。董观志和刘芳[③]分析了粤港澳旅游业合作的几个层面，提出粤港澳旅游业区域一体化、主体化定位、名牌精品化、产品梯度化、泛珠三角化的战略。左连村[④]认为CEPA将促进粤港澳旅游市场的融合。应以注重协作，建设平台，集团化、统一品牌化、旅游产品开发、加强市场秩序整顿等多种战略推进三地旅游市场一体化发展。

（二）城市群

粤港澳大湾区城市群包括香港、澳门、广州、深圳四个核心城市，以及珠海、江门、东莞、佛山、中山、肇庆、惠州七个周边城市，这些城市已能组成有世界影响力的群体。蔡赤萌[⑤]认为大湾区城市群建设既是区域内部经济文化发展的需要，也是国家战略部署的意图，会影响到泛珠三角区域发展；同时也是国家试点建设开放型经济新体制的窗口，是“一带一路”重要支点。目前需要对在三个关税区、两种制度、三个法律体系内如何实现要

---

① 郭海宏、卢宁、杨城：《粤港澳服务业合作发展的现状及对策思考》，《中央财经大学学报》2009年第2期，第71~75页。

② 杨小川、熊文佳：《CEPA背景下粤港旅游业的发展》，《特区经济》2006年第7期，第51~53页。

③ 董观志、刘芳：《CEPA背景下粤港澳旅游合作创新战略研究》，《特区经济》2004年第8期，第36~37页。

④ 左连村：《CEPA启动后的粤港澳旅游市场一体化发展》，《南方经济》2004年第3期，第69~70、7页。

⑤ 蔡赤萌：《粤港澳大湾区城市群建设的战略意义和现实挑战》，《广东社会科学》2017年第4期，第5~14、254页。

素流通、产业协同和资源配置等问题进行探讨；同时也面临跨境体制不统一、统筹机制需要建立、营商环境建设、外资吸引等挑战。丘杉[①]提出大湾区要以互联互通为未来发展方针，让香港和内地的先进发展理念结合，促进香港繁荣发展；以“一带一路”广阔视野，拓展大湾区与沿线重要国家地区的对接，打造大经济区的门户枢纽；应模糊化大湾区内部边界，通过建设更大经济片区，打造城市间无缝连接的超级城市群。林贡钦和徐广林[②]指出应战略性思考湾区经济引领中国经济全球化的途径。世界各大湾区均能影响所在国家的经济发展，其强大的资源配置能力、完善的产业链、强大的外溢功能、宜居的城市环境以及广泛的国际交联网络等都是粤港澳大湾区需要学习的。粤港澳应采取协同联合发展的策略，形成机制、法律、经济、文化交流一体化的体系；做好生态环境打造和吸引外资人才两方面工作，促进大湾区可持续发展。毛艳华和杨思维[③]认为粤港澳在经济、空间地理上的分工重构提升改进了湾区生产要素配置和城市间协调效能，并强调制度整合创新对湾区治理的重要性。建议应从湾区跨境协调机制、平台和合作机制、共享产业价值链、区域利益共同治理机制着手。在产业发展方面，向晓梅和杨娟[④]认为大湾区能在城市群内形成互补性强的产业集群。产业链的创新与全面融合、分工协作对现代制造业和服务业有重要意义。在人口要素方面，刘锦和田银生[⑤]提出城市群应着重于各产业类型提升及协同互补，以吸引高质量劳动力，注重空间扩张与人口增长相匹配，注重产业、人口、空间之间的协调

① 丘杉：《粤港澳大湾区城市群发展路向选择的维度分析》，《广东社会科学》2017 年第 4 期，第 15 ~ 20 页。

② 林贡钦、徐广林：《国外著名湾区发展经验及对我国的启示》，《深圳大学学报》（人文社会科学版）2017 年第 5 期，第 25 ~ 31 页。

③ 毛艳华、杨思维：《粤港澳大湾区建设的理论基础与制度创新》，《中山大学学报》（社会科学版）2019 年第 2 期，第 168 ~ 177 页。

④ 向晓梅、杨娟：《粤港澳大湾区产业协同发展的机制和模式》，《华南师范大学学报》（社会科学版）2018 年第 2 期，第 17 ~ 20 页。

⑤ 刘锦、田银生：《粤港澳大湾区背景下的珠三角城市群产业—人口—空间交互影响机理》，《地理科学进展》2018 年第 12 期，第 1653 ~ 1662 页。

推进。在大湾区基础民生建设方面，丁宇等[①]指出良好的生态构建格局在大湾区发展中的重要性，大湾区林地及生态环境有所进步，但部分地区存在生态连通问题，建议大湾区城市群科学建设高质量连片森林系统。李彦等[②]通过分析高铁建设城市背景数据，发现大湾区城市群铁路网络密度持续上升，并朝着多中心和分散网络化特征演化，指出高铁对大湾区城市间经济关联影响大于周边地区。

（三）湾区经济

粤港澳大湾区产生了显著的规模化大经济体效应，同时兼具庞大的发展空间与潜力，是新时代经济研究的热点。在区域经济方面，申勇和马忠新[③]通过专门建立数学模型对大湾区开放度进行了深入测算，认为粤港澳大湾区具有很高的开放层级，是区域经济的领航者，能积极引领和推动形成全国的经济改革新格局。鲁志国等[④]通过主成分分析法，构建了四维评价体系，对比研究旧金山湾区、纽约湾区、东京湾区及粤港澳大湾区经济发展水平，结果发现粤港澳与其他各大湾区相比尚存在明显差距，并建议大湾区发展应着重于推进形成区域特色以及体制创新。吴思康[⑤]认为内涵特征以及演变规律是大湾区发展的重要关注点。在区域经济一体化方面，崔卓兰和黄嘉伟[⑥]讨论了区际行政协议，认为其是适应区域经济一体化的客观趋势及区域合作治理的内在要求而产生的一种新型行政协议，具有区际性特点，在主体、内容、执行等方面具有独特之处。协议仍需要在行政理念、法规构建等方面予

---

① 丁宇、张雷、曾祥坤：《粤港澳大湾区生态功能网络构建及对策》，《生态与农村环境学报》2019 年第 5 期，第 1 ~ 9 页。

② 李彦、王鹏、梁经伟：《高铁建设对粤港澳大湾区城市群空间经济关联的改变及影响分析》，《广东财经大学学报》2018 年第 3 期，第 33 ~ 43 页。

③ 申勇、马忠新：《构筑湾区经济引领的对外开放新格局——基于粤港澳大湾区开放度的实证分析》，《上海行政学院学报》2017 年第 1 期，第 83 ~ 91 页。

④ 鲁志国、潘凤、闫振坤：《全球湾区经济比较与综合评价研究》，《科技进步与对策》2015 年第 11 期，第 112 ~ 116 页。

⑤ 吴思康：《深圳发展湾区经济的几点思考》，《人民论坛》2015 年第 6 期，第 68 ~ 70 页。

⑥ 崔卓兰、黄嘉伟：《区际行政协议试论》，《当代法学》2011 年第 6 期，第 19 ~ 26 页。

以完善。杨英①指出大湾区必须着重沿着市场路径，在消极、积极一体化两向度上同时驱进。推进区域经济一体化必须改变思维、创新规划、消除歧视、重视多层面协调机制等。在区域经济合作上，马春辉②通过研究珠三角经济、产业实力，提出建立各市政府协调统一机制，加强产业分工合作，建立共同劳动力市场、旅游市场、信息平台，加强基建合作、环境区域治理等建议。郑华峰③以可持续发展为出发点研究大湾区区域优势，提出系统性、阶段性、继承与发展相结合、依法推进、倚重科技、市场机制与政府宏观调控相结合、公众参与等大湾区经济可持续发展战略原则；黄毓琼④指出香港、澳门应以国际金融中心以及旅游城市作为定位，用“中介”角色带动经济发展并辐射至广东内地，建议设立基建协调小组以便协调规划合作，加速经济要素在大湾区内的配置，加强高科技、金融产业合作等。

粤港澳大湾区的成立带来了金融方面的融会贯通，香港的国际金融中心优势将促进大湾区整体金融活动的发展，提升全球影响力。黄正新⑤提出大湾区金融产业合作不断紧密化并且在内容层次上持续提高，以香港为核心的金融圈开始向更大空间扩散。但与此同时金融合作协同机制仍有不少改进空间，他建议建立多层次合作机制，加速各种金融业务合作及金融业一体化进程等。周天芸和刘家霁⑥通过采集大湾区半年内金融票据利率、价格指数、汇率，使用科学方法检验大湾区金融融合程度、一体化程度、融合速度等，

① 杨英：《基于市场路径的粤港澳区域经济一体化研究》，《华南师范大学学报》（社会科学版）2014 年第 5 期，第 101 ~ 107、163 页。

② 马春辉：《泛珠江三角区域经济合作研究》，《上海经济研究》2005 年第 1 期，第 9 ~ 16 页。

③ 郑华峰：《从可持续发展战略看粤港澳合作的区域竞争力》，《社会科学》2010 年第 12 期，第 37 ~ 43 页。

④ 黄毓琼：《发展粤港澳高层次经济合作的思考》，《特区理论与实践》2000 年第 2 期，第 25 ~ 27 页。

⑤ 黄正新：《大珠三角金融产业圈的发展现状、问题与对策》，《特区经济》2007 年第 3 期，第 34 ~ 36 页。

⑥ 周天芸、刘家霁：《粤港澳金融融合的程度与速度——基于利率平价和购买力平价的检验》，《吉林大学社会科学学报》2013 年第 4 期，第 75 ~ 84 页。

发现大湾区金融融合度正在不断提高。祝世京①指出法律协调机制对金融共同市场自发构建过程中出现的区域行政问题有重要意义，国际上很多区域经济体都设有专门法律协调制度，其中北美及欧盟经验值得粤港澳大湾区学习。王景武②认为深化粤港澳大湾区金融合作应该重点推进六大工作，包括强化金融管理组织和顶层架构设计、强化政策（包括管理粤港澳跨境资金流动及业务权限等)、着重人民币国际化战略减少美元依赖、支持金融平台建设、推进港澳与内地金融业互相开放、建立健全金融合作机制和促进金融人才流动等。李思敏③提及在大湾区各方面建设努力下，广东跨境人民币结算量实现从亿到万亿的巨幅提升，跨境人民币业务大力促进了粤港澳金融合作，推动了金融产品和服务创新，促进外贸增长和转型，已成为广东与港澳地区第二大跨境支付货币。彭芳梅④根据粤港澳发展实际，构建非对称资本模型考察后发现，在给定贸易开放度下，金融禀赋对经济空间演化的作用呈现空间相似性；当金融禀赋不变时，开放度对经济空间演化的作用呈现空间异质性，并与开始的金融禀赋数值大小相关。逯新红⑤通过分析经济全球化趋势、湾区经济模式兴起、国际金融体系变革以及中国金融改革深化等方面，提出应构建开放型新金融体制、创造国际竞争新优势、发挥港澳国际金融中心带领和凝聚作用、推进内地和港澳更紧密合作以提升湾区经济竞争力等建议。李彦等⑥指出近期严峻的中美贸易摩擦对广东出口、香港转口以及澳门的博彩业造成了负面冲击。但粤港澳大湾区可以发挥优越的营商环境、优秀的人才集聚、金融优势等，在现代化产业体系构建、创新驱动、

---

① 祝世京：《粤港澳金融共同市场构建进程中的法律协调机制研究》，《南方金融》2010 年第 9 期，第 28 ~ 31 页。

② 王景武：《深化粤港澳大湾区金融合作》，《中国金融》2018 年第 14 期，第 47 ~ 48 页。

③ 李思敏：《深化粤港澳金融合作》，《中国金融》2015 年第 2 期，第 85 ~ 86 页。

④ 彭芳梅：《粤港澳大湾区金融禀赋、贸易开放度与经济空间演化及其实证》，《统计与决策》2019 年第 6 期，第 119 ~ 123 页。

⑤ 逯新红：《粤港澳大湾区金融合作背景和战略意义》，《金融与经济》2017 年第 7 期，第 82 ~ 86 页。

⑥ 李彦、王鹏、梁经伟：《高铁建设对粤港澳大湾区城市群空间经济关联的改变及影响分析》，《广东财经大学学报》2018 年第 3 期，第 33 ~ 43 页。

开放型经济打造等方面切入，打造区域协作范例，提升中国在世界经济中的话语权。

（四）“一带一路”

2013 年，在国际合作中，习近平总书记倡议建设“21 世纪海上丝绸之路”以及“丝绸之路经济带”，受到世界多国多地区广泛参与认可。“一带一路”在《粤港澳大湾区发展规划纲要》中 19 次被提到，可见在“一带一路”蓝图中，粤港澳大湾区建设工作非常重要。黄晓慧和邹开敏①认为大湾区商业文化浓厚，培育大湾区国际都会圈旅游目的地，是“一带一路”倡议在文商旅发展上的抓手。大湾区国际都会圈以及相关旅游业的形成发展能有力带动内地后方的改革发展。应该利用国家政策大湾区合作框架优势，完善粤港澳文商旅发展机制，以市场为主导推进文商旅项目，实现大湾区与其他地方的共赢。许勤②认为湾区是以海港地理优势为基础，有着开放的经济模式，高资源要素调配能力，强外资及人才吸引力以及繁茂的国际交流网的区域经济体。粤港澳大湾区的建设紧紧跟着“一带一路”倡议实施，将构成强大的经济枢纽，辐射带动更广泛地域。而深圳作为大湾区关键点，要加快步伐成长为新的国际创新中心，提升服务“一带一路”的能力。李猛③提到为响应“一带一路”倡议，粤港澳大湾区急需国际化的自由经贸协定以及各项高水平标准作为支持。应当把握好这个好时机，与国际高水平标准以及经贸规则对接，加紧制定国际级大湾区自由经贸协定，让长远建设有法有规可依。艾德洲④通过分析共建“一带一路”国家的文化、制度等状况，指

---

① 黄晓慧、邹开敏：《“一带一路”战略背景下的粤港澳大湾区文商旅融合发展》，《华南师范大学学报》（社会科学版）2016 年第 4 期，第 106 ~ 110、192 页。

② 许勤：《加快发展湾区经济　服务“一带一路”战略》，《人民论坛》2015 年第 6 期，第 11 ~ 13 页。

③ 李猛：《“一带一路”背景下制定高标准粤港澳大湾区自由经贸协定研究》，《亚太经济》2018 年第 2 期，第 135 ~ 142 页。

④ 艾德洲：《服务“一带一路”政策沟通的粤港澳湾区联动发展研究》，《当代经济管理》2016 年第 11 期，第 35 ~ 39 页。

出粤港澳大湾区联动对推动沿线国家政策沟通具有优势。李政和胡中锋[①]认为“一带一路”背景下商职跨境电商人才能力需求应由“专业能力”、“国际文化交流”、“创新力”及“职业素质”四个方面构成，为“一带一路”背景下培养具有跨境服务能力的电商人才提供了建议。

（五）区域合作

粤港澳大湾区具有远大的经济发展前景和区域规模效应。与此同时，妥善处理大湾区各地乃至国际跨区域合作等协调工作亦相当具有挑战性。王圣军和田军华[②]认为大湾区经济合作是区域经济一体化、全球化的必由之路，通过对大湾区区域合作趋势和障碍进行分析，提出探索设立区域合作创新机制。黎泽国[③]指出粤港、粤澳合作框架协议是“一国两制”下做出的特殊灵活的客观政策安排。粤港澳大湾区在“十二五”时期高速发展形成了世界级湾区的雏形。而在“十三五”时期需要改变合作思维，在科学制度下构建共同体，在可持续发展的前提下，提升大湾区的核心竞争力。赵虹[④]认为粤港澳合作框架协议是在“一国两制”方针下和基于 WTO 法规，对区域经济合作框架的突破。协议重点突出、领域广泛，但在审议机制上尚无明确规定。参照其他国际区域合作经验，建议打造以协商为主、法律为辅的审议体制。罗勇[⑤]分析了大湾区区域合作规划演进的特点和作用，发现大湾区合作规划的内容、重点与其合作进程紧密联系，大湾区融合发展将伴随着区域合作规划的深入开展而积极发展。赵玲玲和高超平[⑥]认为大湾区珠三角城市仍

---

① 李政、胡中锋：《“一带一路”背景下高职跨境电商人才能力需求研究——基于粤港澳大湾区中小企业的调查分析》，《高教探索》2018 年第 8 期，第 92～96 页。

② 王圣军、田军华：《粤港澳区域合作创新机制研究》，《经济与管理》2012 年第 8 期，第 83～87 页。

③ 黎泽国：《粤港粤澳合作框架协议实施考察》，《开放导报》2017 年第 2 期，第 30～35 页。

④ 赵虹：《粤港澳合作框架协议审议机制论析》，《广州大学学报》（社会科学版）2012 年第 1 期，第 57～60 页。

⑤ 罗勇：《粤港澳区域合作与合作规划的耦合演进分析》，《城市发展研究》2014 年第 6 期，第 39～45 页。

⑥ 赵玲玲、高超平：《创新粤港澳合作模式探讨》，《特区经济》2011 年第 8 期，第 22～23 页。

处于工业化中后期，而粤北等地产业阶段更为落后。粤港澳产业链分工合作模式应当创新，港澳主导营销服务型经济，珠三角成为研发中心，把先进产业技术辐射带动到粤北及粤东西翼区域。陈杰等[①]通过深入分析大湾区人才协同发展的形势，提炼出大湾区人才示范区的优秀经验，建议构建人才引进协同、交流合作、国际猎头培养、平台建设、人才流通、环境优化等六方面的粤港澳人才协作机制，以打造具有国际竞争优势的人才体系。陈昌贵和陈广汉[②]研究分析了大湾区教育的现状，论证了粤港澳高等教育合作的可行性和必要性。

“一国两制”是为实现国家和平统一而提出的基本国策。邓小平同志论述，“一国两制”是指在一个中国的前提下，国家的主体坚持社会主义制度，而香港、澳门、台湾保持原有的资本主义制度长期不变。“一国两制”与大湾区的各项发展息息相关，密不可分。谢宝剑[③]认为粤港澳地域邻近、人缘相亲、文化相近，合作历史久远。“一国两制”政策实施后粤港澳全方位地开展合作，推动大湾区社会融合，提升三地民生水平，同时增强了港澳同胞对国家的认同感。他提出当前三地在社会福利、教育、医疗等融合工作仍存在共享机制不完善、制度障碍等问题，需要完善政策协调体制，构建交流平台和发挥政府领导作用。陈欣新[④]认为大湾区三地是一个“区域性发展共同体”。大湾区建设的关键是要准确把握国家发展战略定位，对内协调好“两制”带来的差异，对外应因制度差异，提供便捷的多样化制度对接。王禹[⑤]认为“一国两制”的实践在港澳社会中均获

---

① 陈杰、刘佐菁、苏榕：《粤港澳大湾区人才协同发展机制研究——基于粤港澳人才合作示范区的经验推广》，《科技管理研究》2019 年第 4 期，第 114 ~ 120 页。

② 陈昌贵、陈文汉：《CEPA 与粤港澳高等教育的制度化合作》，《高等教育研究》2004 年第 1 期，第 39 ~ 42 页。

③ 谢宝剑：《“一国两制”背景下的粤港澳社会融合研究》，《中山大学学报》（社会科学版）2012 年第 5 期，第 194 ~ 200 页。

④ 陈欣新：《粤港澳大湾区与“一国两制”新探索》，《人民论坛》2019 年第 10 期，第 28 ~ 30 页。

⑤ 王禹：《巩固提升“一国两制”实践的成功发展态势》，《人民论坛》2019 年第 10 期，第 26 ~ 27 页。

得重大进展，港澳与内地经济交流和制度融合均在加强。“一国两制”政策为港澳带来强大发展态势，粤港澳合作越发紧密、合作空间越发开阔、成果越发显著。王禹①认为“一国两制”是粤港澳建设的核心，它为大湾区建设带来制度优势，但在某些方面仍存在协调改进空间。为了使大湾区建设工作顺利推进，应建立“一国两制”原则下的区际法律和区域制度理论体系。欧小军②认为在“一国两制”下应实现粤港澳大湾区高水平大学集群发展，应从管理创新、体制机制创新、法律政策制定等多方面提升大湾区教育水平。

四　结语和展望

我国学者对粤港澳大湾区的研究，经历了从理论引进到实证检验再到结合中国情境的应用研究的历程，综合来看研究层次逐步加深、研究范围逐步扩展，学科交叉的态势逐步显现。但总体来说，以“粤港澳大湾区”为核心的研究理论逻辑还需要进一步梳理，部分实证工作还没有完成，特别是在大湾区规划中的几个重点环节，包括建设国际科技创新中心、构建具有国际竞争力的现代产业体系以及推进生态文明建设方面等，高质量的研究成果很少；在建设宜居、宜业、宜游的优质生活圈方面，也只在旅游研究方面有一些成果，其他方面的研究成果不多。可见，粤港澳大湾区的研究任务艰巨，应用型研究前景广阔。

参考文献

冯邦彦、陈彬瑞：《CEPA 框架下粤港澳金融合作与广东的对策研究》，《特区经济》

① 王禹：《巩固提升“一国两制”实践的成功发展态势》，《人民论坛》2019 年第 10 期，第 26～27 页。

② 欧小军：《“一国两制”背景下粤港澳大湾区高水平大学集群发展研究》，《现代教育管理》2018 年第 9 期，第 17～22 页。

2006年第1期，第16~20页。

左连村：《CEPA框架下粤港澳区域经济的整合与辐射》，《特区经济》2003年第12期，第26~29页。

陈恩、刘璟：《粤港澳服务贸易自由化路径研究》，《南方经济》2013年第11期，第74~84页。

苏振东、赵文涛：《CEPA：粤港贸易投资自由化“预实验”效应研究——兼论构建开放型经济背景下对广东自贸区建设的实证启示》，《世界经济研究》2016年第9期，第118~134页。

陈昌贵、陈文汉：《CEPA与粤港澳高等教育的制度化合作》，《高等教育研究》2004年第1期，第39~42页。

朱健仪：《CEPA与粤港澳教育关系研究》，《求索》2006年第1期，第123~126页。

郭海宏、卢宁、杨城：《粤港澳服务业合作发展的现状及对策思考》，《中央财经大学学报》2009年第2期，第71~75页。

杨小川、熊文佳：《CEPA背景下粤港旅游业的发展》，《特区经济》2006年第7期，第51~53页。

董观志、刘芳：《CEPA背景下粤港澳旅游合作创新战略研究》，《特区经济》2004年第8期，第36~37页。

左连村：《CEPA启动后的粤港澳旅游市场一体化发展》，《南方经济》2004年第3期，第69~70、7页。

蔡赤萌：《粤港澳大湾区城市群建设的战略意义和现实挑战》，《广东社会科学》2017年第4期，第5~14、254页。

丘杉：《粤港澳大湾区城市群发展路向选择的维度分析》，《广东社会科学》2017年第4期，第15~20页。

林贡钦、徐广林：《国外著名湾区发展经验及对我国的启示》，《深圳大学学报》（人文社会科学版）2017年第5期，第25~31页。

毛艳华、杨思维：《粤港澳大湾区建设的理论基础与制度创新》，《中山大学学报》（社会科学版）2019年第2期，第168~177页。

向晓梅、杨娟：《粤港澳大湾区产业协同发展的机制和模式》，《华南师范大学学报》（社会科学版）2018年第2期，第17~20页。

刘锦、田银生：《粤港澳大湾区背景下的珠三角城市群产业—人口—空间交互影响机理》，《地理科学进展》2018年第12期，第1653~1662页。

丁宇、张雷、曾祥坤：《粤港澳大湾区生态功能网络构建及对策》，《生态与农村环境学报》2019年第5期，第1~9页。

李彦、王鹏、梁经伟：《高铁建设对粤港澳大湾区城市群空间经济关联的改变及影响分析》，《广东财经大学学报》2018年第3期，第33~43页。

申勇、马忠新：《构筑湾区经济引领的对外开放新格局——基于粤港澳大湾区开放

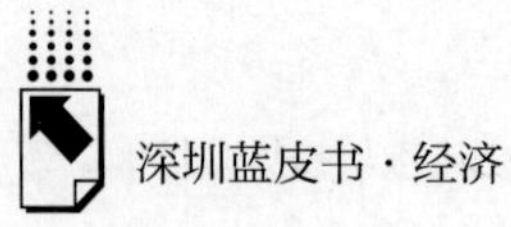

度的实证分析》,《上海行政学院学报》2017 年第 1 期,第 83 ~91 页。

鲁志国、潘凤、闫振坤:《全球湾区经济比较与综合评价研究》,《科技进步与对策》2015 年第 11 期,第 112 ~116 页。

吴思康:《深圳发展湾区经济的几点思考》,《人民论坛》2015 年第 6 期,第 68 ~70 页。

崔卓兰、黄嘉伟:《区际行政协议试论》,《当代法学》2011 年第 6 期,第 19 ~26 页。

杨英:《基于市场路径的粤港澳区域经济一体化研究》,《华南师范大学学报》(社会科学版)2014 年第 5 期,第 101 ~107、163 页。

马春辉:《泛珠江三角区域经济合作研究》,《上海经济研究》2005 年第 1 期,第 9 ~16 页。

郑华峰:《从可持续发展战略看粤港澳合作的区域竞争力》,《社会科学》2010 年第 12 期,第 37 ~43 页。

左连村:《更紧密经贸关系安排——对提升粤港澳区域经济竞争力的探讨及前景展望》,《国际经济合作》2003 年第 2 期,第 30 ~34 页。

黄毓琼:《发展粤港澳高层次经济合作的思考》,《特区理论与实践》2000 年第 2 期,第 25 ~27 页。

黄晓慧、邹开敏:《“一带一路”战略背景下的粤港澳大湾区文商旅融合发展》,《华南师范大学学报》(社会科学版)2016 年第 4 期,第 106 ~110、192 页。

许勤:《加快发展湾区经济　服务“一带一路”战略》,《人民论坛》2015 年第 6 期,第 11 ~13 页。

李猛:《“一带一路”背景下制定高标准粤港澳大湾区自由经贸协定研究》,《亚太经济》2018 年第 2 期,第 135 ~142 页。

艾德洲:《服务“一带一路”政策沟通的粤港澳湾区联动发展研究》,《当代经济管理》2016 年第 11 期,第 35 ~39 页。

李政、胡中锋:《“一带一路”背景下高职跨境电商人才能力需求研究——基于粤港澳大湾区中小企业的调查分析》,《高教探索》2018 年第 8 期,第 92 ~96 页。

王圣军、田军华:《粤港澳区域合作创新机制研究》,《经济与管理》2012 年第 8 期,第 83 ~87 页。

黎泽国:《粤港粤澳合作框架协议实施考察》,《开放导报》2017 年第 2 期,第 30 ~35 页。

赵虹:《粤港澳合作框架协议审议机制论析》,《广州大学学报》(社会科学版)2012 年第 1 期,第 57 ~60 页。

罗勇:《粤港澳区域合作与合作规划的耦合演进分析》,《城市发展研究》2014 年第 6 期,第 39 ~45 页。

赵玲玲、高超平:《创新粤港澳合作模式探讨》,《特区经济》2011 年第 8 期,第 22 ~23 页。

陈杰、刘佐菁、苏榕：《粤港澳大湾区人才协同发展机制研究——基于粤港澳人才合作示范区的经验推广》，《科技管理研究》2019 年第 4 期，第 114～120 页。

陈昌贵、韦惠惠：《粤港澳合作：广东高等教育体制创新的重要选择》，《高等工程教育研究》2008 年第 5 期，第 64～67、89 页。

黄正新：《大珠三角金融产业圈的发展现状、问题与对策》，《特区经济》2007 年第 3 期，第 34～36 页。

周天芸、刘家霁：《粤港澳金融融合的程度与速度——基于利率平价和购买力平价的检验》，《吉林大学社会科学学报》2013 年第 4 期，第 75～84 页。

祝世京：《粤港澳金融共同市场构建进程中的法律协调机制研究》，《南方金融》2010 年第 9 期，第 28～31 页。

王景武：《深化粤港澳大湾区金融合作》，《中国金融》2018 年第 14 期，第 47～48 页。

李思敏：《深化粤港澳金融合作》，《中国金融》2015 年第 2 期，第 85～86 页。

彭芳梅：《粤港澳大湾区金融禀赋、贸易开放度与经济空间演化及其实证》，《统计与决策》2019 年第 6 期，第 119～123 页。

彭芳梅：《金融发展、空间联系与粤港澳大湾区经济增长》，《贵州社会科学》2019 年第 3 期，第 109～117 页。

逯新红：《粤港澳大湾区金融合作背景和战略意义》，《金融与经济》2017 年第 7 期，第 82～86 页。

李彦、汪玥：《中美贸易摩擦背景下粤港澳经贸深化合作与探讨》，《对外经贸实务》2019 年第 4 期，第 9～12 页。

谢宝剑：《“一国两制”背景下的粤港澳社会融合研究》，《中山大学学报》（社会科学版）2012 年第 5 期，第 194～200 页。

陈欣新：《粤港澳大湾区与“一国两制”新探索》，《人民论坛》2019 年第 10 期，第 28～30 页。

王禹：《巩固提升“一国两制”实践的成功发展态势》，《人民论坛》2019 年第 10 期，第 26～27 页。

王禹：《全面管治权理论：粤港澳大湾区法治基石》，《人民论坛・学术前沿》2018 年第 21 期，第 44～53 页。

张虹鸥、王洋、叶玉瑶、金利霞、黄耿志：《粤港澳区域联动发展的关键科学问题与重点议题》，《地理科学进展》2018 年第 12 期，第 1587～1596 页。

欧小军：《“一国两制”背景下粤港澳大湾区高水平大学集群发展研究》，《现代教育管理》2018 年第 9 期，第 17～22 页。

B.19

国内外推动国际化创新的实践经验及启示

余　臻*

摘　要： 随着经济全球化的深入，创新资源配置、创新创业活动、创新服务日益全球化，国际化创新成为一种趋势，并形成了离岸创新、跨境创新、国际创新三种发展模式。离岸创新强调对接先进地区的创新资源，跨境创新重点在于创新要素的跨境便利流动，国际创新着重创新资源辐射，三者并行不悖。深圳可顺应趋势，抓住机遇，以深港科技合作为抓手，同时采用离岸创新、跨境创新、国际创新三种模式，主动融入全球创新网络。

关键词： 离岸创新　跨境创新　国际创新　深港合作

一　国内外推动离岸创新的经验

全球新一轮科技革命和产业革命正在酝酿，国与国之间的竞争更多体现为科技创新的竞争，为抢占科技和产业制高点，各国都把科技创新作为优先发展领域。而随着经济全球化的不断深入，创新要素的跨国界流动日益频繁，创新的国际化特色日益明显。企业的产品研发和销售除了取决于自身的

* 余臻，管理学博士，应用经济学博士后，深圳市金融稳定发展研究院高级研究员，主要研究方向为金融开放、区域金融规划、金融科技、金融创新和金融监管。

资源、人才和技术之外，还取决于其能否利用国际研发资源，主动融入全球创新网络。企业面临全球范围内激烈的市场竞争，要求企业加快产品从开发到销售的速度，这意味着企业必须不断学习和借鉴全球范围内的先进研究成果，构建全球研发网络，在全球范围内优化资源配置，才能保持竞争力。企业融入全球研发网络可以从建设离岸创新中心着手，通过在创新活跃的国家和地区建立海外研发中心和科技园，实现境内外研发联动，提升创新研发能力，进而提高国际竞争力。

在经济全球化和科技进步的背景下，离岸创新一方面可以克服海外科研人才对境内创新环境不适应的现实问题，另一方面可以弥补本地科技资源不足，通过全球范围内科技合作，提高研发效率，进而提升创新落地成功率，离岸创新可以说是一种战略选择。发达国家也有建设离岸创新中心的传统，例如瑞士在美国波士顿建立了离岸科技和创新中心（SwissNex），成为连接瑞士和美国两国科学、教育、艺术和创新的桥梁；法国的离岸孵化中心（French Tech Hub）在全世界科技创新集中的地区建立了分支机构，为法国企业进入当地市场服务。

20 世纪 90 年代末，我国部分大型企业因为发展需要，开始设立海外研发中心，拉开了我国建立离岸创新中心的序幕。经过 20 多年的发展，离岸创新中心已初具规模，典型案例有武汉东湖高新区、西安高新区，前者在美国硅谷、英国、以色列等科技创新活跃的地区设立了离岸创新中心和海外科技园，后者通过和当地孵化器合作，在发达国家设立了 10 多个离岸创新中心，在共建“一带一路”国家和地区建立服务站和研发中心。青岛通过在发达国家设立国际特别创新区的方式，构建以离岸孵化为特色的离岸科技创新体系。此外，国内一些创新资源相对薄弱的地区，比如江苏宿迁、泰州，对离岸创新中心的概念进行拓展，在北京、上海、深圳等国内科技创新活跃地区设立“离岸研发机构”，有效破解专家不愿常驻、企业研发无法保障的难题。

在离岸创新中心建设过程中，涌现了一些典型案例。例如：上海以“双自联动”为契机，利用人才改革试验区的制度优势，以市场化、国际

化、专业化为指引，形成以“区内注册、海内外经营”为特色的离岸创新，助力建设张江综合性国家科学中心。出台建设全球科创中心的先行先试政策，完善支持人才创新创业的配套政策，集聚具有国际影响力的服务机构，营造与境外同等优越的创新创业生态环境，打造引才引智、创业孵化、专业配套服务等功能完善的综合性国际化创业平台，促进国际人才交流和技术转移。引导学术优势明显、与海外机构具有广泛交流合作关系的科技社团参与离岸创新基地建设，协助海外创新创业人才将技术、产品或项目尽快与国内市场对接。

沈阳着力打造海外人才离岸创新创业“自由港”，通过建立各类引导基金和天使投资基金，支持海外人才创新创业项目通过债权、股权、知识产权、质押等方式融资。此外，还积极推动“自由港”内投资自由化、贸易便利化、权益保障国际化，对海外人才离岸创新创业实行备案制、负面清单管理和国际离岸公司通行规则，在税费、知识产权保护、服务、科技奖励等方面给予优待。

苏州以“一核多元”的思路建设离岸创新创业基地，确定了苏州工业园区为核心试验区，依托其政策环境优、国际合作广、创新创业载体多等优势，积极探索实践。联合中国科协打造海外人才离岸创新创业基地，并出台了《中国科协（苏州）海外人才离岸创新创业基地建设方案》。按照“不求所在、不求所有、但求所用”的原则，建设“六个一”（建成一个远程交互平台、建立一个离岸创新创业联盟、设立一批海外窗口、出台一批配套政策、建立一个运作主体、建设一个线上线下服务平台），构建在岸与离岸相结合，引才引智、创业孵化、专业服务、政策保障等功能完善的创新创业平台。

前海以对接粤港澳大湾区及国内科技产业资源和提供综合性服务为指引，启动建设“前海离岸创新创业中心”，与 7 家国内外知名机构签署合作协议，引导全球创新资源落地。前海离岸创新创业中心致力于集聚并整合海外各渠道创新资源，以海外科技项目跨境加速与国际创新服务为业务核心，综合配置国际创新人才培养、国际创新信息分享、国际项目交流与展示等重要配套功能，形成要素齐备、交流活跃、执行高效的国际创新服务综合体，打造开放性、国际化、具有前海特色的国际创新合作模式，发展具有全球引领性质的科技创新功能，汇聚世界一流的科技创新机构、人才、项目，打造服务全球协同创新的体系、网络与平台。

二　国内外推动跨境创新合作的经验

当前科技创新成果更多体现为跨国、跨境合作成果，意味着科研设备和物资、人员、资金、信息等科技要素有跨境流动需求。由于各个国家和地区通关、税收、外汇管理等政策不同，科技要素的跨境流动存在障碍。为了突破这些障碍，部分国家和地区在制度创新上做了探索。

欧盟作为一种超国家机制，是目前全球区域一体化水平最高的地区，已经实现了不同主权国家之间货物、人员、资金的自由流动。欧盟通过政府协调和统一立法，不断试验和完善，从最初的煤钢共同体发展到全领域共同体，实现从货物自由流动发展到全要素自由流动，构建了完全互联互通的共同市场（Common Market）。

东盟将欧盟作为学习对象，通过机制创新推动要素在成员国之间的自由流动。2015 年 11 月，东盟发布《2025 年东盟经济共同体蓝图》，提出推动专业技术资格互认和建立更加统一的市场的发展目标，促进货物、资本、专业技术人员的无缝式流动，并设立具有一定法律效力的秘书处负责相关政策的协调。

新加坡为了鼓励国际人才和跨国企业成为创新主体，对海外人才和企业采取了开放态度。为了引进创新企业，新加坡将本国股份仅占 30% 的企业认定为本土企业，使其享受国民待遇，给予其各种政策优惠。在专利制度方面，新加坡允许外国专利代理商在未获得新加坡注册专利代理资格的情况下在新加坡从事离岸专利代理工作，同时不断提升专利审查质量和专利保护水平，建立世界顶级的专利检索和审查制度。在创新人才引进和培育方面，新加坡建立了“联系新加坡”（Contact Singapore）网络，在北美、欧洲、亚洲、澳大利亚等创新活跃的地区设立办事处，帮助新加坡的雇主在全球招募优秀人才，同时设立各种研究计划吸引海外科技人才，例如卓越研究中心（Centres of Excellence）项目提供充足的可自由支配的经费，招募世界顶级科学家担任项目负责人。

上海张江管委会针对辖区内部分研发企业对批次频、价值高、产品结构特殊的研发用材料通关要求高，而现有通关模式烦琐、易造成实验进程滞后、影响研发进程的问题，联合海关、国检、机场集团等部门建设张江跨境科创中心，探索关检联合办公，搭建科研物资跨境流动的“绿色通道”。张江跨境科创中心建立了关检联合查验、“一站式”通关、产业公共服务等三大平台，可以实现一次申报、一次查验、一次放行，并能为冷冻、冷藏、恒温货物提供个性化服务，大大提高通关效率，受到研发企业的欢迎。

三　国内外推动国际创新合作的经验

第二次世界大战前后，为了给海外的客户提供技术支持，发达国家跨国公司开始在海外设立研发中心，随着经济全球化的不断深化，海外研发中心越来越受到跨国公司的青睐，其功能也逐步完善，成为跨国公司全球研发体系的重要组成部分。概括起来，跨国公司设立海外研发中心的目的包括：一是将公司的技术研发成果快速推向市场，抢占市场份额；二是利用当地相对低廉的人力资本降低研发成本，优化配置创新资源；三是根据当地客户的需求对产品进行本地化改进，提升销量；四是享受东道国对外资提供的税收优惠。为了构建全球研发网络，更好地适应技术变化和满足市场需求，海外研发中心几乎成为跨国公司的标配。

为了提升我国自主创新能力，应将吸引跨国公司和科研机构在中国设立研发中心、积极开展国际合作创新作为重要抓手，上海（张江）等地在这方面走在全国前列。

改革开放以来，上海始终把吸引外商投资、发展跨国公司总部经济放在对外开放的突出位置。近年来，为了增强全球高端要素资源配置能力，上海一方面吸引高能级地区总部落户，另一方面鼓励跨国公司设立研发中心，参与上海国际科技创新中心建设。针对跨国公司近年来呈现的开放式创新新趋势，2017 年 10 月出台的《上海市人民政府关于进一步支持外资研发中心参与上海具有全球影响力的科技创新中心建设的若干意见》（沪府发〔2017〕79 号）明确提出支持外资企业在上海设立开放式创新平台。

在各项政策支持下，上海吸引外资取得了显著成绩。截至 2018 年底，有 670 家跨国公司在上海设立地区总部，其中 88 家设立亚太区总部；441 家外资公司设立研发中心，其中亚太级以上研发中心 65 家，主要集中在张江。张江集聚了通用电气、霍尼韦尔、杜邦、罗氏制药、和记黄埔等一批国际知名科技企业。位于张江中区的“张江国际创新港”集聚了一大批由全球知名机构设立的孵化器。其中，2016 年 9 月投入运营的张江跨国企业联合孵化平台是该区域设立较早的、具有跨国孵化背景的组织。该平台借助跨国公司在技术、人才、资金等方面的溢出效应，让本土的创业企业和团队能够低成本、高效率地对接全球的创新要素。

为加快构建国际科技创新网络，前海一方面与深圳市科协合作共建“海外现代服务业人才离岸创新创业基地”，在香港设立境外人才服务平台，挂牌成立“前海离岸创新创业人才（香港）联络站”，在香港开展招才引智、政策辅导、创业扶持等服务，为香港人才开展离岸创新创业提供便利；另一方面，与 7 家国内外合作机构（香港科技大学粤港联合科创中心、瑞典萃园、亚太创新学院、澳门绿展、深圳清华大学研究院、启迪之星、英中贸易协会）共建前海离岸创新创业中心，吸引海外科技项目和科技人才到深圳发展，促进全球创新资源在前海集聚。并提供海外项目对接国内科技产业资源和市场的综合性平台服务，帮助前海实现全球创新资源驱动的科技产业发展，将前海建设成为引领全球创新潮流的国际创新创业中心。

四　对深圳的政策启示

创新国际化已经成为一种趋势，创新资源配置、创新创业活动和创新服

务的全球化日益普遍，创新创业人才将往制度环境最友好的地区流动，创新也将在创新创业生态最优的地区产生。深圳要善用国内国际两种资源、两个市场，构建本地创新基地与海外创新中心相互协调、相互激励的离岸型创新模式。重点借鉴中国科协海外人才离岸创新创业基地模式，充分发挥深港科技创新合作区的产业基础、空间载体等综合优势，加快建设面向海外人才、非本地化注册和经营、低成本、开放式、配套完善的创新空间载体，打造引才引智、创业孵化、专业服务、政策保障等功能完善的在岸—离岸创新创业平台。积极利用深圳市海外创新中心相关政策，瞄准世界科技前沿，采取市场化和政府资助相结合的办法，鼓励本地基础条件较好的企业或研究机构在全球创新活动活跃、创新成果领先的国家和地区设立海外—离岸创新创业平台，有效利用当地科研资源与人力资源，开展研发创新和预孵化等科技合作。通过海外离岸创新创业平台与国内在岸—离岸创新创业平台的有机融合与无缝对接，加快构筑全球化的协同研发创新体系。

融入全球创新网络是经济全球化时代提升企业竞争力的必由之路。改革开放之初，深圳充分利用特区先行先试政策优势和毗邻香港的区位优势，率先承接国际产业分工体系的制造环节。20 世纪 90 年代，深圳顺应创新资源要素全球流动的新趋势，主动谋划发展高新技术产业，坚持内外联动、双向开放，促进全球创新要素加速集聚，大大提升自身在全球创新网络中的地位。展望未来，深圳必须以全球视野谋划和推动创新，集聚全球创新资源，积极开展国际科技合作，营造国际化环境，打造国际化科创区。在加快聚集全球创新资源方面，应重点探索实行更加开放便利的境外人才引进、执业和出入境管理制度，支持跨国公司研发中心、国际高端创新机构、国际技术转移机构、国际知识产权运用机构、国际风险投资基金在深圳落户。在国际化科技创新合作方面，加强国际创新对话，深度参与实施科技伙伴计划，重点拓展全球创新领先城市和“一带一路”科技创新合作，支持国际知名科技组织、知识产权组织、标准组织、科技联盟和相关知名科技论坛会议落户深圳。在营造良好的国际化创新生态环境方面，要努力争取国家支持深圳开展综合授权改革，在创新要素流动、科技监管体制机制创新、新经济市场准入等方面率先探索，打造良好的创新生态，吸引国际高端创新要素在深圳落地生根，推动深圳成为一流的国际化科创区。

改革开放以来，深圳以香港为标杆，向香港学习，承接香港的产业转移，开启了开放发展、创新发展的征程。四十年后，深圳很幸运地成为一座与香港同量级的国际大都市，并且开始谋划打造创新引领型全球城市。随着粤港澳大湾区建设被中央明确为国家区域发展战略，深港跨境科技创新合作也迎来了新的重大历史机遇。深圳要积极争取中央政策支持，加快构建科研人员出入境顺畅、科研物资通关便捷、科研资金流通便利、重大科研基础设施互通共享、产学研协作高效的跨境型创新模式。重点发挥香港“一国两制”优势和高校资源禀赋优势，抓住港深创新及科技园（港方）开发建设的契机，瞄准关键技术、核心技术，实行境外人士在深圳的便利通行政策和优化管理措施，促进深港之间人员、货物、资金的高效便捷流动与优化配置，加快将深港科技创新合作区打造为高端科创资源要素的集聚地。积极争取深圳福田保税区纳入中国（广东）自由贸易试验区，充分利用自贸试验区先行先试政策优势和福田保税区特殊功能区优势，以深港科技创新合作区为载体，深化深港两地产学研合作，实施深港协同攻关，着力营造有利于新技术孵化、新产业应用的综合创新生态，共同打造人工智能、数字经济、生命健康、金融科技等新兴产业策源地，将深港科技创新合作区打造成为国际一流的创新高地，努力为深圳科技创新发展开辟新路径。

城区发展篇

Urban Development Section

B.20 福田区专业服务业高质量发展研究

庞 勤 吴国梁 宋 燕*

摘 要： 专业服务业是福田区现代经济体系的重要组成部分。2010~2019年，全区专业服务业持续高速增长，产业规模居全市首位，法律服务、财税服务和人力资源服务等领域优势突出。但当前福田区专业服务业也面临头部资源缺乏、国际化水平不高、人才供应能力不足等问题。未来福田区专业服务业需要优化升级产业结构，培育吸引人才，不断向专业化、国际化和价值链高端延伸。

关键词： 福田区 专业服务业 高质量发展

---

* 庞勤，福田区发展和改革局副局长；吴国梁，福田区发展和改革局综合规划与产业发展科科长；宋燕，香港中文大学博士，深圳市海外高层次人才C类人才，现任福田国家高技术产业创新中心研究部主管，主要研究方向为产业经济、区域规划、科技创新等。

专业服务业①是现代产业体系的重要组成部分，国内和国际经验表明，专业服务业在拉动经济增长、提升城市综合竞争力方面具有不可替代的作用。

一 福田区专业服务业发展现状分析

（一）专业服务业总量创历史新高

伴随福田经济的快速发展，为实体经济提供服务和支持的专业服务业不断发展壮大。2017 年福田区专业服务业增加值迈上 400 亿元台阶，2019 年突破 500 亿元，达 522.9 亿元，占第三产业比重为 12.6%，占全区地区生产总值比重为 11.5%。在经济总量上，虽然福田区专业服务业增加值与金融业（1723.9 亿元）仍有一定差距，但已与批发和零售业（594.52 亿元）接近。专业服务业位列金融业、批发和零售业之后，成为福田区第三大支柱产业。

（二）专业服务业持续高速增长

福田区专业服务业增速始终保持两位数增长，2015 ~ 2019 年产业增加值增长达 46.6%（见图 1），5 年复合平均增速为 11.9%，高出 GDP 复合平均增速 3.8 个百分点。2019 年，福田区专业服务业增加值增速达 10.0%，高于全区 GDP 增速 2.8 个百分点，分别超出工业、批发和零售业 6.9 个、8.0 个百分点，表现出良好的成长性，对经济增长的拉动作用显著。

（三）专业服务业规模居全市首位

福田区专业服务业门类齐全，涵盖《国民经济行业分类（2017 年）》中商务服务业、研究和试验发展、专业技术服务业以及科技推广和应用服务业 4 个大类、26 个中类、61 个行业小类，在全市范围内具有绝对优势。全

① 本报告按照《国民经济行业分类》（GB/T4754 - 2017）标准，将专业服务业界定为商务服务业、专业技术服务业、科技推广和应用服务业、研究和试验发展四大类。

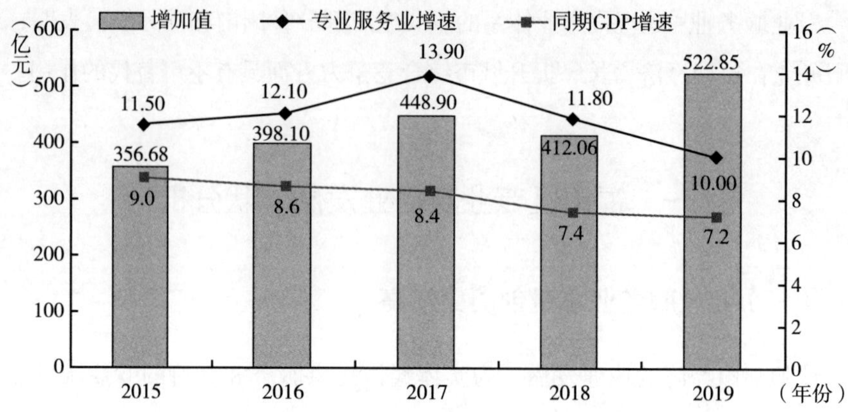

图1　2015~2019年度福田区专业服务业产业增加值及增速

资料来源：福田区经济发展报告。

区2018年规模以上专业服务业企业数量为682家，营业收入为812.7亿元，从业人员为17.47万人，均约占全市专业服务业的三成，位列深圳十区之首。区内聚集了丰富的法律、会计审计、税务、人力资源、工程技术与设计、知识产权等专业服务业重点领域资源，企业总数量超过1000家（见表1），各细分行业企业数量和集聚程度均居全市首位。

表1　2018年福田区专业服务业居全市首位重点行业情况

序号	行业类别	机构数量(家)	机构全市占比(%)
1	法律服务	389	42
2	会计审计服务	150	51
3	税务服务	116	43
4	人力资源服务	157	30
5	工程技术与设计服务	319	41
6	知识产权服务	85	39

资料来源：根据各行业协会发布数据整理。

（四）专业服务业重点领域优势突出

法律服务位居全国前列。福田区聚集了全市63%的执业律师和42%的律师事务所，律师事务所密度接近 5 家/公里[2]，集聚度已超过北京朝阳区（38%）、广州天河区（36%）、上海浦东区（15%）、上海静安区（15%）。从空间分布上看，又以中央活力区（福田 CBD）的律师事务所最为集中，营业收入超亿元的华商、广和、信达等大型律师事务所均聚集于此。2018 年福田区律师事务所实现营业收入 47.73 亿元，较 2017 年增长 19.5%，远高于当年 GDP 增速，资源的高度聚集塑造了福田法律服务在全国范围内的金字招牌，全区法律服务呈现深度融合、创新发展的蓬勃态势。

会计审计和税务服务发展势头强劲。福田区拥有全市头部会计、审计和税务等财税服务机构，截至 2019 年底，全区共有 33 家特殊普通合伙会计师事务所、10 家 AAA 级税务师事务所和 1 家 AAAAA 级税务师事务所，8 大本土会计师事务所和 7 家 AAAAA 级授牌税务师事务所均在福田设立分所。近年来，会计审计和税务服务发展势头强劲，国内、国际两大市场快速拓展，2018 年福田区审计业务约定费、涉税鉴证业务费均居全市第一；营业收入超千万元的会计师事务所达 33 家，总营业收入约 19.83 亿元，占全市营业收入的 47.2%；税务师事务所总营业收入约 4.86 亿元，占全市营收收入的 67.5%。

人力资源服务优质高端。截至 2018 年底，福田区拥有人力资源服务机构 151 家（不含劳务派遣），当年新增 57 家，比 2017 年增长了 41.4%，占全市新增人力资源机构总数的 28.8%。从业务类型来看，以人力资源管理咨询、外包、猎头等高价值服务为主，处于业务结构金字塔的顶端。高端业务也为福田区人力资源机构带来丰厚的营业收入，2018 年营业收入总额高达 119.98 亿元，同比增长 57.33%，占全市营业收入总额的 21.1%。

二　当前主要问题

（一）头部企业不足

目前北京、上海由于具备相对优良的产业基础，对高端专业服务业机构的吸引力更为突出，福田区乃至深圳地区的高端业务份额常被北京、上海甚至境外机构挤占，产业整合的浪潮也使福田的中小规模专业服务机构被北京、上海等地的专业服务业大型机构并购。全区专业服务业发展虽然产业规模较大，但“大而不强”短板明显，有全球影响力的知名专业服务企业更是稀缺。

（二）国际化程度不高

随着“一带一路”和粤港澳大湾区国家战略的深入推进，“引进来”和“走出去”成为新时期专业服务业发展的外部要求。但现阶段福田乃至深圳的跨国企业数量相对有限，又在区位上毗邻营商环境、执业标准、监管体系更具国际吸引力的香港，福田区专业服务国际市场空间较小，境外业务参与程度较低，国际化人才稀缺，全球竞争能力并不突出。2018 年重点城区引进外资机构和人才数量见表 2。

表 2　2018 年重点城区引进外资机构和人才数量

单位：家，人

指标	福田区	北京	上海
外国律师事务所驻华代表机构	0	78	123
全球前 20 名管理咨询机构中华区总部	0	4	13
涉外律师	15	108	36
国际化高端会计人才	0	27	9

资料来源：司法部、财政部、搜狐网。

（三）产业人才供给不足

专业服务业知识和技术密集型的特点决定了人力资本是行业最核心的竞争要素。但由于福田区缺乏本土政法、财税等专业服务领域的高等院校，与国内各大院校采取联合培养、实习基地、合作培训等合作方式较少，专业人才供给总量有限，加上较高的生活成本和执业风险压力，从业人员收入与国内其他省区市相比不具明显优势，社会认同感和社会地位趋弱，人才流失较为严重。

三　推动福田区专业服务业高质量发展的思路策略

从先进经验来看，发达地区的专业服务业主要通过“政府引导 + 市场为主”的方式实现较高等级集聚。要提升福田区专业服务业发展质量，离不开以下四个方面。

（一）规划引导，升级产业竞争力

加强政府引导调控。实施规划先行战略，以“集聚化、高端化、国际化”为方向，在 CBD、车公庙等区域打造一批产业特色鲜明、高端要素集聚、配套功能完善的专业服务楼宇和产业集聚区；加大产业政策扶持力度，完善配套支持，鼓励资本、人才、技术、信息等要素资源集聚。

构建创新生态圈。创新服务模式，探索建立专业服务领域创新创业孵化空间，重点吸引个人事务所、“互联网 + 专业服务企业”等创新型专业服务企业入驻，以共享网络、共享会议室、共享交流区、开放式工位与专属办公室的形式促进专业服务企业发展，形成更高等级的人力、财务、法律等市场化服务创新资源集聚。

推动内部结构升级。以建设福田“服务交流中心”为契机，大力发展法律、会计审计、税务、人力资源、工程设计与技术等专业服务优势领域，引导专业服务优势领域向价值链高端迈进，培育行业性、区域性专业服务品牌；鼓励专业服务企业积极开拓新的业务品种，打造“智能 +”产业集群，将 AI 智能、区块链等信息化技术应用于专业服务，推动专业服务数字化转型，大力发展信用服务等新兴产业，开发承接特殊领域、高端需求、高技术含量、高附加值的新型业务。

（二）头部引领，做大做强本土企业

大力培育行业头部机构。鼓励有一定竞争优势的本土企业通过行业并购、资质整合等方式进一步扩大市场规模，支持符合条件的专业服务业企业

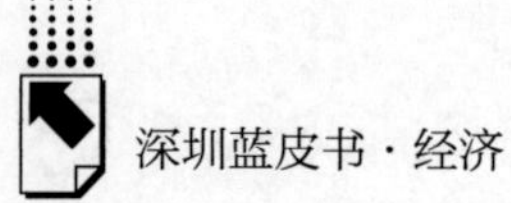

上市融资，培育一批功能强大、辐射面广、特色鲜明的专业服务龙头企业；鼓励发展本地特色业务，围绕资本市场、高新技术产业等行业需求，做“专、精、特、新”专业服务机构，形成在细分市场独特的竞争优势。

优化头部机构服务支持。对具有一定规模、市场潜力大的本土企业，在资金、空间、税收等方面给予政策优惠，鼓励企业做大做强；对重点专业服务业企业提供专员服务，通过线上、线下相结合的服务方式，确保政企交流渠道畅通，切实解决专业服务企业发展过程中的问题。

（三）开放融合，提升国际化水平

推进深港专业服务融合发展。紧抓“双区驱动”重大机遇，采取市、区联动机制，参考北京、上海服务业扩大开放综合试点方案，争取在福田设立深港专业服务业扩大开放综合试点。进一步放宽香港专业服务业人才在深执业限制，探索税制试点改革，允许符合条件的深港联营专业服务机构减收企业所得税，加强深港两地间的专业服务机构合作，允许以联合体方式开展专业服务。

积极融入全球专业服务链。加快形成与国际惯例接轨的服务运行环境，实现服务内容、服务标准和服务理念的国际化，创造吸收跨国机构的国际一流环境；大力引进专业服务跨国总部或国际行业组织，支持专业服务企业“走出去”拓展国际市场，对接香港和国际企业开展国际业务。

（四）人才兴业，提高智力聚合能力

建立多层次专业人才培育体系。实施专业服务“精品校园”行动，加快与国内外法律、财税、知识产权等专业领域知名院校建立高端联合学院，在全国范围内定点设立若干特色专业服务业实习实践基地，形成国内重点专业院校定向输送机制；建立金融、证券、知识产权等领域“高端人才补给专项计划”，政府与行业协会联合定期举办专业服务领军人才、青年人才、国际化人才培训课程，加大对青年优秀人才培养力度。

形成国际专业人才服务机制。设立“全球人才招募计划”，定点向国际知名机构、院校引入国际化专业服务人才；优化国际人才在福田工作生活系列配套，在人才就医、子女就学等方面给予便利和支持；建立政府主导的国际化高端人才跟踪培养机制，建立国际化人才梯次培养计划。

参考文献

福田区统计局：《福田区 2019 年经济发展报告》，2020。

福田区统计局：《福田区规模以上服务业数据解析及统计视角下的建议》，2019。

福田区统计局：《深圳市福田区统计年鉴 2018》，2019。

深圳市统计局：《深圳统计年鉴 2019》，中国统计出版社，2019。

福田区统计局：《福田区专门专业发展研究报告》，2018。

国家统计局：《国民经济行业分类（2017 年）》，2017。

B.21

“双区”战略背景下南山的功能定位及实施路径

——把握“策源、枢纽、生态”三大核心关键，打造“双区”建设尖兵

汪云兴　李　贞*

摘　要：　新时代改革开放再出发，南山作为改革开放的发源地和先锋区，应当在“双区”新坐标系中把握“策源、枢纽、生态”三大核心关键，提升发展能级，不仅做到自己好、自己强、自己优，而且示范带动全市和大湾区实现高质量发展，切实发挥核心引擎功能，打造“双区”建设尖兵。

关键词：　“双区”建设　科技创新　深圳南山区

《粤港澳大湾区发展规划纲要》和《中共中央 国务院关于支持深圳建设中国特色社会主义先行示范区的意见》吹响了改革开放再出发的集结号，掀开了新时代中国特色社会主义建设的新篇章，必将对南山发展带来长期而深远的影响。通过多方面、深层次的调研，我们发现虽然南山已是经济强区、科技先锋、创新高地，但是南山的发展也面临一些困难和困惑。在“双区”战略的新形势下，面向未来发展，我们需要以更

---

* 汪云兴，中国（深圳）综合开发研究院执行所长，助理研究员，主要研究方向为科技创新、产业规划与政策、湾区经济等；李贞，博士，中共南山区委改革办（区发展研究中心）主任助理，主要研究方向为改革创新、区域发展、政府政策等。

宽的视野、更高的视角来审视南山发展的方向、定位、路径等核心关键问题。

一 “双区”国家战略背景下，把握“策源、枢纽、生态”三大核心关键，做实做强南山核心引擎功能

总体来看，作为中国改革开放的发源地和先锋区，南山始终不遗余力地持续推动改革开放创新发展，持续深入实施“科技创新+总部经济”双轮驱动战略，坚持以科技创新推动产业创新、以产业创新牵引科技创新，创新能力和实力得到显著提升，初步探索出了一条“政府有为、市场有效、企业有成”的道路，以科技创新支撑引领经济高质量发展的“富强南山”新路子，“创新南山”响亮全国，“中国硅谷”享誉全球。

然而，我们也发现南山的发展也面临一些困难和困惑。一是物理空间有限，科技创新功能和定位怎么看、怎么干，如何在有限的物理空间里创造出无限的创新可能；二是核心关键技术掌握不足，面临国际科技封锁的挑战，如何迎难而上，奋勇直追，更多担当国家科技战略任务；三是如何继续深化科技体制机制改革，在突破重围中找准突破口，进一步激发创新创业创造的活力、动力及潜力。

“双区”是新时代南山发展的“纲”，在这个“纲”的统领下，南山需要以改革开放再出发的新担当，加快建设世界级创新型滨海中心城区，勇当深圳“建设先行示范区、创建强国城市范例”尖兵。我们认为，其中的内核就是把握和强化“策源、枢纽、生态”三大核心关键。在“双区”战略背景下，南山必须要以新时代视野、大湾区格局来审视和谋划新一轮发展工作，南山不仅要做到自己好、自己强、自己优，而且还要示范带动全市和大湾区实现高质量发展，这是先行示范区对深圳每一个经济发展单元的基本要求和应有之义，也是南山提升发展能级的必然选择。我们认为，新阶段南山不仅要提高GDP，更应该辐射带动、引领示范大湾区发展，通过“服务他

人、成就自我”使自己变得更加伟大。正如王强书记强调的那样，“放眼粤港澳大湾区，南山的意义绝不仅仅是贡献了多少 GDP 和税收，而是要像‘蒲公英’，把‘种子’撒向整个粤港澳大湾区”。

然而，我们也要清醒地看到，在不确定性和竞争性较强的新态势下，南山这株“蒲公英”的“长势”受到影响，进而导致其功能作用的发挥与“双区”赋予的光荣历史使命之间产生一定差距。承担新使命，迎接新挑战，南山必须要进一步深化改革，优化营商环境，让这株“蒲公英”培植土壤更肥更厚、根系扎得更深更密、花叶长得更茂更艳，借着“双区”建设的重大历史机遇“风口”，飘向中国特色社会主义先行示范区和粤港澳大湾区的每一个角落。我们将南山这株“蒲公英”未来应有姿势的核心关键总结为“策源”“枢纽”“生态”。“策源”就是打造经济社会全场景，成为大湾区乃至全球重要的新科技、新经济、新制度的孕育和孵化高地；“枢纽”就是要强调立足区域协同和开放合作视角，打造全球要素汇聚与辐射高地，进一步提升自己的创新能级，成为全球发展网络战略节点；“生态”就是将继续深化改革，优化营商环境，激发各类主体活力，为“蒲公英”的茁壮成长提供更加丰沃的土壤，让“策源”“枢纽”功能得以实现，进一步提升南山在“双区”建设中的核心引擎作用。

二　以科技创新为引领，实施创新驱动发展战略，提升科技创新效益，打造全球新兴科技和产业发展重要策源地

习近平总书记多次强调，我们非走自主创新道路不可，必须切实提高我国关键核心技术创新能力，把科技发展主动权牢牢掌握在自己手里。面对科技挑战和封锁，南山必须坚定地走自主创新道路，以西丽湖国际科教城、高新区等为战略平台，以企业为主体，超常规开展核心关键技术攻关，切实增强创新驱动发展的原动力。

（一）发展开放式国际化创新型高等教育

加大力度推进“部省市”共建西丽湖国际科教城，争取上级政策支持，全面提升科教城服务创新发展的支撑能力。一是坚持全球视野，上下联动，实施高校卓越发展计划，建设世界一流大学，吸引全球顶尖大学到科教城办学，争取香港大学和香港理工大学落户南山。推动现有高校国际化发展，大力引进国际一流师资，探索国际化课程体系和培养模式。实施国际一流学科培育计划，发展区域产业发展急需学科。二是发展国际化特色学院，按照“教育＋科技＋产业”模式，依托高校、科研机构和企业，聚焦特定产业领域，加快建设一批特色学院，以产教融合、科教协同为原则推进人才培养模式改革，培养支撑原始创新和重点产业发展的创新型、应用型优秀人才。三是发展世界一流高等职业教育。学习先进的职业教育理念，支持深圳职业技术学院开展职业教育国际合作，打造一批国际知名职教专业，完善“双元制”职业教育制度，加快构建产教融合的高水平职业教育体系，造就一支具有工匠精神的高素质技能型人才队伍。

（二）超常规完善创新基础条件，突破核心关键技术

一是布局和完善科技基础设施。聚焦国家战略和区域社会经济发展需求，围绕南山区高校改革和科研院所优势学科，在信息科学、生命科学、空间科学、材料科学等重点领域，争取建设若干科技基础设施。二是建设一批产业创新发展需求导向的研究机构。加快推进鹏城实验室、深圳湾实验室（南山中心）、人工智能与数字经济实验室建设，打造区域科技创新的战略力量。着眼长远，谋划建设西丽湖实验室。聚焦数学、信息、生命、材料、能源等基础科学领域，围绕战略性、基础性、前沿性重大科学问题，建设一批基础研究和应用基础研究机构，支持诺奖实验室发展。三是建设一批高等级的创新载体。聚焦重点发展产业，建设一批集“科学发现、技术发明、产业发展”于一体的新型研发机构。瞄准未来科技和产业发展方向，布局建设国家级创新载体。吸引海内外顶尖实验室、研究所、高校、跨国公司到

南山设立全球领先的科学实验室和研发中心。围绕重点领域，组建一批前沿科学交叉研究平台。四是联合部委实施“卡脖子”突破工程，采用实施非常时期的科技攻坚行动，推动基础研究与技术攻关齐头并进，力争在更多战略性领域带动群体性重大技术变革，打造科技创新策源地。

（三）打造具有核心竞争力的引领型新兴产业集群

把握全球产业变革大趋势，强化企业主体地位，瞄准“高精尖”方向，加快发展新经济，打造湾区乃至全球新经济孕育孵化中心。一是打造面向未来的引领型新兴产业体系。顺应“万物感知、一切互联、智能驱动”的趋势，加速推进 IT、DT、BT 融合发展，力争在数字经济、智造经济、生命经济等领域，形成南山产业经济发展新优势，推动产业高端化、智能化、绿色化发展。面向未来，搭建更多创新价值实现的条件和环境，试验更多未来科技产业，成为未来科技孵化大试验场。二是培育链条式布局的创新型企业梯队。再造世界级航母企业，支持头部企业全球布局高水平研发机构和产业基地，在全球范围内配置创新资源，加速向科技“无人区”进军。推动行业领军企业加速发展，将其打造成为参与国际竞争、引领产业跨越式发展的“先锋队”。孵化一大批小微企业。三是构筑适应创新经济发展规律的空间供给体系。优化城区功能布局，打造集约紧凑、功能互补、结构完善、产城融合的全域创新空间，保障科技、创新发展空间。以人为本，整合提升、打造一批活力空间。优化科教城组团式布局，打造中央智力区。加大力度推进老旧工业区转型升级，打造智慧型、创新型、生态型产业园区。针对企业不同的成长阶段，提供多样化的优质空间，不断强化创新“密度”与“溶度”。

三　以开放合作为重点，构建开放型区域协同发展体系，主动融入和布局全球发展网络，打造关键枢纽

在全球经济一体化和科技创新全球化趋势不可逆的今天，南山要以开放

的心态拥抱全球化，充分发挥身处湾区、辐射内地、连接全球的独特区位优势，坚持有区别的开放合作策略，区分不同情况，采用不同方式，坚持“一把钥匙开一把锁”的方法，做好新时期开放合作的“平台”、“端口”及“通道”，拓宽合作的广度和深度，提升南山发展高度。

（一）发挥独特区位优势和深港合作的先发优势，深化与港澳科技创新合作

一是共同提升发展能级。借力港澳国际窗口、世界领先的高等教育、全球知名的科研高地、优质营商环境等综合优势，部署一批科技产业联合发展计划、科技成果转化基地、港澳内地产业合作园等，携手共建国际一流科技湾区。二是依托前海，拓展多方科技创新发展空间。发挥前海“三区叠加”、“双自联动”优势、港澳科技创新基础研究优势和国际化优势，加快建设前海科技创新合作战略平台，为深港澳三地科技创新合作提供新空间。三是学习港澳先进科技创新管理制度，完善国际化法治化的营商环境，激发南山区乃至内地科技体制机制改革活力。

（二）构建开放型区域协同创新体系，一体化部署科技产业链

突破行政区划思维，在全市、大湾区乃至更大范围去系统谋划和部署科技创新、产业发展链条，共同提升区域科技、经济发展竞争力。一是加强与周边区域对接，一体化精准布局创新链。按照区域产业融通布局思路，在大湾区一体化布局创新链。加强与周边区域的错位协同，着力布局高等教育、科技研发、创新孵化等环节，发挥辐射带动作用，协同和引领大湾区其他地区发展，构建更大范围内的分工协作、梯度发展、协调共进的科技创新格局。二是深化合作，创新发展“飞地经济”。发挥“南山所能”，面向“湾区所需”，打造产业链协同发展、服务功能和规模优势突出、质量品牌标准一体化发展的特色产业集群。三是工业互联，拓展制造发展。按照共建世界级先进制造业集群和智能制造发展要求，大力培育工业互联网，着力发展智能制造，培育一批制造业“母工厂”。发挥南山大型制造企业和互联网企业

综合实力，建设工业云平台，推动“互联网+生产制造”发展，发展行业网络协同制造，整合湾区产品设计、制造、销售、管理等生产经营各环节，提升供应链运行效率，打造网络化企业集群。

（三）积极灵活地开展国际科技创新合作，提升全球科技创新资源配置能力

以更主动的姿态融入全球创新网络，以更开阔的胸怀吸纳全球创新资源，加速创新资源的集聚、交流、融合，成为富集全球高端创新资源的关键节点。一是搭建国际创新合作平台。搭建全球化、网络化的协同创新平台，利用全球众智资源，拓展全球科技创新合作的深度与广度。二是布局建设海外创新节点。积极落实国家“一带一路”倡议，推动与共建“一带一路”国家和地区科技产业创新合作。依托有实力的创新主体，在国际创新资源高度密集地区部署建设若干国际研发中心、海外孵化器等，开展科技成果转化、海外科技项目落地、高端人才引进等创新创业活动。

四　以改革创新为关键，打造具有国际竞争力的营收环境，形成国际一流发展生态

科技创新和制度创新是创新驱动的“两个轮子”，必须同步协同转。南山应当勇担深圳建设中国特色社会主义先行示范区尖兵，大胆干、大胆闯，做国家之所做，试国家之未做，全面优化营商环境，促进科技创新与制度创新协同发挥作用，让改革成为南山提升“双区”建设中创新核心引擎作用的助推器。

（一）深化科技体制改革，优化营商环境，激发创新创业活力

一是加速推动政府自身创新转型。创新服务理念，变政府管理为政府服务，在基础研究、法规支持、政策标准等市场失灵环节主动作为。创新政府服务方式，积极运用互联网+、大数据等技术创新政务服务模式，打通数据

壁垒，增强政务服务的主动性、精准性、便捷性。创新政府服务机制，加大简政放权改革力度，强化政府采购支持创新的机制，完善优先采购新技术新产品的支持制度，放宽新兴行业市场准入管制，推进科技资源向全社会开放。二是优化人才发展环境。主动承担国家和全市人才政策突破和体制机制创新的先行先试工作，重点推进人才吸引、服务、奖励、评价等方面的改革，构建与国际接轨、与社会主义市场经济体制相适应、有利于激发人才创造活力的体制机制。三是强化金融服务科技创新功能。紧密嫁接深圳乃至粤港澳大湾区优质科技金融资源，依托南山科技金融在线平台，进一步扩大参与主体范围，吸纳大型国有银行、股份制商业银行、金融机构为科教城提供高质量金融服务。创新优质科技金融产品，发展覆盖企业全生命周期的科技金融产品。四是加强知识保护和运用。加强知识产权保护，加大对知识产权侵权行为的惩处力度，提高侵权损害赔偿标准，探索实施惩罚性赔偿制度，降低维权成本。建立专利审批绿色通道。引导支持市场主体创造和运用知识产权。优化南山知识产权保护中心功能布局。依托南山知识产权联盟，打造开放、多元、融合、共生、互利的知识产权生态体系。五是打造一批科技创新交流服务平台。吸引国际学术组织、创新机构和跨国公司在深圳举办高水平学术会议等科技交流活动，策划世界湾区科技创新论坛。争取建设大湾区国际科技信息中心，提升西丽湖国际科教城发展论坛层级，发展跨界融合的技术创新联盟。

（二）积极争取国家支持，勇当改革尖兵，勇挑先行先试重任

南山要将自身发展置于国家发展全局、区域发展战略、城市长远发展中，要勇担改革重任，为国家发展探新路。一是深入推进“部省市区”共建西丽湖国际科教城。争取国家支持西丽湖国际科教城发展，完善市级规划政策体系，推动科技创新和高等教育体制机制改革，强化创新政策供给，优化创新生态，打造产学研用深度融合的世界一流科教城。二是争当全市国家产教融合试点的先锋区。争取国家和深圳市支持，依托南山区重点高校、重点行业、重点企业，开展产教融合全方位试点。三是打造南山高等教育改革

高地。支持扩大高等教育规模，给予高校发展动力。探索中外合作办学新经验，争取推进天津大学佐治亚理工深圳学院中外合作办学项目。争取深圳大学、南方科技大学创建国家“双一流”大学。支持南山现有异地办学机构建设发展。加强与香港高校协同发展，支持香港大学到南山设立校区。四是建设全球海洋中心城市核心区和全新模式的海洋大学。争取国际海洋开发银行落户南山，研究设立海洋科学和产业发展基金，整合各方资源，规划建设海洋科技创新平台，规划建设国家南方科考船母港，强化海洋生态保护，参与全球海洋治理，吸引中国国际海洋经济博览会主要展区，打造海洋中心城市核心区。争取建设全新模式的海洋大学，顺应高等教育发展规律，结合南山区情况，在辖区陆域建设研究型、小而精、社区型、开放式的海洋大学（母体）。五是建设数字经济发展先导区。建设数字经济基础设施，构建数字经济一体化政策体系，支持数据资源集聚和分享使用机制模式创新，提升数据安全保障能力，构建数字经济核心人才体系，重点突破数字经济关键核心技术，推动数字技术全面深入应用，着力推动产业数字化转型，大力培育数字经济新业态、新模式，开展国际数字经济合作与治理，加快建设粤港澳大湾区数字经济枢纽、全球数字科技创新中心。六是建设新经济综合发展试验区。客观认识创新风险和不确定性，大幅减少事前审批、健全事中事后监管，推动从具体事项细则式管理转变为事先设置红线的触发式管理，对新技术、新业态实行更具弹性和包容性的监管模式。探索在有条件的区域，重点推动创新产品和服务试验发展，积极探索市场准入、行业监管、应用示范等体制机制改革创新。

B.22

龙岗区加快构建高质量发展现代产业体系的路径选择和未来展望

牛旻昱*

摘　要： 本报告首先对高质量发展和现代产业体系等核心概念进行解读，结合龙岗区相关工作开展情况对龙岗区构建高质量发展现代产业体系的工作路径和举措进行总结，并提出了未来推进相关工作过程中需要重点关注的几个问题。通过本报告分析可知构建现代产业体系是一项创新性、长期性、系统性的巨大工程，需要多部门加强协同，多领域共同发力才能取得成效。龙岗区作为深圳市实体经济重要承载区域，在构建现代产业体系方面的做法和经验可以供全区相关地区的政策决策者参考和借鉴。

关键词： 高质量发展　现代产业体系　深圳龙岗区

一　发展背景

2019年8月9日，《中共中央 国务院关于支持深圳建设中国特色社会主义先行示范区的意见》（以下简称《意见》）正式印发，深圳迎来了自兴办

* 牛旻昱，经济学博士，任职于深圳市龙岗区发展和改革局，中级经济师，主要研究方向为区域主导产业选择、经济社会发展模式转型、国民经济和社会发展规划编制、产业政策影响效应等。

经济特区以来又一重大历史机遇。《意见》对深圳提出了五大战略定位，其中首要定位即“高质量发展高地”，具体任务是“深化供给侧结构性改革，实施创新驱动发展战略，建设现代化经济体系，在构建高质量发展的体制机制上走在全国前列”。龙岗区作为深圳的行政大区、产业大区和人口大区，有基础、有潜力更有责任在全市建设中国特色社会主义先行示范区中发挥更大的作用，特别是对于打造高质量发展高地这一战略任务，一直是龙岗区的建区之基、强区之源。在刚刚结束的中共深圳市龙岗区第六届第四次代表大会上，龙岗区提出“勇当深圳建设中国特色社会主义先行示范区的排头兵，打造现代化国际化创新型的高水平东部中心”这一宏伟目标，其中首要任务即构建体现高质量发展要求的现代产业体系。本报告在深入阐释“高质量发展”“现代产业体系”等核心概念的基础上，对龙岗区在推动产业转型、建设现代产业体系方面的经验和举措进行总结提炼，从而提出具有龙岗特色的现代产业体系发展路径。在此基础上本报告对未来全区构建高质量发展现代产业体系需要关注的重点领域做进一步展望，期待为接下来市区政府出台相关政策提供更多有价值的参考和建议。

二 核心概念阐述

（一）现代产业体系

构建现代产业体系在全世界尚无统一的标准要求，因为产业现代化是一个持续渐进的演变过程，构建现代产业体系的内涵因国家和地区经济发展程度的不同而不同，因同一国家和地区所处经济发展阶段的不同而不同。聚焦我国当前经济发展实际和趋势，党中央对我国现阶段构建现代产业体系提出了明确要求。党的十九大报告提出加快建设实体经济、科技创新、现代金融、人力资源协同的现代产业体系，其中实体经济是产业体系的主体和基础，创新是引领现代产业体系建设的第一动力，金融是现代经济的核心和血脉，人力资源是发展的第一资源。四者的协调、同步、融合、互动发展是现代产业体系的显著特征。

值得一提的是，现代产业体系概念的提出打破了过去传统三次产业体系划分逻辑，突破了制造业、服务业等概念范畴。传统产业体系主要根据生产要素在不同产业部门之间或者产业部门内部的投入和产出情况来划分，主要强调产品的技术相关性。在我国由工业大国向工业强国转型的过程中，这种研究方法对经济现实的解释力越来越弱，比如许多学者发现按照三次产业划分的产业结构变化对于近年来我国经济增长的解释力越来越小。现代产业体系更关注生产要素在最终产品形成过程中的作用和联系，更加突出要素质量、结构以及各要素之间的协同。从传统产业体系到现代产业体系的转变，体现了产业分工模式从产业间和产业内分工演进到更加微观的产品内分工层面，这对产业规划、统计制度、产业政策等工作都提出了新的要求。

（二）高质量发展

由规模导向的高速发展阶段向质量导向的高质量发展阶段转型是我国经济新常态下的一大趋势，有学者认为经济高质量的标准主要体现在有效性、创新性、协调性、持续性、分享性和稳定性六大方面。一是有效性，即高质量发展需要解决经济发展质量问题，经济发展动力更多依赖于资源配置效率的提升而不是投入资源数量的增加。二是创新性，创新是驱动经济高质量发展的第一动力，创新性要求在产品、技术、管理、政策等方面都要实现协同创新，在这个过程中企业是主体，企业通过采用新的生产方式和经营管理模式开发新产品、提供新服务、提高产品质量和生产效率，从而推动经济高质量发展。三是协调性，即经济高质量发展要求在产业层面实现技术协同，在区域层面实现发展协同，在多元利益主体之间实现利益协同，提高人民群众的参与感和获得感。四是持续性，经济高质量发展必须是可持续发展，需要统筹好经济发展速度与资源利用和环境保护之间的关系，避免过去粗放式增长模式，要将资源利用和环境保护的代价考虑在内。五是分享性，经济高质量发展的目的是满足人民不断增长的美好生活需要，提高居民生活质量、实现发展成果的共享是判断高质量发展的标准。因此经济高质量发展不仅需要在产业发展转型方面取得重要进展，还需要在保障和改善民生、实施精准脱贫以及推进公共服务均等化等方面做出新的成绩。六是稳定性，经济高质量发展要求国民经济发展速度在一个适度范围内波动，在国民经济平稳运行的条件下有序推动经济发展模式转型。稳定的经济发展条件对于帮助企业家和消费者建立信心、降低经济转型的成本、应对国内外环境的不确定性都具有重要意义，需要政策制定者对经济发展模式转型的力度、进程等做出更多科学的考虑和安排。

三 龙岗区加快构建现代产业体系的主要思路

综上分析，构建体现高质量发展要求的现代产业体系是目前全国各地支持产业发展的总指引和总要求，龙岗区在具体推进落实的过程中，一方面要把握好国家、省、市等上级部门的产业政策导向，树立产业发展一盘棋的基本思路，做好与上级规划和政策衔接工作。另一方面要因地制宜积极创新，准确把握辖区主导产业部门的发展趋势和机遇，围绕区内产业链、创新链发展规律，精准补齐产业发展短板，科学有序推进产业结构的优化调整以及产业部门的融合发展，为“十四五”期间实现全区经济社会稳定健康可持续发展打好基础。

（一）坚持市场主导

产业结构转型升级实际上是无数企业家调整生产经营策略、改变生产经营模式的结果，是市场主体自由竞争和博弈的结果，我们需要认识到产业结构转型的动力来自市场，方向取决于市场，转型带来的风险和收益也被各个市场主体承担，因此在建设现代产业体系过程中首先需要坚持市场主导。坚持市场主导，一是要坚持企业的主体地位不动摇，企业是产业转型升级的发起者，转型风险的承担者，也应该是转型红利的收益人。无论是传统制造业转型升级，还是新兴产业的培育引进，都应该是企业家自主决策的结果，都应该以不干预企业正常生产经营秩序为前提。二是要坚持市场机制在配置资源过程中的决定性作用。改革开放的成果经验表明，市场机制是目前配置生产要素最有效的制度，任何产业政策的制定都应该以强化市场机制的决定性作用为导向，应该在进一步扩大市场规模、维护市场秩序、消除市场壁垒、降低市场交易成本上做文章。

（二）优化政府服务

坚持政府服务与坚持市场主导同样重要，因为维护市场机制的正常运行需要巨大的社会成本，除了政府部门之外很难有其他市场主体能够承担，一个有为的政府能够更好地支持市场机制发挥作用。对于龙岗区而言，优化政府服务的核心是营造有利于创新创业的一流营商环境，帮助广大企业和企业家切实降低生产经营成本，围绕企业发展需求持续提升产业软硬件配套水平，将建设公平、高效的服务型政府理念落实到具体工作之中。

（三）加强统筹协同

构建现代产业体系是一项系统性、长期性工程，涉及产业规划和政策编制、基础设施建设、城市空间拓展、公共服务供给、生态环境治理等方方面面的工作，需要引导政府、社区、企业、民间组织等市场主体充分发挥各自的优势，形成合力推进现代产业体系的建设工作。从政府部门来看，统筹部门需要做好顶层制度设计，建立科学、高效的工作统筹机制，相关责任部门需要加大协同力度，持续完善工作落实机制，保证各项工作能够科学有序开展。

（四）深化改革开放

过去四十多年，深圳始终保持改革开放的战略定力，坚持以开放促改革、以改革促发展，逐步由一个以传统农业为主导产业的“小渔村”转型为以高新科技、金融、现代物流、文化创意等为支柱产业的现代化城市，为全国乃至世界所瞩目。这是深圳的宝贵经验，也是龙岗的宝贵经验。今天全市站在经济新旧动能转化的十字路口，面临着许多新情况和新问题，更需要坚持改革开放的战略导向、落实改革开放的基本要求，完善改革开放的体制机制。对于龙岗区而言，“制造业空间紧缩”、“服务业发展水平不高”和“高层次人才缺乏”等制约建设现代产业体系的种种问题，都可以在改革开放中找到解决路径。

四　龙岗区构建高质量发展的现代产业体系主要路径

（一）加强产业规划引领，培育发展六大产业集群

现代产业体系的提出打破了过去产业分类标准，对产业内、产业间以及产品内分工协作提出了更高要求。龙岗区推进现代产业体系建设首先需要重新规划主导产业部门，打破过去“一、二、三”产业部门的界限，着力构建若干产业链条完整、创新驱动强劲、企业结构合理、产业部门协同发展的主导产业集群。在“十四五”期间全区重点构建信息通信技术、人工智能物联网、电子元器件、绿色能源、生命科学和创意生活六大主导产业。

1. 信息通信技术产业（ICT）

ICT 产业是涵盖计算机、通信和其他电子设备制造业等制造业部门以及信息传输、软件和信息技术服务业等服务业部门的融合应用型产业，是在信息技术革命驱动下工业化、信息化协同发展的典型产业。

龙岗区具有很好的 ICT 产业发展基础，通过数十年的发展，产业内涌现出了如华为、比亚迪、兆驰这样的龙头企业以及领益科技、海能达、伯恩光学、中南创发等细分行业的冠军企业，目前已经成为亚太地区 ICT 产业中枢。强大完善的 ICT 全产业链是龙岗区最显著的产业优势，目前全区 ICT 产业链基本实现了核心环节全覆盖，从芯片设计到线路板、光电子器件等核心电子元器件制造再到显示、声学、触摸、散热、储存等专业元器件的设计制造，再到通信运维服务、云服务等软件服务，基本每个细分行业领域布局有

2 家以上规上企业。

“十四五”期间龙岗区在 ICT 产业的发展重点是：网通设备及组件、移动终端及组件、车联网及部件、服务器、ICT 芯片设计、通信软件开发与测试、移动终端应用软件开发、云服务等细分领域。

2. 人工智能物联网产业（AIOT）

人工智能物联网（AIOT）也是横跨制造业和服务业的新兴产业部门，目前相关企业主要分布在龙城、横岗、园山、宝龙、坪地街道等东龙岗区域。同 ICT 产业一样，AIOT 产业在全区已经形成了相对完整的产业链条，上述五个街道已基本覆盖关键部件与底层技术（除非功率芯片制造环节与图形处理器外）、通信模组、网络与平台、场景终端与集成应用等 AIOT 全产业链主要环节。

“十四五”期间龙岗区 AIOT 产业主要发展重点是：计算机视觉分析、机器视觉、语音识别、AIOT 芯片设计、边缘计算、工业大数据、数字分身、混合现实、智慧城市、工业物联网、消费物联网、智慧屏应用软件开发、智能人机交互装置、无人载具、机器人与智能设备等。

3. 电子元器件产业

电子元器件产业是同时服务于 ICT、AIOT 等其他产业集群的上游配套产业，发展和壮大电子元器件产业是保障全区乃至全市 ICT 等相关产业链安全的前提条件。目前电子元器件产业已经在坂田、吉华、南湾、横岗、园山、龙城、龙岗、宝龙、坪地实现差异化布局，比如坪地街道重点发展柔性显示面板研发制造、宝龙街道重点发展集成电路、半导体等元器件研发制造等。

“十四五”期间全区电子元器件产业发展重点领域有：芯片型半导体器件、电力电子器件及装置、被动元件、频率控制元件、射频器件及装置、声学器件、光学器件、高阶线路板、电子材料及结构件、传感器、连接器、散热器、触摸屏等。

4. 绿色能源产业

绿色能源产业也叫清洁能源产业，主要由对绿色能源相关设备和技术开展研发、制造和推广应用的企业组成。龙岗区绿色能源产业主要在东龙岗布局。比如宝龙街道在锂电池、核电开发等领域有龙头企业带动，坪地街道在绿色照明领域产业基础较好，也是全市绿色能源产业重点布局区域。大力发展绿色能源产业是龙岗区落实绿色低碳循环发展理念的关键举措，不仅有利于培育全区产业发展新动能，也有利于提升城市在生态环境治理、垃圾循环利用、企业节能减排等方面的发展水平，是保障经济社会高质量发展的基础性行业。

“十四五”期间全区绿色能源产业的重点发展领域有：绿色电池、充电储能装置、核电开发、半导体照明等。

5. 生命科学产业

生命科学产业也是先进制造业和现代服务业融合发展的典型，涉及生物医药、医疗器械等制造业部门以及健康管理服务、公共卫生服务等服务业部门。需要指出，发展生命科学产业不仅关乎经济增长，更关乎广大人民群众的生存生活质量，是保障民生发展的关键性基础性产业部门，这也是本次新冠肺炎疫情带给我们最大的经验。目前龙岗区关于生命科学产业的研发和制造资源主要集中在医疗器械领域，如在宝龙科技城已经形成了以尚荣医疗、益心达等企业为龙头的医疗器械产业集群。“十四五”期间，龙岗区将着力推进生命科学产业各领域协同发展，进一步巩固医疗器械产业优势，积极培育支持新型疫苗、生物药、小分子药、多肽类药、现代中药、蛋白质和多肽药物、核酸类药物、血液制品、基因重组药物等生物医药产业部门发展，积极推动生物技术在环保、农业等领域的研发和产业化应用，进一步提升生物诊疗服务、医疗保健服务、健康管理服务等服务业部门的发展水平。

6. 创意生活产业

发展创意生活产业适应了龙岗区传统制造业与数字产业、文化创意产业协同发展的要求和趋势，通过引入数字产业和文化创意产业的理念和技术，有利于进一步为眼镜、家具、玩具、皮革等传统劳动密集型企业赋能，推动其产业链向价值链两端延伸。“十四五”期间创意生活产业发展重点是：工艺美术、时装配饰、数字创意、文化旅游、印刷包装、动漫玩具等。

（二）拓展优化产业空间，构建适应现代产业体系发展的产业空间格局

产业空间是推动产业发展的前提条件。龙岗区作为高度建成的城区，可直接用于开发的产业空间十分有限，大多数需要通过城市更新、土地整备等二次开发在存量空间上做文章。同时由于过去缺乏产业空间布局规划，产业布局小、散、乱的情况至今仍然存在，一定程度上制约了产业联动协同发展。龙岗区围绕拓展产业空间和优化产业布局两大领域也开展了一系列工作，具体如下。

1. 立足主导产业高质量发展优化产业空间布局结构

总体来看，龙岗区分为东、西两大片区，东龙岗片区包括龙城、龙岗、横岗、坪地、宝龙、园山六个街道，西龙岗片区包括坂田、布吉、南湾、吉华、平湖五个街道。结合各个街道产业发展基础以及最新的产业发展规划，全区提出了构建“一廊双核三体系”的产业空间布局。“一廊”主要是指依托布龙路、水官高速、龙岗大道、深汕公路、地铁三号线等交通干线打造科技产业创新走廊，通过有效串联轨道和高速公路沿线各个产业园、商务区以及优质生活区，引导优质产业资源和配套资源在廊道周边集聚分布。“双核”是指以西部片区的坂雪岗科技城为核心打造世界级 ICT 产业集群承载区以及大湾区 5G 先行示范基地。以东部片区的大运新城为核心打造大湾区国际产学研深度融合示范区以及深圳东部科技研发与科技服务深度融合的科技商务核心区。在此基础上构建西部 ICT 产业中枢体系、中部智核研发创新体系以及东部 AIOT 先进制造体系。

与过去的产业空间规划相比，“一廊双核三体系”的空间布局最大的特点在于充分考虑到制造业和服务业融合发展的要求，有利于推动 ICT、AIOT 等六大主导产业链条在空间上实现更加合理的布局，进而促进不同片区均衡协同发展。以大运新城为例，在空间规划中作为大湾区国际产

学研深度融合示范区，一方面要求该片区发挥其在集聚高端创新资源、提升原始创新能力方面的优势；另一方面也要求该片区大力发展科技服务、商务服务、信息服务、金融服务等现代服务业，补齐技术转移转化方面的短板，更好带动周边宝龙、横岗、园山、坪地等东部制造业产业园区创新转型，为AIOT、生命科学等主导产业发展提供产学研一体化的创新环境支持。

2. 立足体制机制创新有效拓展产业发展空间

如前所述，对于深圳这样一个高速建成的城市，稳定和拓展产业发展空间本身难度很大，但现代产业体系的建设离不开高品质产业空间的保障。对此龙岗区积极探索城市空间拓展体制机制创新，逐步构建了一套相对完整、系统的产业空间体制机制，为拓展产业发展空间提供重要基础。一是在空间规划体制机制领域提出深化国土空间规划综合改革。主要以分区规划为抓手，推动完善“市—区—管控单元”的国土空间规划逐级传导体系，建立完善工业区块线、工业用地红线等制度，在上位规划方面为拓展产业空间提供重要依据。二是在城市更新、土地整备等土地二次开发体制机制方面开展创新，多措并举加快存量产业空间的开发利用。比如对于重点企业和重大产业项目的用地需求，龙岗区提出以片区统筹为抓手，综合运用土地整备、城市更新、产业扶持等相关政策，加快整备出集中连片的较大面积产业用地。过去产业用地单纯依靠土地整备模式提供，一方面政府财政压力过大，另一方面由于政府补偿标准过低，社区和业主积极性并不高。在片区统筹模式下，社区和私人业主的利益还可以通过城市更新来保障，另外通过对大片区的统一规划、统一开发建设和统一管理，也会增强社区和私人业主对片区未来发展的信心，从而使他们愿意让渡一部分利益用于支持政府部门整备较大面积连片的产业空间，最终促使政府、社区、开发商、企业等不同市场主体实现“多赢”。三是充分发挥政府和国有企业的带动作用，通过政府新建、国企合作新建、国企统租改造、实体企业改造、创新型产业用房建设等方式建设一批、改造一批、筹集一批政策性的工业保障用房。引导和鼓励区属国企综合采用自有物业综合整治、自有闲置土地开发、土地竞拍开发、统租改造、创新型产业用房接收、管理输出受托经营等多种方式加快推进新型产业园区建设，提高产业空间的供给水平。

（三）加强企业服务力度，全面提升营商环境水平

提高营商环境水平是推进构建现代产业体系的关键，也是建设服务型政府的重要任务。近年来全国各地都将优化营商环境作为重点工作来抓。龙岗区在推进建设营商环境过程中，把工作重点放在降低企业生产经营成本、优化创新创业发展环境、强化产业链条联动协同发展等方面，为建设高质量发展的现代产业体系提供有力的支持。

1. 切实帮助企业降低生产经营成本

生产经营成本是影响企业转型升级的最重要因素，从广义上说企业生产经营成本可分为两类，一类是生产要素的使用成本，比如用工成本、用地成本、原材料成本、用水用电成本等。另一类是制度性交易成本，主要与政府行为有关，比如企业税费缴纳，企业申办审批、环保审批、投资备案等。龙岗区在帮助企业降低成本方面主要着眼于降低国有垄断性要素成本以及制度性交易成本，在不干扰生产要素市场秩序的前提下帮助企业切实降低生产经营成本。一是严格落实上级政策，降低企业税费负担。由于这方面的政策主要由国家、省、市各级部门制定，区级部门重点在落实上级政策。龙岗区重点在优化办税流程，推广新型办税缴费模式，规范用水、用电、用气收费行为等方面出台相关政策。二是发挥好财政专项扶持资金的作用，鼓励支持企业通过开展研发创新、技术改造等活动提升竞争力。目前全区主要通过政府引导基金和产业扶持专项资金对企业生产经营活动提供支持，财政资金的作用在于对社会资金的引领带动作用，帮助企业和企业家稳定市场预期增强发展信心。预计未来三年全区将安排不低于 30 亿元产业扶持专项资金用于支持企业，政府引导资金直接投资本区项目不超过 10 亿元。三是继续深入“放管服”改革，提升政务服务水平。近年来龙岗区在放管服领域已经开展多项体制机制创新，如提出“互联网 + 政务服务”，探索告知承诺、容缺办理等

便利化审批模式，建立“多规合一”平台优化项目前期策划生成机制，简化建设项目审批流程等。接下来全区还需继续深入推进放管服改革，发挥好技术创新的驱动效应，推动以审批为核心的政府管理模式向以引导和服务为核心的政府管理模式转型。

2. 加强以“新基建”为核心的基础设施建设力度

以5G、人工智能、工业互联网、物联网等为代表的新型基础设施建设对于龙岗区发展ICT、AIOT等新兴产业十分重要，这也是龙岗区构建国际一流营商环境的重要任务。目前龙岗区正在大力推进智慧城市建设，加快5G基站等新型基础设施建设。接下来全区一方面需要在仓储物流、交通联通、应急物资储备管理、水环境治理等短板领域继续加大投入，全面提升城市基础设施建设质量；另一方面需要在人工智能、工业互联网、大数据中心等新基建领域加大项目储备和实施力度，加快培育和储备一批有代表性的重大项目。

3. 全面提升城市公共服务品质

城市公共服务直接关系到民生发展水平，是一个城市核心竞争力的最直接体现。没有好的公共服务支持，一个城市对于人才的吸引力和承载力将十分有限，也会对现代产业体系的建设产生不利影响。近年来龙岗区在提升城市公共服务方面也开展了多项探索与创新，产生了很多宝贵的经验。在教育方面，以推进义务教育优质均衡发展为目标，深入推进集团化、集群化办学，多措并举加大公办学位供给，推进民办学校优质特色发展。在医疗卫生领域，深化医药卫生体制改革，高质量建设一批公立医院项目，加强与香港、澳门等优质医疗资源合作力度，提升全区医疗事业国际化发展水平。在文体旅游娱乐方面，加快完善“区—街道—社区”三级文体设施体系，积极落实“十分钟文化服务圈”发展理念。在养老、住房等社会保障领域，积极推广医养结合养老模式，深化住房体制机制改革，建立健全多主体供给、多渠道保障、租购并举的住房供应和保障体系，不断提升住房供给质量。

五　未来展望

建设高质量发展的现代产业体系是“十四五”期间龙岗区经济社会发展的战略选择，此次新冠肺炎疫情的到来让我们再次看到了构建现代产业体系、培育经济发展新动能的重要性。接下来龙岗区在推进建设现代产业体系过程中需要重点解决以下问题。

一是如何保障产业链条安全。现代产业体系要求产业链条上的企业要加强协同发展，但是在当前国际国内市场不确定性增加的情况下，产业链、供应链的安全很容易受到外部因素的影响。龙岗区在研究产业空间布局过程中需要进一步掌握 ICT、AIOT 主导产业产业内分工和产业间分工的趋势，立足相关产业的产业链发展趋势和需求开展招商引资、重大项目建设、基础设施配置以及产业政策研究等工作，不断提升产业链条上的核心研发能力和关键零部件制造水平。

二是如何协调好产业转型和城市建设之间的关系。过去龙岗区工业化和城市化发展进程一直存在偏差，以致出现了“有产无城”“有城无产”等产城不融合问题。这些问题在“十四五”期间还将存在。产业转型和城市建设的进程很难保持平衡，特别对于深圳这样一个地少人多的城市，土地成本过快上升已经开始挤出大量的制造业产能，以至于不少专家担心城市产业空心化的问题。解决好这个问题首先需要在城市规划编制环节把好关，通过城市规划的约束性和指导性促进工业化和城市化发展。过去龙岗区通过实施工业区块线、工业用地红线等规划制度，为保障产业发展空间发挥了积极作用。接下来龙岗区需要继续贯彻落实产城融合发展理念，持续优化产业功能和城市功能布局，逐步构建有利于现代产业体系发展的城市空间格局。

参考文献

贺俊、吕铁：《从产业结构到现代产业体系：继承、批判与拓展》，《中国人民大学学报》2015 年第 2 期。

任保平：《新时代中国经济从高速增长转向高质量发展：理论阐释与实践取向》，《学术月刊》2018 年第 3 期。

任保平、文丰安：《新时代中国高质量发展的判断标准、决定因素与实现途径》，《改革》2018 年第 4 期。

盛朝讯：《构建现代产业体系的瓶颈制约与破除策略》，《改革》2019 年第 3 期。

B.23
宝安区海洋经济发展对策研究

朱东山　王泽填*

摘　要： 海洋占全球面积的71%，海洋资源丰富。深圳正大力推进全球中心城市建设，宝安区拥有45公里海岸线资源，约占全市的20%，发展海洋经济潜力巨大。本报告通过对宝安区发展海洋的意义和存在的问题进行分析，结合现有基础优势，从海洋空间布局、重点发展海洋产业方向和主要举措等方面，提出宝安发展海洋经济的建议。

关键词： 宝安区　海洋经济　海洋科技

一　海洋经济的介绍

按照《海洋及相关产业分类》（GB/T 20794－2006）对海济经济指标的定义，海洋经济是指开发、利用和保护海洋的各类产业活动，以及与之相关联活动的总和。我国海洋经济分两大类，一是海洋产业，二是海洋相关产业。海洋产业主要包括5个方面：①直接从海洋中获取产品的生产和服务活动；②直接从海洋中获取产品的一次加工生产和服务活动；③直接应用于海洋和海洋开发活动的产品生产和服务活动；④利用海水或海洋空间作为生产过程的基本要素所进行的生产和服务活动；⑤海洋科学研究、教育、管理和服务活动。

---

* 朱东山，深圳市宝安区发展研究中心助理研究员；王泽填，深圳市宝安区发展研究中心主任、副研究员。

二　宝安区发展海洋经济的重要意义

在国家“海洋强国”战略背景下，上海、深圳、青岛、宁波、广州、舟山等国内主要滨海城市加快布局海洋经济，沿海地区海洋经济竞争不断加剧。国家将“全国首个海洋综合管理示范区”“建设全球海洋中心城市”两个重大使命赋予深圳。宝安区作为深圳市产业大区，有着全市 1/5 的海岸线，理应发挥自身产业、交通等独特优势，以海洋新城建设为契机，推进海洋经济集群发展、创新发展，为深圳市建设全球海洋中心城市提供强有力支撑，抢抓海洋经济发展机遇，发展高科技海洋经济，将成为宝安区新一轮经济高质量发展的新动能。

三　宝安区海洋经济发展存在的问题

（一）海洋产业尚处于起步阶段

宝安区涉海企业虽然较多，但是直接关联的海洋产业较少、缺乏龙头企业。根据全国第一次海洋经济调查的初步结果，2015 年宝安区共有海洋产业企业 1138 家，当年营业收入合计 113. 8 亿元。总体上海洋产业尚处于起步阶段，海洋经济规模不足，对宝安区的整体经济带动作用较弱。

（二）自主创新能力不强

电子信息产业是海洋装备、海洋信息服务等海洋高技术产业的基础。但宝安区缺乏科技引领型龙头企业，缺乏高水平科研机构，自主创新能力不强，核心关键技术缺失，这将影响电子信息产业、高端装备等优势产业与海洋产业的融合发展。

（三）滨海岸线资源未能得到良好整合

宝安区拥有 45 公里海岸线资源，已经建设了海上田园、西湾红树林、国际会展中心等一批重大产业项目、文化项目，科技馆、欢乐港湾等重大项目也在规划建设中，但目前尚未开展关于滨海岸线的整体规划，资源优势未能得到良好发挥。

（四）大铲湾港口与城区融合发展有待加强

一方面，大铲湾港口海洋运输潜力并未得到充分发挥，2018 年大铲湾港口的吞吐量约为 123 万标箱，占全市的 4.8%。另一方面，大铲湾处于宝安中心区，货柜车大量进出，不可避免地影响了宝安区塑造高品质的城市环境。推动大铲湾港口转型，与城区实现融合发展，是当前需要解决的一个重要课题。

四　海洋经济空间布局

宝安区有丰富的岸线资源以及沿岸布局的国际会展中心、国际机场、海上田园等重大基础设施，应以 45 公里海岸线为轴，以“三城一港”（国际会展城、海洋新城、海上田园城和宝安综合港区）为重要节点，统筹陆海空间功能布局，优化海洋产业结构，打造深圳海洋中心城市核心区。

（一）建设45公里生产与生活交融靓丽海岸线

实施海岸带生态修复，因地制宜建成一批沿海红树林湿地。实施差别化土地资源配置政策，将新增建设用地指标安排集中向海岸区域倾向。提升沿岸大铲湾港口、福永码头等区域内建筑外立面景观。探索在西湾红树林公园等选取水质较好的岸段，建设沙滩、沙滩排球场和休闲餐饮区。加快滨江大道建设，连通滨河大道、滨海大道，串联海上田园、海洋新城、长滩公园、潮汐公园、T4 航站楼和滨海文化公园等重要节点，打造 45 公里“蓝色海洋”景观走廊。

（二）高标准规划建设“三城一港”

争取在国际会展城举办世界海洋科技大会、海洋发展大会、APEC 蓝色

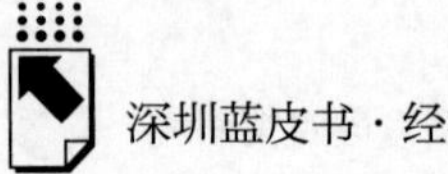

经济论坛、国际海洋新兴产业论坛、国际海洋创新创业大赛、国际海洋科技展览会等。规划建设国际海洋文化交流基地和海洋科技产业基地，争取海洋开发银行和海洋国际组织落户海洋新城。发挥独特的滨海湿地资源优势，高标准规划建设一批生态文旅示范景点，推动海上田园水上街市升级改造，完善高品质公共设施配套。科学规划宝安综合港区功能布局，建设“智慧物流小镇”。

五　重点发展方向

（一）海洋电子信息

在“十二五”期间，宝安电子信息产业总产值就超过了2800亿元。宝安要充分发挥信息产业基础雄厚的优势，以全国海洋信息化建设为契机，以中欧蓝色产业园、立新湖海洋电子产业园为示范，引导电子信息产业向海洋延伸，重点发展海洋感知装备、海洋通信、船舶电子等行业，努力打造全国知名的海洋电子信息产业基地。鼓励信维通信、大富科技等通信、射频龙头企业发展，通过对海洋探测获得的洋流数据、气象数据、海底地形地貌、海洋环境等信息和渔船、港口、船舶等信息分析处理，搭建数据交换和信息共享平台。利用人工智能技术合成孔径成像声呐、高精度CTD剖面仪、定标检测设备和海底探查新装备等，建立海底全覆盖探测系统，提高海洋地质调查技术能力。利用大铲湾港口优势，在未来科技城探索综合航道、锚地、码头、潮汐、企业、船只、引航、拖助、安全应急、港航执法和工作人员状态等方面建设一体化信息服务系统，实现对港口作业和船舶动态监管。对接南山科技园，研发电子口岸和电子商务系统，完善港航电子数据交换功能，通过连接海关海事等口岸单位、码头堆场仓库、航运企业、货代、船代、大宗商品交易中心、银行及物流平台，实现货物电子通关、电子物流、电子交易、电子支付以及货物全程定位跟踪。可向海洋延伸的电子信息重点企业见表1。

表 1　可向海洋延伸的电子信息重点企业

重点企业	主要业务活动	可向海洋延伸产品
深圳市信维通信股份有限公司	移动终端天线高性能天线连接器	海洋环境探测设备
深圳市大富科技股份有限公司	射频器件射频结构件	海洋基站配套器件
深圳金茂电子有限公司	移动通信终端制造	海事卫星电话
深圳市二中科技股份有限公司	软件和信息技术设计 PCBA	电子商务系统海洋空气监测仪
深圳市倚天科技开发有限公司	位置服务与通信模块双模定位模块	海洋定位仪、导向仪货物通关跟踪
弗兰德科技(深圳)有限公司	数据通信多媒体系统设备及配件	港航电子数据交换
深圳市维力谷无线技术股份有限公司	新型电子元器件	船载航行数据记录仪
	通信产品及配件	
深圳市双翼科技股份有限公司	通信终端设备制造	港航电子数据交换
艾礼富电子(深圳)有限公司	生产液位传感器	海洋环境探测设备
	生产入侵传感器	

资料来源：根据企业网站内容整理。

（二）海洋高端装备

发挥海洋高端装备研发制造基础优势，支持宝安区装备企业开展海工装备的研发设计，重点推进海洋环保设备、深水探测设备、海洋仪器仪表等关键环节核心产品的技术突破。依托现有华讯方舟、亚太卫星等企业基础，围绕航运、渔船作业、海洋监测等重要需求，积极推进与国际卫星运营商、北斗卫星运营企业的合作，积极发展卫星通信导航服务业。利用第五代通信变革机遇，重点发展低成本的海事卫星电话、对讲机、通信发射机、移动通信、交换机、基站等通信设备，以及海上卫星救助系统，提高海上航运、渔船作业的便捷度和安全度。鼓励航盛电子、惠科股份围绕船舶工业提供配套产品，大力发展符合 IMO（国际海事组织）规范的船用导航雷达、避碰雷达、新型船用陀螺罗经、AIS（船舶自动识别系统）、电子海图、操舵仪、VDR（船载航行数据记录仪）、电子海图显示与信息系统等导航系统及相关仪器仪表。利用我国北斗卫星系统在民用领域的应用展开，积极推进北斗系统在渔业导航和定位中的应用，重点发展北斗卫星船用导航芯片、接收终端、航行警告接收机、船舶卫星跟踪系统等产品。支持洲明科技等照明企业发展渔用LED灯、港口照明LED等渔业、港口生产辅助产品设备。鼓励中科深海等企业与中科院加强合作，建造近海网箱、人工浮岛等大型近海生产设备平台。可向海洋延伸高端装备重点企业见表2

表2　可向海洋延伸高端装备重点企业

重点企业	主要业务活动	可向海洋延伸产品
华讯方舟科技有限公司	无线通信设备、无线网络设备	船舶卫星跟踪系统、海洋卫星通信
深圳市洲明科技股份有限公司	照明灯具制造LED显示屏	港口照明LED、渔用LED灯海底照明
深圳市航盛电子股份有限公司	车载智能导航及多媒体系统	海洋智能导航系统、船用导航雷达
惠科股份有限公司	电脑显示及周边设备电视机	电子海图显示器
亚太卫星通信(深圳)有限公司	卫星发射、电视播控	卫星转发器、海洋卫星通信
深圳市韶音科技有限公司	通信设备配件、电子产品	海事对讲机
中科深海产业(深圳)有限公司	深海养殖装备的研发及销售	近海网箱、深海鱼箱
深圳合众思壮科技有限公司	导航仪制造	船用导航雷达
	安全驾驶预警仪制造	渔业导航和定位
深圳市钻通工程机械股份有限公司	非开挖铺管钻机的制造	海洋钻修井设备
惠亚电子科技(深圳)有限公司	通信机柜、电子元器件	海洋探测仪
航天科技通信电子技术(深圳)有限公司	通信设备制造	海洋无线通信产品

资料来源：根据企业网站内容整理。

（三）海洋高技术服务

按照国家实施南海开放战略部署，围绕南海油气开发、海洋环境观测与治理、海洋测绘、海洋科考等领域，加快海洋技术研发、生产服务等领域的企业和科研院所的引进和培育，争取引进一批从事海洋资源开发的央企在宝安建设海洋领域研发中心或技术服务中心，以“互联网+”未来城为依托，争创粤港澳大湾区海洋数据中心，大力发展海洋信息技术服务等关键产业，构建南海综合开发服务基地。

（四）海洋旅游

对接国际一流湾区岸线，推动宝安湾活力海岸带的规划建设，带动沿线区域整体规划和提升，引入创新创意要素资源，打造独具宝安湾滨海文化特色的创意走廊。争取将大铲湾港区列为邮轮停靠港，作为蛇口邮轮母港的有益补充。争取在宝安设立国家指定的粤港澳游艇自由行停泊港、游艇保税仓和广东省游艇旅游示范港。探索开发大小铲岛、深中通道东西人工岛，打造国际旅游岛。

六　加快宝安区海洋经济发展的政策建议

（一）加强海洋科技创新

深度参与“广州—深圳—香港—澳门”科技创新走廊和国际科技产业创新中心建设，在国家南方海洋科学城集中布局海洋教育、技术研发、成果转化、学术交流等重大平台项目。推动哈尔滨工程大学海洋研究院落地，建设海洋产学研合作示范基地。利用军用技术转民用，增加海洋技术创新来源，打造军用技术海洋应用示范区。借助香港生产性服务业优势，推动海事服务、现代港口物流等产业发展。

（二）推动优势产业和海洋产业深度融合

鼓励优势产业龙头企业与海洋领域的研究机构对接，推动海洋产业产学研深入合作。支持有实力企业或海洋领域的科研机构在宝安区建设海洋产业孵化基地、海洋产业制造业创新中心。对接香港、澳门、广州等周边地区的创新资源，支持企业跨区域组建海洋产业方面的技术创新联盟，推动成立宝安区海洋产业协会。

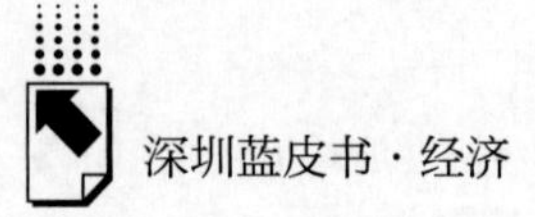

（三）加大海洋产业的招商引资

开展海洋产业专题招商引资，以大项目入驻带动海洋产业集群发展。重点面向新加坡、鹿特丹、香港、汉堡、硅谷、东京等世界海洋科技最发达地区，引进世界级涉海企业到宝安投资。大力引进涉海的央企、中国民营企业500强企业建设区域总部、研发总部或海洋开发技术服务中心。

（四）加强跨区域海洋经济合作

加强与欧洲合作，高标准建设国际典范中欧蓝色产业园。把对接德国海洋产业4.0作为宝安区对德合作的重点方向，引入欧盟蓝色领域高端服务环节，提升生产性服务业对海洋经济的支撑作用。推动宝安电子产业与南沙等周边区域的船舶制造业、海工装备业的深度对接。探索发展飞海或飞岛经济，促进宝安与周边地区发展要素流动和海洋产业转移。

B.24

粤港澳大湾区背景下宝安与香港产业协同发展研究

熊雪如　张小彦*

摘　要： 粤港澳大湾区建设是习近平总书记亲自谋划、亲自部署、亲自推动的国家战略，参与粤港澳大湾区建设，以宝安区产业优势助力深港合作，是宝安区实现高质量发展的重要途径。本报告分析了宝港产业协同发展基础，并进一步梳理了宝港产业合作重点，最终提出了强化宝安与香港产业协同发展的六方面建议。

关键词： 宝安　粤港澳大湾区　产业协同

2019年2月18日，中共中央、国务院印发了《粤港澳大湾区发展规划纲要》，提出要进一步深化与港澳合作，提升粤港澳大湾区在国家经济发展和对外开放中的支撑引领作用。宝安区地处粤港澳大湾区地理核心，比邻前海深港现代服务业合作区和香港，制造业实力雄厚，具备与香港合作的独特优势基础。促进两地产业协同发展有利于两地强优势、补短板，通过跨区域产业合作共同推进粤港澳大湾区发展。

---

* 熊雪如，博士，高级经济师，深圳市宝安区发展研究中心，主要研究方向为区域协调发展；张小彦，深圳市宝安区发展研究中心，主要研究方向为港澳与内地协同发展研究。

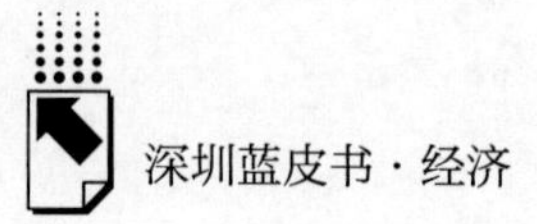

一 宝安与香港产业协同发展基础

香港和宝安产业发展特色各异，在产业结构、土地、市场、技术、人才等方面存在优劣互补，这些特点将成为宝港产业协调发展的良好支撑。

（一）产业结构互补性

2018年香港产业结构比重为0.1∶6.8∶93.1，其四大支柱产业都集中在服务业，分别是贸易及物流、金融服务、旅游、专业服务及其他工商业支援服务（见表1）。2018年，四大行业产业增加值为15476亿港元，占本地生产总值的比重为57.2%，是支撑香港经济发展的主导力量①。由于香港产业结构单一，近几年来香港提出“再工业化”战略，通过提供适合的基础设施、财政、技术支援以及培训来汇聚人才，协助制造回归，推动香港工业4.0发展。但是香港工业占地区生产总值的比重仅为7.5%，缺乏从事制造业的劳动力和产业相关配套，原有工业基础薄弱，无法在短时间内实现“再工业化”。

表1　2018年香港四大行业的增加价值

单位：百万港元，%

序号	细分产业	以当时价格计算的增加值	增速
1	贸易及物流(占比)	571000 (21.1%)	3.2
	(a)贸易	486100 (18.0%)	3.3
	(b)物流	84800 (3.1%)	3.0

① 如无特殊说明，本报告中关于香港的数据、图表资料均来源于香港政府统计处网站和香港贸发局网站，关于宝安区的所有数据来源于《宝安区统计年鉴》和宝安区统计局网站，特此说明。

续表

序号	细分产业	以当时价格计算的增加值	增速
2	金融服务	532800 （19.7%）	6.8
	(a)银行	353400 （13.1%）	8.4
	(b)保险及其他金融服务	179300 （6.6%）	4.1
3	旅游	121000 （4.5%）	10.5
	(a)入境旅游	99200 （3.7%）	10.3
	(b)外访旅游	（0.8%）	11.2
4	专业服务及其他工商业支援服务	322800 （11.9%）	5.0
	(a)专业服务	128000 （4.7%）	7.7
	(b)其他工商业支援服务	194800 （7.2%）	3.6
四个主要行业合计		1547600 （57.2%）	5.2
本地生产总值		2698800	5.2

资料来源：香港政府统计处网站。

相比较而言，宝安区产业结构呈现第二、第三产业“双轮驱动”的格局。2018年，全区三次产业比重为0.04∶51∶49，支柱产业主要集中在工业，形成了以电子信息产业为龙头，以装备制造业和传统优势产业为支撑的产业格局。至2018年，共拥有全国制造业500强5家、广东省制造业500强30家、深圳工业百强30家以及国内上市公司39家、百亿级工业企业8家，6家企业获得国家“单项冠军”企业称号，4家企业进入国家“专精特新”小巨人企业行列。由此可见，宝安区雄厚的工业基础可以为香港“再工业化”发展提供强有力的支撑。但其产业结构最大的不足之处在于，宝安区第三产业增加值虽占比49%，但优势产业并不突出，缺乏有代表性的服务业龙头企业，特别是生产性服务业发展较弱，在一定程度上又反过来限制了制造业的发展。在金融业和批发零售业方面，仍以分支机构和营业网点为主，无法拥有核心竞争力。如果能够与香港合作，在金融、会展、检测、特许经营、会计、法律等方面加强合作，将大大优化宝安区产业发展质量，促进宝安区服务业与制造业融合发展。

（二）产业发展空间可拓展性

香港拥有人口规模在700万人以上，土地面积为1106平方公里，其中建设用地占770平方公里，占总面积的比重仅为21%，人口、产业发展与土地资源稀缺矛盾较大。在人口方面，以香港旺角为例，其人口密度达平均每平方公里13万人，人口密度居世界前列。在产业发展方面，产业发展因空间问题受限明显。以会展为例，每年旺季香港会展中心均存在短缺，仅2017年因场地问题推却10多个展览。

相比香港寸土寸金的产业空间，宝安区产业空间仍有较大的优化和发展的潜力。宝安区不仅土地成本比香港低，其产业空间仍有较大的可拓展潜力，主要体现在两个方面。一是通过产业发展规划优化产业发展空间。编制107国道科技创新走廊规划、产业空间“多规合一”规划指引，划定工业区块线74.43平方公里，为工业优化发展提供了保障。二是大力推动城市更新。2019年，新桥东、桃花源、江碧等三个平方公里级旧工业区连片改造启动，其中新桥智创城作为全市首个平方公里级工业区连片改造项目，一期已完成80%拆迁，贡献产业用地10万平方米；“招拍挂”重点产业遴选项目9个，供应产业用地104.16万公顷。2018～2019年，累计清理“散乱污危”腾出空间148.22万平方米，全口径清理闲散用地48宗134万平方米。这些措施和成果可以为未来与香港开展广泛合作提供空间保障。

（三）专业服务市场开拓性

香港具有小经济体的特征，需要大市场支撑其产业发展。早在改革开放初期，为大力发展更具附加值的服务业，香港向内地转移了大批劳动密集型工业，有序地将工业转移到内地，使得金融服务、贸易服务、市场开发和设计等生产性服务在香港得以快速发展。目前来看，香港已成为服务于国际企业开拓内地市场以及内地品牌进军全球市场的“双向跳板”，其服务业的发展仍需依托开拓内地广阔市场来支撑。相比之下，宝安区比邻香港和前海，拥有深圳国际机场、机场东高铁枢纽和深圳国际会展中心，便于高端商务人士在香港、内地和境外开展双向交流和咨询服务，是香港专业服务业在内地进一步开展市场的优先选择。

（四）科研与成果转化可衔接性

香港是亚洲的知识产权贸易中心，科研实力雄厚，特别是在人工智能、生物科技、智慧城市、金融科技等领域，具有领先地位，拥有美国麻省理工学院首个海外创新中心、瑞典卡罗琳医学院全球首个海外修复医学中心等世界顶尖科研机构。但香港技术创新仍面临两方面问题，一是企业技术创新动力有限。香港研发投入主要来自公营机构，私营机构和企业缺乏技术创新的动力。从表 2 中可以看出，2016 ~ 2018 年香港与北京、上海、深圳的 R&D 经费投入强度之间差距明显，甚至其政府研发投入还未达到全国平均水平。二是大部分研发创新活动集中在基础科研层面，科研成果转化率不高。由于工业占比较低，香港的上游科研成果很多仍停留在实验室里，无法应用于企业成果转化。如果没有制造业的支撑，香港的科研投入和成果转化较难突破。

表 2　2016 ~ 2018 年国内部分一线城市 R&D 经费投入强度

单位：%

城市	2016 年	2017 年	2018 年
全国	2. 11	2. 13	2. 19
北京	5. 96	5. 64	6. 17
上海	3. 82	3. 93	4. 16
深圳	4. 325	4. 4	4. 80
香港	0. 79	0. 83	0. 86

资料来源：《全国科技经费投入统计公报》（2016 ~ 2019 年）；《深圳统计年鉴》（2017 ~ 2019 年）；香港政府统计处网站。

相比之下，宝安区工业应用创新水平较高，90%以上研发机构在企业，90%以上的研发创新成果来自企业。2018年，全区国家级高新技术企业有3941家，连续多年位居全国区县第二、全省第一，仅次于北京海淀区。全区三种专利授权量为3.21万件，总量全市第一，年均增长20.2%。全社会研发投入106亿元，产值5亿元以上工业企业研发机构实现全覆盖。但与此同时，宝安区基础研发方面存在明显不足，这主要体现在两方面，一是自主创新基础条件相对薄弱，还没有高等院校建成，国家级科研院所、应用型科研机构数量较少。除了3家国家企业技术中心，在国家产业创新中心、技术创新中心、工程技术中心以及重点实验室建设上则是空白。二是产业核心技术相对缺乏，产业链高端环节薄弱，重点领域、重点行业内企业的关键、核心技术研发能力不足，核心零部件、高端材料和关键设备等还主要依赖进口。如果可以将宝安区企业与香港高校、实验室对接，一方面，宝安区成果转换能力和应用创新经验可以助力香港高校、实验室的科研成果转换；另一方面，也可以提升宝安区自身创新水平，加快企业转型升级。

（五）高层次人才可流动性

香港高端人士密集，高校众多，拥有香港大学、香港科技大学、香港中文大学、香港城市大学、香港理工大学等排名全球100名以内的知名大学，电机及电子工程、计算机科学、化学工程、医学、物理及天文等专业在全球享有较高知名度，每年为香港发展培育了大量人才。目前拥有16个国家重点伙伴实验室、6个国家工程技术研究中心香港分中心，40多位两院院士。

相比之下，宝安区员工大多数为一线工人，文化程度不高，高层次、专业化人才较为缺乏。宝安区第六次全国人口普查主要数据显示，宝安每10万人中具有大学程度的人数为10036人，与全市每10万人中具有大学程度的人数17175人相比，差距还较大。因此，加快宝安与香港间人才流动，共同培育符合两地产业发展方向的高层次人才，不仅可以弥补宝安区人才短板，还可以缓解香港部分就业压力，为人才提供更多的就业机会，培育壮大香港二次产业人才储备库，为香港推动“工业回归”提供更多支撑。

二　宝安与香港产业合作重点

宝安与香港产业协同发展基础为宝港产业合作提供了可能性。基于香港优势产业和宝安产业发展潜力和瓶颈，宝安与香港未来产业合作重点应放在智能智造业、金融业、会展业、商贸物流业、专业技术服务五个方面。

（一）智能智造业

香港具有强大的智能智造科研实力，拥有创新及科技基金、香港应用科技研究院、香港科学园、数码港及5所研发中心。其中香港科学园已有超过810家科技公司进驻，商汤科技就是从香港科学园走出的第一家“独角兽”。受限于香港土地约束和市场开拓的需要，香港科技大学已与内地开展了多种形式的合作。如广州市香港科技大学在广州市南沙区设立开放式“国际智能制造平台”，旨在推动两地科技合作；香港中文大学（深圳）在龙岗建立了机器人与智能制造研究院，计划筹建一批国家级实验室和国际化的创新创业平台，促进机器人与智能制造科研成果的快速市场化。

宝安区是制造大区，仅在智能制造装备产业方面就有企业近300家，2018年总产值超过500亿元，拥有大族智能装备、一电科技、劲拓股份等一批细分行业龙头企业。随着大族激光智能产业制造基地、欣旺达锂离子电池智能制造产业园等一批大项目相继投产，宝安区智能制造产业发展水平将进一步提升。不难看出，宝安区拥有雄厚的智能制造生产应用基础，香港拥有强大的科技研发和创新实力，两地可以通过技术攻关、项目交流、园区合作等多种形式在智能制造产业上加强产学研紧密合作，推动两地制造业共同发展。

（二）金融业

香港是国际金融及双向投资中心和全球最大的人民币离岸中心，其保险业、私募股权、资产及基金管理业等在亚洲排名前列，是境外投资者进入内地和内地投资者开展境外投资的首选地。全球最大的银行及主要金融机构，如汇丰银行、渣打银行等均在香港有业务。2018 年，金融业增加值达到 5328 亿港元，占本地生产总值的比重为 29.7%。其中，银行业增加值占本地生产总值的比重为 13.1%，保险及其他金融服务增加值占本地生产总值的比重为 6.6%，是香港经济发展的重要推动力。此外，随着香港上市制度改革的推进，资本市场的规模进一步扩大，特别是越来越多内地企业选择在香港上市，香港市场内资股已占三成。

相比之下，宝安区金融业增加值占本地生产总值的比重约为 6%，银行、保险及其他金融服务以分支机构和营业点为主，对制造业的服务支撑水平不明显。因此，宝安可以在现有政策允许的范围内，积极与香港金融银行开展合作，特别是在香港上市制度改革的背景下，应积极鼓励宝安企业赴港上市，推动香港金融与宝安制造业的融合发展。

（三）会展业

香港会展经济发达，拥有大小不同的会展场地 50 个以上，总展览面积超过 15 万平方米，包括香港会议展览中心、亚洲国际博览馆（比邻香港国际机场）以及国际展贸中心等知名展馆。2018 年，共举办展览 100 项以上，吸引 190 万名海外过夜旅客来港参加。场馆不仅提供一流的会展会议设施，还提供各种住宿、购物和休闲娱乐等便利，如香港会议展览中心周边就布局了高端酒店和丰富多样的餐饮及休闲场所，吸引众多旅客旅游消费。资料显示，香港贸发局每年在香港举办大型展会 30 多项，其中电子、珠宝、礼品、钟表等展会规模达到全球最大。但由于会展发展空间受限，为了扩展展会空间，香港开始探索“一展两地”的会展模式。2017 年香港—亚太区美容展分别在亚洲国际博览馆（博览馆）、香港会议展览中心举办，展会成绩打破历届纪录。

在宝安，会展经济虽然才开始起步，但却是未来发展中最有潜力的产业。目前全球最大的国际会展中心已落户宝安，占地总面积约 148 万平方米，一期建成运营，全部建成后将成为全球第一大会展中心。随着会展文旅城的规划建设，未来宝安将重点引进全球知名高端会展、会议，加快会展商贸、文体旅游、海洋科技等产业布局，打造具有世界影响力的国际会展文旅城。因此，宝安可以加快承接香港外溢会展，在会展设计、展示等方面加强重点合作。

（四）商贸物流业

凭借开放宽松的经贸政策、优越的地理区位、天然深水港等资源优势，香港在贸易及物流业十分发达。一方面，香港被称为“购物天堂”，拥有众多大型购物商场，汇聚全世界60多个顶尖时尚品牌。另一方面，香港是重要转口港，亚洲地区核心交通枢纽。2018年DHL全球连通性指数显示香港全球通达性深度排名第二（位于新加坡之后）①，拥有最繁忙的香港国际机场和全球第七大货柜港，香港商贸物流业增加值达5710亿港元，占本地生产总值的比重在20%以上。

宝安区物流和商贸是宝安区服务业中最具基础和条件的产业。因为宝安区坐拥海空双港，与深圳其他城区相比，具备发展物流商贸的先天优势。但是作为深圳航空物流集聚区，虽然拥有顺丰、跨越速运等众多知名企业，但是产业优势并不突出，一方面，大部分物流从事简单运输和仓储服务，真正能提供综合性、高附加值的综合物流服务企业相对较少。另一方面，大型商业综合体与南山、罗湖等周边区域相比并不占优势，与香港更是相差甚远。因此，宝安区有必要加快与香港商贸物流合作，强化与香港国际机场和港口的联系，推动宝港商贸物流一体化。

（五）专业技术服务

香港专业服务业高度发达，2018年香港专业服务业增加值为3228亿港元，占本地生产总值的比重为12%。宝安区专业技术服务较弱，并没有形成规模，但基于宝安区产业发展潜力和制造业服务需求，宝安区可

---

① 数据来源于2018年公布的敦豪国际速递（DHL）全球连通性指数（GCI）。

以重点在特许经营、管理咨询、会计和法律服务、检测产业四个方面加快对接合作。

一是特许经营。很多全球知名的特许经营品牌都选择通过授权香港担任主加盟商或地区开发商的形式来扩张中国内地业务，如麦当劳、肯德基、星巴克及必胜客等。与此同时，由于港商熟悉国际市场、商业习惯和文化，随着内地品牌的发展壮大，越来越多的内陆品牌选择在香港设立特许经营店，向国际消费者扩展业务，如全聚德烤鸭店、小肥羊集团及谭木匠等。香港已成为国际特许商寻求进入亚洲市场以及亚洲品牌进军全球市场的“双向跳板”。

二是管理咨询。作为全球重要的管理咨询服务中心，多家世界知名咨询公司在香港设有办事处，例如埃森哲、科尔尼、麦肯锡和波士顿等。这些国际知名的管理咨询公司除服务香港地区外，大多数还为中国内地及亚太地区内其他地方服务，主要咨询服务范畴包括物流、电讯策略、私有化、流动策略等。

三是会计和法律服务。香港采用国际标准会计准则，加上亚洲区商机涌现，吸引众多国际会计师事务所来港开业，如普华永道、毕马威、德勤、安永等。同时，作为中国唯一实行普通法的城市，香港已成为亚洲国际法律服务枢纽，执业律师及大律师超过 10 万名。截至 2019 年 6 月底，香港共有 924 家本地律师事务所，另有 87 家外地律师事务所在港设有办事处，其中包括逾半数全球百大律师事务所①。

四是检测产业。检测产业是规模庞大、增长快速的市场，未来发展潜力巨大。为进一步提高香港检测和认证服务的专业水平及国际认受性，香港将检测定为优势产业之一，并专门成立香港检测和认证局。目前，香港检测业主要是为境外买家提供服务，测试及检验来自中国内地，特别是珠三角制造的消费品，并为这些产品及相关的品质管理系统提供认证服务。

① 资料来源于香港服务贸易网站。

三　宝安与香港合作发展对策

为全面参与粤港澳大湾区建设，宝安应充分发挥改革开放先行先试优势，深化与香港的互利合作，全力支持香港融入国家发展大局，共同建设富有活力和国际竞争力的一流湾区和世界级城市群。

（一）积极推动“双区”扩容

争取前海蛇口自贸片区和深港合作区双扩区，并在争取“双扩区”的前提下，进一步梳理未列入普遍推广，但涉及金融、贸易等关键核心环节改革且具有明显成效的创新政策，探索实现真正的改革创新。建议以上海临港新片区为标杆，将宝安大空港片区（主要包括会展中心、机场及机场周边片区）打造成“深圳临空新片区”，争取成为自贸区中的自贸区，从而在国家层面争取到更多可复制、可突破的政策，全面激活宝安发展动力，实现真正意义上的改革创新。

（二）加快两地制造业更紧密合作

一是进一步优化产业合作模式。积极与香港制造企业和服务机构对接，采用“香港科技 + 宝安制造”“研发 + 转化工厂”“旗舰母工厂 + 子工厂”等形式，共同推进香港“再工业化”，促进宝安制造业转型升级。二是积极开展产学研合作。探索以“主体 + 分中心”模式，与香港以及广州、东莞、中山等城市合作，围绕新一代电子信息技术、智能装备等领域共建实验室。三是加快两地人才引进和联合培养。进一步完善区人才优惠政策及高层次人才认定标准，加大港澳及海外高层次人才引进力度。努力提升宝安人才园国家级产业园区平台作用，吸引港澳人力资源服务机构入驻。积极与香港高校和研究机构对接，通过人才联合培养、学术交流、实习等方式，推动宝安企业与香港研究机构人才交流。

（三）加快与香港商贸物流往来

一是加强与香港互联互通。加快深圳宝安国际机场与香港机场高快速路网的建设，加强两地高端商务往来。进一步推动粤港澳游艇自由行向深圳机场码头覆盖，争取在口岸通关监管、游艇码头设置、游艇和驾驶员牌照互认、游艇活动范围等方面获得政策突破，与香港共同开发游艇高端旅游项目。二是加强与香港商贸合作。积极引进香港商贸龙头企业和国际知名品牌，在机场口岸附近或未来综合保税区内建设宝港消费中心，促进两地消费旅游发展。进一步优化大铲湾港口集疏运结构，推动海港空港“双港联动”，建设进口消费品集散中心、订单中心。三是增强物流辐射服务能力。借鉴香港成熟的国际物流经验，重点发展第四方物流，实施物流标准的全面对接，推动物流园区的智慧化改造，鼓励骨干物流企业和第三方机构搭建物流信息服务平台。编制《宝安区物流园区空间布局总体规划》，打造现代物流总部基地。

（四）打造百亿级会展产业集群

高标准规划国际会展城，完善周边交通、酒店、商务办公与休闲等设施，集聚发展会展、高端商务、现代物流、文化创意、信息技术、科技服务等产业，打造百亿级产业集群。以大展、优展、专展为方向，大力引进品牌展会、国际及港澳知名会展企业、会展组织和会展人才等优势资源，依托宝安优势产业打造新一代信息技术、海洋、激光等一系列特色专业展。一方面积极承接香港会展溢出，另一方面加强与香港高端会展合作，通过“一展两地”等形式，积累办会办展经验，吸引会展上下游企业入驻，在共同扩大香港会展品牌影响力的同时，打响深圳国际会展中心办会办展全球知名度。

（五）大力发展特色金融

以宝安中心区为载体，全面对接香港、前海金融资源，吸引港资银行、证券、保险、股权投资等企业入驻。积极发展绿色金融、供应链金融、融资租赁等特色金融，推动区引导基金与港资企业合作成立专项子基金，探索技术典当、专利质押等创新融资模式，打造特色金融集聚区。争取与港交所建立固定合作机制，通过举办“宝港同行”系列论坛、定期或不定期举办小型对接会等形式，为企业提供赴港上市直通平台，在港交所形成“宝安板块”。

（六）专业技术服务

一是建设检测认证中心。争取粤港澳认证及相关检测业务互认制度试点，实现“一次认证、一次检测、三地通行”。加强与香港检测和认证局合作，鼓励港资检测机构在宝安设立合资或独资检测认证机构和实验室，在食品药品、工业产品以及其他产品等领域开展检验检测认证。二是共建国际会计与法律专业服务平台。加强与香港执业会计师（CPA）事务所的对接合作，为宝安企业提供国际标准会计准则下的会计服务。深化与香港律师事务所合作，为宝安企业提供国际化并购重组、股权转让、知识产权及争议等国际法律、仲裁与调解服务，争取在宝安设立办事处。三是加强与香港特许经营授权公司的对接合作，积极支持香港主加盟商或地区开发商在宝安设立特许经营店，帮助外资企业更好进入国内市场，同时更好地指导宝安区企业扩大国际市场。

参考文献

陈恩：《CEPA下内地与香港服务业合作的问题与对策》，《国际经贸探索》2006年第1期，第20~24页。

关秀丽：《香港服务业与广东制造业优势互补、合作互动的现状及前景》，《经济研究参考》2006年第28期，第9页。

周运源：《新时期香港服务业发展的未来走向》，《当代港澳研究》2013年第4期，第14~15页。

林楚婷:《深圳市宝安区产业结构升级优化策略研究》,硕士学位论文,华中师范大学,2015。

陈少兵:《香港产业转型升级的特点与反思》,《广东社会科学》2017 年第 7 期,第 7 页。

洪雯:《发展 2.5 产业 推进香港经济实体化》,《开放导报》2017 年第 4 期,第 6 页。

B.25

中国特色社会主义先行示范区背景下盐田临港自由贸易新片区发展路径研究

何　吉*

摘　要： 面对建设中国特色社会主义先行示范区的历史契机，深圳市将致力于建成高质量发展高地，在构建高质量发展体制机制上走在全国前列。在这一进程中，改革广度和深度将超越以往，伴随着一系列红利释放，建设盐田临港自由贸易新片区恰逢其时。盐田区必须抓住难得的历史机遇，充分发挥自身优势，积极谋划推进盐田临港自由贸易新片区，努力打造战略性、重量级的平台，成为中国特色社会主义先行示范区的强劲引擎。

关键词： 先行示范区　临港自由贸易新片区　盐田港

一　研究背景

2019年8月，中共中央、国务院印发实施《关于支持深圳建设中国特色社会主义先行示范区的意见》（以下简称《意见》）。这是中国特色社会主义又一伟大实践的时代性开启，是继兴办经济特区后，深圳迎来的又一重大历史性机遇，必将对深圳的改革发展产生极为重大而深远的影响。盐田区正

* 何吉，深圳市盐田区发展改革局综合规划科科长，主要从事综合材料和规划编制工作。

致力于加快建成宜居、宜业、宜游的现代化、国际化创新型滨海城区，将主动融入大局，找准自身定位，发挥特色优势，实现跨越式发展，在建设先行示范区的新征程中走在前列，勇当尖兵。

《意见》虽然只有10页纸篇幅，但极具含金量，其支持力度之大、改革程度之深、发展举措之实、要求标准之高，可以说是前所未有。其中提出："高标准高质量建设自由贸易试验区，加快构建与国际接轨的开放型经济新体制。"建设先行示范区，决不能关起门来自我陶醉，要以更加开放的眼界和胸怀，放眼全球谋先行，把握大势谋长远，在构建全面开放新格局中不断增强和展现"两个重要窗口"的魅力。

开放，是盐田区与生俱来的基因和特质，也是盐田的使命重任。港口、综合保税区、口岸、中英街，既得天独厚，又相互作用，搭建形成了开放型经济新体制的底盘和基石。在当前的发展形势下，盐田区的港口、综合保税区、口岸、中英街，都面临着不同程度的考验和挑战，转型升级困难重重。如何促进港口、综合保税区、口岸、中英街的有机耦合，激发"化学效应""乘数效应"，实现华丽转身蝶变，是摆在我们面前的一个重大发展命题。

此前，学界有一种声音，认为若在盐田建设自由贸易港，将对香港自由贸易港地位带来挑战，因此独立建设自贸港方案获批的可能性不大。但如果盐田在新一轮改革开放大潮中，没有宏大的构想、抉择和行动，恐怕要在发展浪潮中错失重大机遇。眼下，前海—蛇口自贸区建设如火如荼，全国多地自贸区纷纷获批设立，盐田的自贸梦想路在何处？

2019年7月27日，《中国（上海）自由贸易试验区临港新片区总体方案》印发实施，对标国际上公认的竞争力最强的自由贸易园区，选择国家战略需要、国际市场需求大、对开放度要求高但其他地区尚不具备实施条件的重点领域，实施具有较强国际市场竞争力的开放政策和制度，实现新片区与境外投资经营便利、货物自由进出、资金流动便利、运输高度开放、人员自由执业、信息快捷联通，打造更具国际市场影响力和竞争力的特殊经济功能区。

上海自贸区临港新片区的方案和相关政策一经公布，给予了盐田区有益启迪：临港新片区总体方案不是简单的原有自贸试验区扩区，也不是现有政策平移，而是全方位、深层次、根本性的制度创新变革，是我国深化改革开放的再升级。既然如此，依托盐田区的条件和基础，对标并赶超上海、打造临港自由贸易新片区2.0版本，并非遥不可及的空想。

沙头角口岸、中英街是粤港澳大湾区版图中深港合作的重要一极，盐田综合保税区是深圳落实国家“一带一路”倡议的有力支撑，都高度契合国家战略需要；盐田综合保税区是国际和国内的商品、资金的汇聚之地，中英街的“一街两制”在全国是独一无二的，盐田区坐拥港口、综合保税区、口岸、中英街，是全国其他地区所不具备的，也是盐田区构建与国际接轨的开放型经济新体制的强大底气所在。而且，由于深港合作因素的“加持”，对标并赶超上海、打造临港自由贸易新片区2.0版本，对于盐田来说，将绘就更为宏伟的蓝图。

二　条件和优势

对比上海自贸区临港新片区的选址和政策赋予，盐田区建设自由贸易试验区临港新片区，具有建设自由贸易试验区临港新片区的诸多绝佳条件。

（一）地形特征得天独厚

盐田地理位置独特，三面环山、一面临海，目前与外界联通的通道只有梧桐山隧道、盐田坳隧道、盐田隧道、坪盐通道（在建）、深盐二通道、梧桐山盘山公路和惠深沿海高速公路，一旦严格管控通道，海与山则形成天然物理围网，将盐田围成相对独立的地理单元，使得盐田开合自如、便于管理，可以以较低的成本实现“一线放开、二线高效管住、区内自由”的硬件要求，是建设自由贸易试验区临港新片区的理想之地。

（二）港口优势不可复制

盐田区拥有打造自由贸易港的核心硬件，超大型集装箱船舶首选的深水良港——盐田港。盐田港是全球单体最大和效益最佳的集装箱码头，拥有世界最先进的操作系统和最现代化的装卸设备，是华南地区国际航线最密集的港区，也是深圳港应对全球远洋航运大船化趋势、实施深水战略的不二之选，其港资背景也具有独特优势。从集疏运体系来看，平盐铁路可以加倍放大港口的辐射半径，高速公路、轨道交通可有效快速集散人流和物流，是国际上同类地区运输条件较为完善的，可以充分发挥盐田港对于贸易和产业发展的支撑作用。从辐射范围来看，盐田港背靠珠三角制造业发达地区，与之形成优势互补。

（三）开放的基础厚实

盐田综合保税区是国际和国内的商品、资金的汇聚之地，沙头角片区是全国第一个保税区（1987 年批准创办），也是面积最小、单位产值最高的保税区。经过 2008 年全球经济危机的洗礼，沙头角保税区也开始探索产业升级、创新创业、贸易便利化等措施来适应不断变化的外部经贸环境。这就促进形成了盐田区独特的开放优势。中英街与沙头角口岸是深港要素流动的重镇要塞。港口、综合保税区、口岸、中英街，恰是盐田区构建与国际接轨的开放型经济新体制的强大基石。

（四）极具风险压力测试价值

临港新片区承担着我国高水平对外开放的风险测试责任，这决定了它既是“特区”，又是“试验区”。如若面积太大会造成管理成本高和税收成本大，面积太小则不具备系统风险测试的能力。盐田区总面积 74.99 平方公里，占深圳市的 3.75%，2018 年 GDP 为 630 亿元，占深圳市的 2.6%，辖区面积和经济规模都相对较小，试错成本低，船小好调头，非常适合探索建设临港新片区。

（五）深港合作因素加持

盐田区与香港山水相连，周大福、盐田国际等一批优质实力港企在盐田扎根发展，中英街深港合作源远流长。在粤港澳大湾区版图中，盐田具有拜香港为师的优势，可与香港携手合作，建设临港自由贸易新片区，择优借鉴香港自由贸易港经验做法，也是助力香港更好融入祖国发展大局、增进香港居民福祉的有益举措。

三 存在的不足

要打造临港自由贸易新片区，盐田区先天条件和基础较好，但对比上海自贸区临港新片区的“五个自由”，即投资自由、贸易自由、资金自由、运输自由和人员从业自由，盐田区仍然存在一些掣肘性不足和薄弱环节。

第一，创新能力相对薄弱。由于经济结构和历史原因，盐田区在科技和产业创新领域的能力显得相对薄弱。如新兴产业增加值占 GDP 比重、全社会研发支出占 GDP 比重，长期落后于全市平均水平，国家高新企业数量为 54 家，约占全市总量的 1%。面对新一轮科技产业创新浪潮，辖区创新能力的量级亟待提升，尽快形成对临港自由贸易新片区的支撑。

第二，金融领域短板突出。金融业发育不成熟，金融机构布局、物理空间集聚度不够，金融新业态、新模式发展缓慢。金融业规模总量和金融产品丰富程度与兄弟区和经济社会发展要求相比，还存在一定差距。从数据来看，盐田区金融机构各项存贷款余额基数小，占深圳市比重低，金融业增加值占 GDP 比重也落后于全市平均水平。

第三，港口物流业发展效益不高。行业发展“港口强、后方弱”的局面没有彻底扭转，航运服务业发育不充分，盐田综合保税区的政策功能需要进一步激活。集疏运体系的“堵点”犹存，港城矛盾尚未得到根本性消解，口岸营商环境仍有优化提升空间。中美经贸斗争依然存在诸多不确定性，盐田港及相关企业首当其冲。

第四，易受到香港局势干扰。香港“反修例”风波所引发的系列暴力事件和社会不安，削弱了市场主体与投资者的积极性和信心，深港两地政府和商贸往来一定程度上也面临不利影响。盐田建设临港自由贸易新片区，单枪匹马难度较大，离不开与香港的携手共进，而香港的不稳定因素，成为前行途中的一个未知变量。

四　推进策略

解放思想，用改革开放的眼光和步伐谋划推进。加快《意见》落地落实，需要争取政策、用好用足政策，但不能走政策优惠的老路，而是要以制度创新来打造改革开放新高地。广东省委书记李希同志指出：对中央《意见》没有明确提出，但又是建设先行示范区所必需的，只要符合习近平总书记对广东、深圳重要讲话和重要指示批示精神，就要打开脑洞大胆想、甩开膀子扎实干。这就给盐田区建设临港自由贸易新片区指明了方向，即使《意见》没有明确提出，但也要勇于解放思想，多想金点子、好点子，肯定能取得突破。

包容创新，在学习借鉴的过程中追赶超越。首先，要学习借鉴上海自贸区临港新片区、青岛上合组织地方经贸合作示范区等地的制度创新、政策创新，择优借鉴香港自由贸易港经验做法，汲取有益经验为我所用，以更加开放的胸襟博采众长、兼容并蓄，在与领跑者、顶尖者比高低过程中发展成为领跑者、顶尖者。盐田需要有这样的气魄和胆识，思深以致远，谋定而后动。

因势利导，站在全市高度推出战略性举措。近年来，区域竞争日趋激烈，各兄弟区都精心谋划重大平台和重大改革事项，比如西丽湖科教城、光明科学城、坪山高新园区，都形成了强劲增长势头。对比之下，盐田区的比较优势存在被弱化的迹象，迫切需要打造一个超常规、重量级的战略平台，以期实现“弯道超车”，全面提升盐田区的产业能级和辐射力，并带动深圳东部地区加速崛起。

五　实施路径

抢抓建设粤港澳大湾区和中国特色社会主义先行示范区“双区”利好

叠加机遇，依托盐田港区、盐田综保区、沙头角口岸和中英街，积极争取国家、省、市支持，对盐田全域范围进行合理围网，携手香港共建盐田临港自由贸易新片区。择优借鉴香港自由贸易港经验做法，在贸易自由化、企业经营、资金流动、人员进出、信息流通和税收优惠政策等方面进行探索，逐步构建与国际通行做法相接轨的自由贸易制度体系，打造深圳东部发展新引擎。

（一）全面深入研究分析，制定合理方案

凡事预则立，不预则废，只有通过全面深入的调研分析和周详考虑，才能做好顶层设计、谋篇布局，从而谋定而后动。一是组建专班，专职推进。仅仅依靠单枪匹马来零敲碎打，毕竟效果有限，必须指定精干的专职工作人员，予以必要的行政资源倾斜，与高水平智库合作，专门负责谋划推进，这也是锻炼干部、增进才干的过程。二是开阔视野，对标先进。要进一步拓宽视野，跳出深圳看盐田，选择香港、上海和新加坡作为对标，重点学习吃透先进理念和制度体系，认真鉴别、合理吸收、集成创新。三是规划引领，通盘谋划。编制涵盖各个方面的总体发展规划，并加强规划的刚性约束，将港口、综保区、口岸、中英街等核心元素的作用发挥到极致，聚合形成最大力量。建议选址范围是近期可将整个盐田区全域74.99平方公里纳入，远期可将坪山的出口加工区、大鹏的国际生物谷都纳入，发挥带动东部地区崛起的作用。四是制度保障，法治先行。要搭建一套成熟可操作、有利于生产力进步的法律规则系统，灵活运用深圳特区立法权，积极向全国人大常委会申请，授权国务院在区内暂时调整或者暂时停止实施部分法律法规的立法方式。

（二）积极争取上级支持，争取政策倾斜

从上海的发展经验来看，建设临港自由贸易新片区不能仅由自由贸易因素遵循市场规律自主形成，必须有中央层面自上而下的体制改革和政策支持加以推动，因此应当争取“中央统筹、部委支持、对接香港、省市落

实”的多级共同推进模式。一是积极向市里建议在盐田建设临港自由贸易新片区，并经市里统筹就建设临港自由贸易新片区的相关政策诉求向党中央、国务院报批，积极争取粤港澳大湾区建设领导小组和有关部委批复、支持，争取通过全国人大给予“临港自由贸易新片区”必要的法律授权。二是争取国家发改委、商务部、财政部、交通运输部等各部委联合支持“盐田临港自由贸易新片区”建设，积极出台相关改革举措，支持“盐田临港自由贸易新片区”在内外贸、投融资、财政税务、金融创新、出入境等方面探索更加灵活的政策体系、监管模式和管理体制。三是就盐田临港自由贸易新片区的方案与香港特区政府和企业沟通，争取香港方面支持，并吸引香港企业参与盐田临港自由贸易新片区规划建设，在制度借鉴、管理架构、产业培育、税收征管、市场监管等方面，注入“港味”元素。四是消解减少申报阻力。建设临港自由贸易新片区，与包括前海—蛇口自贸区在内的国内其他自贸区并不是资源争夺关系，而是各有特色，各有使命，是优势互补、共享共赢，需要在这方面予以考量，以最大限度形成合力，减少阻力。

（三）对接香港务实合作，再造比较优势

实现与香港紧密务实合作，构筑“深港湾区命运共同体”，是盐田临港自由贸易新片区与上海、海南的最大不同之处，既是体现盐田助力香港融入祖国发展大局的主动担当，也是争取中央支持的有力抓手。一是参照香港（WTO“单独关税区”）的安排，在盐田建一个与香港接轨的单独经济贸易制度区，即独立的金融财政体系、全面开放资本市场、建立独立的关税体制、独立的税收体制和市场化的公司制度，都需要同香港特区政府进行紧密的对接和协同。二是面向香港精准招商引智，吸引香港实力企业、创新人才来盐田投资兴业，承接香港的产业外溢，为香港青年拓展就业空间。三是畅通与香港的交通联系，高标准重建沙头角口岸，升级通关系统，引入“一地两检”查验模式，并推进深圳地铁18号线延伸至沙头角口岸。四是积极融入粤港澳“一程多站”精品旅游线

路，尽快恢复梅沙旅游专用口岸，开通与香港沙头角、吉澳岛、荔枝窝等地直达互通的海上航线，实现与香港维多利亚港、马料水码头等联通，大力发展海上观光游。

（四）营造一流营商环境，吸引全球资本

临港自由贸易新片区体现的是最高水平的自由开放，要营造比自由贸易试验区更为开放、规范、自由的营商环境，通过制度创新实现资源高效率、高效益的优化配置，吸引更多高附加值、高新技术的企业。一是补齐金融领域短板，吸引金融开放领域外资进入，主动出击挖掘外资机构的需求，吸引企业来盐设立包括有限牌照银行在内的各类金融机构，组建专业服务团队，为外资金融机构提供系统化的服务及整体解决方案。二是建立自由企业制度，实现企业经营自由。除特殊领域外，取消对外商投资企业经营期限的特别管理要求，在“盐田临港自由贸易新片区”内实现企业自主登记注册，取消经营范围限制，取消控股比例限制，完善电子管理系统，便利企业进行登记、结算、退税等活动。三是进一步贸易自由化。海关监管、通关便利化措施全面对标香港，取消不必要的贸易监管、许可和程序要求，实施更高水平的贸易自由化、便利化政策。四是资金自由流动。参照香港经验，逐步推动金融创新，放开在融资自由、汇兑自由、人民币跨境使用、外汇管制等方面的限制。五是人员自由进出。参照香港经验，对到临港自由贸易新片区进行短期商务活动或旅游的外国访客、游客实行落地签，对于临港自由贸易新片区内企业聘用的外籍人才，在签证上给予更方便快捷的办理方式。六是关税及税收优惠。参照香港税制，除酒类、烟草、碳氢油类及甲醇外，一般进口或出口货物均无须缴付任何关税；不设增值税和营业税，境外所得利润也不纳税；除非是经营业务，个人也无须就利息、股息、红利、股票等投资所得纳税；区内注册企业及员工适用香港税率缴纳所得税。七是信息自由流通。在实名登记的前提下，探索在临港自由贸易新片区内试点开放国际网络权限，便于港区内企业和个人及时获取全球重要商贸、科技信息。

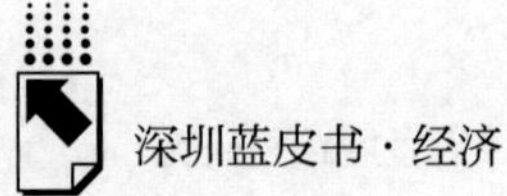

参考文献

左琳:《上海自贸区扩容，扩的不仅仅是面积》,《中国报道》2019 年第 9 期，第 53~55 页。

杨枝煌:《中国特色园区经济发展的探索与思考》,《中国县域经济报》2009 年 9 月 30 日。

杨英:《中国自由贸易港布局的基本思路及策略研究》,《中国发展》2019 年第 2 期，第 9~13 页。

胡剑波、任香:《自由贸易港：我国自由贸易试验区深化发展的方向》,《国际经济合作》2019 年第 3 期，第 62~69 页。

B.26

关于加快深汕特别合作区产业孵化基地建设与税源培植的思考

陈子斌　王 琴　潘天皓*

摘　要： 企业是市场经济的细胞，是产业的载体，也是纳税人，孕育企业就是在培植税源。产业孵化基地能够高效孕育企业，创造税收。本报告在阐述产业孵化基地建设与税源培植关系的基础上，分析深汕特别合作区的区域内税源结构现状特征及问题，结合合作区经济发展的实际状况，应用经济税收基本理论，对合作区产业孵化基地建设与税源培植提出建议。

关键词： 产业孵化　税源培植　深汕特别合作区

深汕特别合作区（以下简称“合作区”）目前的经济规模较小，年生产总值不足100亿元，税收规模也在10亿元级以下，其原因主要是市场主体——企业数量小。如何培植市场主体和税源值得我们思考。除引进重点企业外，利用产业孵化基地培植本地企业也是一种重要途径。我们通过分析产业孵化基地建设与税源培植的关系，对合作区的经济与税收发展提出一些建议。

一　产业孵化基地与税源培植的关系

从理论上讲，经济规模和结构决定了税源总量和结构。产业发展和结构

* 陈子斌，高级会计师，深圳市深汕特别合作区税务局，长期从事税收征管状况和数据分析工作；王琴，深圳市深汕特别合作区税务局，长期从事税收信息与风险管理工作；潘天皓，深圳市深汕特别合作区税务局，长期从事税收规划与分析工作。

调整是影响税源结构与税收产出效率的决定性因素，也是形成同一地区不同时期、同一时期不同地区税收收入差异的原因。新经济、新产业有更快的发展速度和更高的经济效益，税收产出和增长的贡献也更高。因此，区域发展必须推动产业转型和结构优化。本质上讲，优化税源结构，就是要发展有质量的产业和有效率的经济。而企业既是经济的细胞，也是纳税人，税源结构与产业的载体——企业的发展密切相关。

产业孵化基地通俗理解就是整合资源，提供专业服务，目的就是创新创业，促进技术成果转化，最终是培植企业并使其成为有竞争力的市场主体。深圳的产业孵化基地建设得到了政府的大力支持，尤其在基地建设的用地、用房、资金和政策方面。产业孵化基地在政府大力支持下，产业与技术、专业服务能有效地衔接起来，使单一企业依靠自身能力无法完成的经营环境可快速地建设和完善，实现企业、经济与税收螺旋式上升发展。

产业孵化器是区域进行自主创新的一个重要平台，是一个具有产业集聚效应的有机整体。做大产业孵化基地，一是可以高效利用日益紧缺的土地资源，给企业提供集约化发展的新空间，有利于优化资源配置；二是可以解决“孵化”期的高科技企业发展“瓶颈”问题，满足不同产业类型、不同发展阶段企业对灵活的物理空间的个性化需求，有利于促进企业快速成长；三是有利于产业孵化基地的企业间形成竞争和合作关系，使产业链条中的各个企业实现专业化分工，产业链上下游企业协作生产，相互推动产业技术创新，进而促成创新型组织的集聚，有利于完善产业链，是扩大税源的重要基础。

二 深汕合作区税源结构的现状特征及存在问题

（一）深汕合作区经济税收总体情况

从2016～2018年合作区经济发展情况看，地区生产总值和税收规模较小（数据详见表1），与深圳其他区相比，仅是小比例，经济税收的规模效应没有显现，税收增长速度慢。税收产出率比较高的第三产业，2016～2018

年分别为24.07%、24.73%、23.12%，占比偏低，远低于深圳的平均水平，产业结构急需调整以提高合作区经济税收发展质量。

表1　2016～2018年深汕合作区经济发展情况

指标名称	2016年		2017年		2018年	
	金额(万元)	同比(%)	金额(万元)	同比(%)	金额(万元)	同比(%)
1. 地区生产总值	407226	7.0	488030	17.9	531319	4.0
其中:第一产业	70192	4.2	95839	36.8	124737	12.9
第二产业	239001	9.9	271476	12.2	283703	3.7
第三产业	98033	2.4	120715	18.5	122879	1.79
2. 规上工业总产值	447047	—	451159	0.8	492861	6.2
3. 规上工业增加值	165590	5.1	274072	12.6	269210	4.0
4. 税收总额	15626	127.23	63294	305.06	70520	11.42

注：2016年、2017年税收大幅增长的原因是纳税人的纳税地点逐步由汕尾市区或海丰县调整至合作区。

（二）深汕合作区税源结构存在的问题

一是合作区大部分纳税人的税收贡献小，税收集中度较高。合作区综合纳税500万元以上的企业只有5家，2018年税收收入合计3.27亿元，占总税收的71.18%，其中一家火力发电企业的税收收入为2.68亿元，占总税收收入的58.5%。数据反映了合作区的税收高度集中，同时也表明大部分纳税人的税收贡献小，仅靠几户纳税人的税收贡献，税收风险高，受经济波动影响大，不利于税收收入的持续稳定增长，是税源结构不甚合理的最终体现。

二是深汕合作区优质产业载体和园区较为匮乏，高端要素难以集聚。前瞻产业研究院的研究文章《国家高新区的未来战略转型方向分析》指出，高新技术产业发展的基本路径为“单个企业→同类企业集群→产业链→产业集群”。区域经济只有依靠产业的集群化发展，才能产生规模的协同效应。所谓“产业集群”事实上是产业链发展的高级形态，是产业链之间的融合发展，即“链式融合”。产业集群是产业园区发展的高级阶段，合作区的产业园区要达到这一阶段尚需时日。目前还处于单个企业向同类企业集群发展阶段，如肉类食品加工企业。合作区在广东省主导设立之初建设的产业园，因合作区管委会及其部门办公之需，现已转为写字楼，真正的产业园尚未形成，而周边的惠州市惠东县吉隆镇鞋业产业园还具有相当的规模。合作区的产业用房分散，不成群，无产业链，公共配套设施不完善。规划建设中的产业园区，一方面其基础设施以及物业形态还无法满足产业集群发展的要求；另一方面已建成产业厂房空置率较高，土地使用效率较低。

三是在日趋激烈的区域竞争格局下，合作区面临高端资源要素被“虹吸”的挑战。合作区人才规模小、层次不高，结构不合理，是客观事实，未形成匹配未来产业发展所需的人才总量和结构要求。合作区除一家火电企业外，尚缺乏优质税源经济和龙头企业支撑，产业对人才的招引能力较弱；合作区财力相对有限，在人才政策上，与其他城区相比处于弱势地位，在供给侧结构性改革背景下，“企业相互挖角”“人才区际竞争”现象值得警惕；在公共服务和生活配套上，合作区还存在不小差距，人才等优质资源存在被“虹吸”的风险。

与此同时，合作区旅游业市场也受到了惠州、汕尾、河源等周边区域的“分流”。由于经济发展差异和庞大的消费能力，深圳市民成为东部周边城市旅游业发展的目标市场和消费人群。交通条件的持续改善，以及环大亚湾、河源等地区将旅游对接作为与深圳对接的重要选项，又将加速这一进程。深企援建的巴伐利亚庄园是河源旅游业标杆。合作区旅游业如果没有较快的突破、产业特色和服务优势，项目容易被替代，市场被分流，与周边相比竞争劣势将愈来愈明显。

三　深汕合作区产业发展和税源结构优化的形势分析

一是有重大战略机遇。当前，全球掀起第四次产业转移浪潮，而珠三角地区是我国东南沿海地区产业转移的重点区域之一。合作区作为深圳 10 +1 个区，开发建设迎来了重大战略机遇。从国内看，我国目前正处于全面建成小康社会的关键时期，经济转型与区域协调发展大力推进，将会推出一系列促进经济发展的利好政策。在党中央、国务院提出要推进粤港澳大湾区建设和支持深圳建设中国特色社会主义先行示范区的战略机遇下，特别提到要“创新完善、探索推广深汕特别合作区管理体制机制”，这有利于合作区利用土地空间资源广阔、社会生产成本低的比较优势，承接产业有序转移。从广东省内部看，围绕率先全面建成小康社会、率先基本实现社会主义现代化而奋斗的总目标，制定出台区域协调发展的系列规划和政策，意在缩小珠三角与粤东西北地区各方面的发展差异，实施对口帮扶，建设产业园区发展经济。合作区将作为深圳、广州外溢发展的首选地，将发挥区域优势，带动粤东地区加快融入珠三角。

二是有区位优势。合作区位于广东省东南部，是广东两大核心引擎区域深圳和广州与粤东潮汕地区的连接点，东与汕尾市海丰县相连，南临红海湾，西、北部与惠州市惠东县接壤，是粤东通往珠三角地区的桥头堡。距离深圳、广州、香港 100 公里左右，境内交通条件便利，区域内通过的高速公路和铁路有深汕高速、潮莞高速、厦深高铁和 324 国道，境内已规划并准备明年开始建设深汕城际和广汕城际高速铁路，区位交通优势加速形成。

三是有较丰富的土地资源。合作区土地资源丰富，土地规划主要包括小漠、鹅埠、赤石和鲘门四镇，总面积 486 平方公里，有 51 公里长的优质海岸线，人口密度极低，土地资源开发成本低，是一处良好的产业转移和企业转型升级地区，可以用于大规模工业建设。未来 15 年规划城市建设用地 80 平方公里。合作区 2020 年预计推介产业招商用地的面积为 557 公顷，其中鹅埠片区产业用地面积为 50 公顷、小漠片区产业用地面积为 269 公顷、鲘门片区产业用地面积为 238 公顷。

四 合作区产业孵化基地建设及其税源培植建议

（一）深圳其他区域的产业孵化基地实例借鉴

1. 龙岗大运软件小镇

大运软件小镇创新创业孵化基地采取“政府引导、国企主导、市场运作”模式，依托高度专业化、高水平的服务团队，多方汇聚人才、技术、产业、资本等创新资源，建立了一套完善的孵化基地管理制度和创业服务体系，落实深圳市创业扶持政策和龙岗区创新创业政策，努力促进优秀创业项目不断成长和成熟。投入运营6年以来，已成功培育了怡丰机器人、全球鹰无人机、首艾科技等一批优秀科技企业，为实现以创新载体集聚创新资源、以创业带动就业，走出了一条示范引领之路。大运软件小镇截至2019年9月底登记注册纳税人1956户，2016～2018年有税申报纳税户和年度纳税额分别为686户、2.84亿元，860户、2.29亿元，1209户、2.48亿元，被广东省人社厅认定为广东省创业孵化示范基地，并按照有关规定可享受创业扶持政策。

2. 深港中海信科技园区

通过政府指导，民营资本与专业机构合作，探索出以创业投资和上市培育为特色的上市服务综合体运营的发展模式，具有如下特点。一是园区建设目标明确、发展定位高，以印度“班加罗尔”为参照，打造留学生创业孵化与高新技术产业发展相结合的现代化商务产业园区，为园区企业提供高端服务，集约利用有限的土地资源。二是以市场为导向，激活民营资本，破解中小科技企业“融资难”的困局，推动企业快速成长。三是集中市场专业服务机构，如会计、法律和证券中介机构，在企业上市培育过程中提供辅导、保荐、资产评估等服务并发挥专业优势，营造园区企业上市的良好氛围。据不完全统计，截至2019年9月底科技园区登记注册纳税人722户，2016～2018年有税申报纳税户和年度纳税额分别为348户、1.74亿元，431户、1.62亿元，505户、1.95亿元。

3. 龙岗天安数码产业园

经验显示大力发展总部经济和楼宇经济是涵养税源的重要载体。产业园采取政府支持、市场化运作，鼓励引进商务公司负责企业的注册。具体做法是先拿出一栋物业作为商务登记的基地，在基地注册的企业统一管理、统一发展、统一产业规划指导。天安数码产业园区截至2019年9月底登记注册纳税人4215户，2016～2018年有税申报纳税户和年度纳税额分别为1979

户、14.87亿元，2294户、18.36亿元，2651户、19.26亿元。一个园区的税源已是合作区税收的2倍多。

4. 福田区新一代信息技术产业园

园区聚焦5G研发及应用、芯片设计与研发、金融科技研发及应用、高端现代服务业等四大产业，园区内6栋甲级产业研发大楼装饰一新，计划引入总部型企业20余家，科创型企业200余家，高科技人才15000余人，园区计划实现年产值超过300亿元，税收超过20亿元。

（二）借鉴深圳其他区的经验和政策，创新并尽快出台产业发展政策

合作区要立足资源禀赋，按照粤港澳大湾区产业发展导向，落实做细“东南西北中”五大组团产业空间布局，加强科技创新和制度创新双轮驱动，探索形成产业互动、优势互补，高点定位、科学系统的产业发展格局。一方面，要将合作区全面纳入市产业发展政策体系，对智能装备、新能源新材料、港口贸易与物流等重点产业制定扶持政策，制定产业准入负面清单。另一方面，要建立财政资金对产业尤其是制造业发展的投入增长机制，逐年扩大扶持产业发展专项资金的规模，设立主体产业特别是制造业发展的专项基金，积极整合相关政策资金，落实国家、省、市关于支持民营经济、减税降费等政策，尤其是要抓好进一步提升营商环境的各项政策措施的落地，以实实在在的举措推动产业发展，形成合作区的优势产业体系，帮助企业快速成长，变大、变强。与此同时，合作区要进一步建立健全产业项目土地供给管理机制，积极运用产业发展体系平台招商，包括产业基金、产业链、市场资源和文化创意招商，重点发挥中英地方合作联合工作组、中德工业城市联盟、中美省州合作联合工作组、意中交流协会等国际合作平台和各地商协会的桥梁作用，打好招商“组合拳”。

（三）以财政资金为主导，集中资源建设各类产业孵化基地

产业孵化基地是科技创新、技术成果转化的承载平台，投资大且建设风

险高。合作区当前仅依靠市场配置资源，很难建设好产业孵化基地。按"筑巢引凤"基本理论，合作区要先筑巢、筑好巢，学习和借鉴产业孵化基地建设的先进做法，加快梳理产业用地，加大财政资金支持并主导，集中资源力量建设好产业孵化基地，实现企业集群，形成产业规模效应，推动经济税源发展。加速产融结合，发挥产业资本的杠杆作用，企业资本为基础，金融机构配套资金，加大金融对合作区产业发展的支持力度。合作区要积极规划"产业地图"，聚焦新能源汽车动力装备制造、机器人、智能无人系统、高端医疗、健康管理等细分领域。统筹谋划合作区产业发展方向，引入细分领域龙头企业、优质创业团队，形成各类产业集聚基地。例如，深汕湾机器人小镇、时尚品牌产业园、大数据产业园、生态环境科技产业园、海洋智库和海洋科技装备研发基地、文旅特色小镇等产业孵化基地和产业园区要加快建设。

（四）实施创新驱动，建设具有高质量发展要求的现代产业体系

现代产业体系需要建设重点实验室、工程实验室、工程（技术）研究中心和技术成果孵化器，要实施创新驱动，推进工业化与信息化融合。实验室、研究中心和成果转化要面向市场，以企业为主体、高校为支撑，利用先进技术和信息技术改造提升传统产业，促进战略新兴产业发展。引进国内外高水平科研机构、行业知名专家进行产业发展研究，制定产业的战略方向、发展路径，明确各类产业发展的定位、目标、方向和举措，出台各产业发展政策，实行"一业一策"。选择若干个关联度大、带动性强的企业或项目，形成产业集群，按技术→团队→项目→企业→产业"五位一体"的方法重点培育，发挥它们的辐射、示范、信息扩散和销售网络的带动作用，引导各类企业、各类资源向龙头企业集聚，推动产业集群发展。现在新的社会经济发展模式是要推进"产城融合"，以现代产业体系为基础，实现与新型城镇化同步发展，以产业发展支撑新城繁荣，尤其是带动生产性服务业和生活性服务业发展，形成工业化与城镇化互融互进的良好局面。

（五）提升经济社会发展软环境，集聚高端产业人才

人才永远是经济社会发展的决定性力量。发达地区凭借先发优势，吸引了大量的技术人才和企业管理人员，合作区应找出差异化引才战略，除简单直接的人才补贴政策外，更多是要不断提升自身的软环境，先从中高端人员引进为主，根据产业发展不同阶段引进人才。合作区有后发的优势，在软环境建设上可以比先发地区做得更好。因此，提升经济社会经济发展的软环境是营造高端产业人才集聚的基础。目前，深圳的高房价已制约了高端产业人才的引进，合作区要抓住机遇，进一步形成育才、引才、聚才和用才的良好环境与政策优势。为了加快形成高端人才住区集聚效应，合作区应加快建设120 平方米以上的人才安居房，并提高公共服务配套能力。同时，在合作区城市规划建设中应注重环保、安全、便捷、舒适和人性化的设计，结合深汕特有的生态禀赋、山海景观和文化内涵，加快打造宜居、宜游、宜业的国际化城市环境，提高对高端人才的吸引力。

Abstract

Annual Report on the Development of Shenzhen Economy (2020) is an integral part of Shenzhen Bluebook series compiled by the Shenzhen Academy of Social Sciences. It is comprised of five parts, including: General Report, Macroeconomics, Industrial Development, Building of "Two Areas" (the Guangdong-Hong Kong-Macao Greater Bay Area and the pilot demonstration area of Socialism with Chinese characteristics) and Urban Development. These reports reviewed the momentum of an overall sound economic performance and a steady improvement of development quality in a systematic manner while conducted an outlook and advisement for Shenzhen's economic, industrial and regional development in 2020.

In 2019, in the face of emerging risks and challenges at home and abroad, Shenzhen firmly followed Xi Jinping Thought on Socialism with Chinese Characteristics for a New Era and fully implemented the instructions and guiding principles embodied in General Secretary Xi Jinping's speech on Shenzhen and Guangdong. We followed the general principle of pursuing progress while maintaining stability, continued to apply the new development philosophy and adhered to supply-side structural reform as a priority in a bid to move toward high-quality development. Sustainable and steady economic growth has been achieved, manifested by a stable rise in the added-value growth rate of industrial enterprises above designated size, a rapid growth of investment in fixed assets, a continued rise of the total retail sales of goods and a moderate correction of total volume of exports and imports. Economic composition was further improve as seen in the pick-up of the proportion of tertiary industry in GDP, the upgrade of internal structures of manufacturing and services sectors, the rising share of the four pillar industries in GDP and the fast growth of emerging industries with strategic importance. With continuous improvement in quality and efficiency, per capita

GDP in Shenzhen exceeded 200000 yuan. The revenue in the general public budgets increased rapidly. The profits of the industrial enterprises above designated size achieved a double-digit growth and per capita disposable personal income was brought to a new high.

The year 2020, marking the 40th anniversary of Shenzhen, is a decisive year in launching the building of the "Two Areas" and the year marking the conclusion of building a moderately prosperous society in all respects and the 13th Five-year Plan (2016 – 2020) . Against the backdrop of a complex, severe and capricious external environment and a mounting downward pressure in economy, we should convert the stress into a driver to make progress, overcome difficulties and rise up to challenges. We should speed up our efforts in building the "Two Areas" and comprehensively deepen reform and opening-up so as to ensure a rational growth in scale and a steady improvement in qualities. We should have clear priorities and make up for weak links to boost new drivers of growth and foster new momentum, making Shenzhen a core engine in the Guangdong-Hong Kong-Macao Greater Bay Area.

Keywords: Shenzhen; Economic Development; The Building of the "Two Areas"

Contents

Ⅰ General Report

Abstract: In 2019, Shenzhen economy maintained at a sustainable growth. The economic structure continued to be optimized under the increasingly enhanced quality and benefits. The main economic indicators of Shenzhen rank high among the other comparable cities in China. In 2020, the economic development in Shenzhen will face with the severe challenges brought about by the outbreak of COVID-19 and China-US trade frictions. Under such circumstances, Shenzhen economy must grasp the nettle with positive progress, to ensure the the economic scale could be maintained at an appropriate growth range with its economic quality stably rising-up.

Keywords: Shenzhen; Economic Quality; Economic Indicators

Ⅱ Macro Economy Section

B. 2 Situational Analysis on the 2019 Fixed Assest Investment in Shenzhen, and the Thought on the 2020 Modulation

Li Lu, *Peng Haicheng* / 024

Abstract: In 2019, the fixed asset investment in Shenzhen grew by 18.8%, maintaining at a relatively fast growth. The rapid growth on infrastructure investment has laid a solid foundation for the stable investment growth. The investment growth on the real estate exploration falled back while the industrial investment growth rebounded. The government investment and major projects were well completed. Investment on the regions outside the original Special Economic Zone continued to be increased. In 2020, solid investment growth on the fixed asset will face significant challenges, which is brought about by multiple factors, such as the external risk challenges, increasing uncertainties, the outbreak of COVID-19 as well as the increased downward pressure in marcoeconomy. However, abundant high-quality investment will spring up, driven by the implementation of two historic strategies-the Guangdong-Hongkong-Macao Greater Bay Area and the Demonstration Pilot Zone for Socialism with Chinese Characteristics. Therefore, in accordance with the requirement on coordinating the epidemic prevention and the economic and social development, Shenzhen shall deepen the reform on the investment and financing mechanism, promote the opening-up and resuming work to accelerate the construction, faciliate the efficiency on the key major programs under construction. The investment growth on the fixed asset shall be regulated at a stable level, which is predicted to be at 15% in 2020.

Keywords: High-quality Development; Fixed Assest Investment; Shenzhen Economy

Abstract: Fiscal and tax revenue is the barometer of economic development. Through the big data, the report herein was made via analyzing the growth tendency and structural change of the fiscal and tax revenue in Shenzhen from the dimensions such as total volume, structure, industry and tax resource. New features and tendencies reflected from Shenzhen's industry development has been summarized here from the fiscal and tax dimensions, which tells the remarkable advantages of high-quality development in Shenzhen. Therefore, the paper made the analysis and judge on the economic situation in 2020, from the multiple dimentions such as the international and domestic situations, the fiscal and tax policies, as well as the micro tax resource. In accordance with the existing short slabs and problems in the current economic development, the relevant suggestion in work was proposed.

Keywords: Financial Revenue; Tax Revenue; Fiscal Policy; Tax Policy

Abstract: The report made an introduction about the price performance such as CPI and PPI in Shenzhen 2019. Comparative studies were conducted herein on the prices among Shenzhen and other first-tier cities in Guangdong province and others in China. The underlying reasons for the price fluctuation was therefore analyzed. Under the influence of the COVID-19 and the monetary policies, proposals were made to create a profound monetary and financial circumstances at macro level for the high-quality economic development. In terms of the policies at meso level, the "combined" efforts shall be made among different governmental departments. The pressures on the disadvantaged group exerted by the rising price shall be alleviated in micromanagement to ensure the social security. According to the report, Shenzhen should intensify the monitoring on the price pressure at grass-root level. The stablized price should be listed into an requirement in the high-quality development.

Keywords: Price Performance; CPI; PPI; Monitoring on Price Pressure

Ⅲ Industry Analysis Section

Abstract: In 2019, the growth of the added-value in the financial industry of Shenzhen was improving. However, the saving deposits and loans, the total assets of banking institutions remained at a low position for adjustment, as well as other indicators. The "Finance +" strategetic shape is emerging in the whole city. At the same time, Shenzhen has embraced its strategetic opportunity period, which is driven by GBA (Guangdong-Hongkong-Macao Greater Bay Area) and the Shenzhen Demonstration Pilot Zone for socialism with Chinese characteristics. The whole financial industry in Shenzhen shall adhere to the industry rules and activate the market advantages. The municipal financial strategies shall be made to center around the demand on restructuring the global movitation. The financial industry should be accelerated for upgrading by combining the features of Shenzhen in the innovation phase. Shenzhen can follow the trend of the financial cooperation between Shenzhen and Hongkong, thus enhancing its financial capacities. The opportunities of fintech development can be caught, as well as the future high ground of finance. The supremacy of supervision shall be abandoned in order to unleash the dynamic of market entities in financial market. Shenzhen can be accelerated to step into the international financial center from the national fiancial and innovation centre.

Keywords: Shenzhen; Financial Industry; "Finance +"; Science Technology and Finance

B. 6 The Situational Analysis on the Real Estate Market in Shenzhen, 2019 and the Policy Orientation in 2020 *Wang Feng* / 067

Abstract: The report has made an introduction about the performance of real estate market in Shenzhen 2019. Analysis was made on the regulation policies on the real estate market in 2019. In accordance with the policy orientation on the real estate market at national level, the proposals were made on fulfilling the regualtion policies and stablizing the long-term mechanism on the robust development of the real estate. According to the report, Shenzhen shall adhere to the principle that housing should be for living, not for speculation. Shenzhen shall continue to strengthen its regulation on the housing industry. For instance, the reform on the housing system shall be intensified. Vigorous development shall be made on the rental housing market. Under the continuously improving long-term mechanism, and the background of the supply-side structural reform, the real estate market in Shenzhen will continue to maintain its stable and healthy development trend in 2020.

Keywords: Real Estate Market; Rental Housing; Shenzhen City

B. 7 The 2019 Industrial Economic Performance in Shenzhen and its Outlook on 2020 *Xia Jing* / 079

Abstract: In 2019, the industrial output value of Shenzhen exceeded that of Shanghai for the first time, standing the highest among other large and medium-sized cities in China. The industrial investment maintained at rapid growth. High-end manufacturing continued to develop in a fast track. Enterprise competitiveness continuesd to improve with the continuously well-performing benefits. In 2020, the industrial economy of Shenzhen will face more severe and complicated challenges. Therefore, Shenzhen should seize the major opportunities brought about by GBA (Guangdong-Hongkong-Macao Greater Bay Area) and the Shenzhen Demonstration Pilot Zone for socialism with Chinese characteristics. At the same times, a new round of science technological revolution and industrial revolution has brought about the Window Opportunity. Shenzhen should continue to enhance the quality of industry and enterprise development. Efforts should be spared to push forward the quality revolution, efficiency revolution and dynamic revolution in the manufacturing industry.

Keywords: Industry of Shenzhen; High-quality Development; High-end Manufacturing

B. 8 The Policy Improvement Study on Shenzhen's AI Industry based on the Domestic and International Comparison

Zhou Guangwei / 086

Abstract: Shenzhen requires more scientific and comprehensive policy support on AI industry when conducting a new generation of national pilot zone on AI innovation development. The paper was based on the policy tools from the "1 +N" AI industrial policy system in Shenzhen at three dimensions-supply side, demand side and environment side. The comparative analysis was made on the industrial policies of the leading countries such as the United States, as well as the industrial policies from the upper governmental departments such as Guangzhou provincial government and national government. The industrial policies applied in other comparable cities at the same level were also put into analysis herein, such as Beijing, Shanghai and Guangzhou, for the reference. In the final analysis, there were 13 suggestions for improvement proposed to make the AI industrial policy tools in Shenzhen more scientific and comprehensive.

Keywords: AI; Industrial Policy; Shenzhen

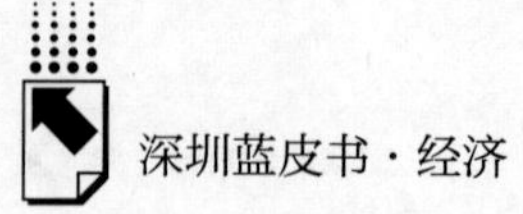

B. 9 Remarks on Shenzhen's Manufacturing Development Quality and the Analysis on its Influential Factors

Shi Jie, *Cheng Jiayuan* / 102

Abstract: Through the comparison of the related indexes of development quality of manufacturing industry, this report finds that Shenzhen, as one of the best areas of development fundamentals for high-quality manufacturing in China, still has a certain gap compared with the development level of the world manufacturing power. Theoretically the high-quality development of manufacturing industry puts forward higher requirements for structural change and systematic upgrading in line with the actual stage of industry. It is urgent for Shenzhen to strive to improve its manufacturing capacity, and the level of innovation, element guarantee and open development, to promote the high-quality development of manufacturing industry.

Keywords: Shenzhen; Manufacturing Industry; High-quality Development

B. 10 The Report on the ICV Industrial Ecology in Shenzhen

Fang Haizhou, *Liu Yong* / 116

Abstract: The ICV (Intelligent Connected Vehicle) in Shenzhen has been comprehensively developed. Not only the ICV enterprieses such as BYD Auto Co. are based in Shenzhen, but also the national leading telecommunication enterprises such as Huawei and ZTE, which could provide the technological support for the development of ICV. A group of internet enterprises headed by Tencent are also proactively pushing forward the formation of the ICV landscape. The report herein analyzes the industrial ecology of ICV in Shenzhen and then proposes the related suggestion for the development in the next step. Through the field visit and literature analysis, the author proposes that the ICV industry in Shenzhen has its obvious industrial features and competitive advantages. The industrial cluster scale has initially emerged with well-performing indsutrial structure and business ecology. The technological innovation ecology has generally formed among industries with high cooperation connecting the industries, universities and researches. However, there exsit shortcomings in the industrial policies, the research and application of the core technologies. Testing places for products are insufficient as well as a set of unified criteria. In the next step, Shenzhen could issue the specialized policies on optimizing the ICV industry, promote the R&D and industrialization of core technology, faciliate the construction of testing places and set the criteria, thus promoting the whole ICV industy in Shenzhen.

Keywords: Shenzhen; ICV; Industrial Chain; Industrial Ecology

Ⅳ "Two Areas" Section

Abstract: On August 18th 2019, the Party Central Committee and the State Council issued the Guidance on Supporting Shenzhen in Building a Demonstration Pilot Zone for Socialism with Chinese Characteristics. This is a mark of new mission and new responsibility empowered to Shenzhen by the Party Central Committee with Comrade Xi Jinping as its core. For Shenzhen, its functional position has been comprehensively elevated from the special economic zone to the demonstration pilot zone. The Guidance injected strong impetus and provided an underlying conformance for Shenzhen's Development in the new era. Therefore, the author wrote down the thinking and proposed some suggestions and advice.

Keywords: Shenzhen; Demonstration Pilot Zone for Socialism with Chinese Characteristics; High-quality Development

B. 12 The Information Report on the Constuction of the Modern Industrial System in Shenzhen

Fang Ru / 141

Abstract: This paper first analyzes the basic situation of the present modern industry system of Shenzhen. From the perspective of modern industry, Shenzhen has basically formed a "cascade modern industry system" . The strategic industry continues to grow, the internal structure of the service industry is further optimized and the advanced manufacturing industry is advanced. From the point of view of the key sub-areas, some products in the field of industrial software and intelligent control have entered the international market and reached the international first-class level, marine economic development has made some breakthroughs, the leading position in the technical innovation in the field of pharmaceutical industry and the main financial cooperation in Hong Kong. Although Shenzhen's construction of modern industrial system has made some achievements, there are still some problems, such as large external dependence on industry, obvious shortage of some industries, too much reliance on electronic communication in industrial structure, optimization and promotion of supporting environment, and limited cooperation between Shenzhen and Hong Kong. In the future, Shenzhen needs to accelerate the construction of planning policy system, optimize and perfect innovation chain, actively carry out foreign cooperation, continuously optimize system environment, build modern industrial development highland to build development community of Dawan district, etc.

Keywords: Modern Industrial System; Strategic Emerging Industry; The Shenzhen-Hongkong-Macao Cooperation

Abstract: Development of Guangdong-Hong Kong-Macao Greater Bay Area's urban cluster needs to span not only the geographical boundaries but also the boundaries of political systems, mechanisms and cultural backgrouds. Through the studies on the existing difference in the rule and system of Guangdong-Hong Kong-Macao Greater Bay Area, the paper proposed the development strategies focusing on the rule convergence to faciliate the free flow of the factors, which can help to build the new growth pole of Guangdong-Hong Kong-Macao Greater Bay Area.

Keywords: Rule Convergence; Shenzhen-Hongkong Cooperation; Guangdong-Hong Kong-Macao Greater Bay Area

Abstract: The paper is based on the database from the 2500 World's Top Indsutrial R&D Companies issued by EU in December, 2018. The comprehensive remark has been taken by the indicators such as the scale of R&D, the investment intensity on R&D, the operating profit ration. The report points out the relative position of Shenzhen's R&D investment in each industry among the comparative cities. As the counterpart of Silicon Valley, Shenzhen has taken lead in the R&D intensity in technological hardware and equipment, among the six comparable industries while there is still a lot to learn in other industries. Five of the fifteen industries distributed in Shenzhen have become the fronter industries, from the 2500 World's Top Indsutrial R&D Companies. The other 10 industries still require further learning.

Keywords: Shenzhen; Investment Intensity of R&D; Hi-tech Industry

Abstract: New York, San Francisco, Tokyo, GBA and other cities in the four bay areas of the world gather a variety of high-quality resources of development factors, occupying the high ground of global value chain and resource allocation. The global economic and geographical landscape has been profoundly reshaped. This paper focuses on the four forms of flow, such as material flow, human resource flow, financial flow and information flow. The comparative studies have been made on the current situation and characteristics of the flows of the four bay areas in the world. According to the study, the New York Bay Area is known as the international immigrant capital and financial bay area; the San Francisco Bay Area is a world-renowned technology bay area, where innovation and entrepreneurship is highly active; the Tokyo Bay Area is a world-class industrial Bay Area, which is the general dispatch center for Japan's outbound investment; GBA is a global trade center, a global shipping center, a global financial center and the emerging technology innovation center in Asia-Pacific area, which is a fast-growing integrated bay area.

Keywords: The Four Bay Areas; Factor Flow; Resource Allocation

B. 16 The Mechanism Research of Shenzhen's Innovative Cross-border Financial Supervision Under the Perspective on the Cooperative Supervision in the Guangdong-Hong Kong-Macao Bay Area

Abstract: The supervision issues of cross-border finance is gradually getting attention under the rapid and integrated development of financial industry in Guangdong-Hong Kong-Macao Bay Area. Shenzhen, as one of the core engine cities in Guangdong-Hong Kong-Macao Bay Area, took lead in the cross-border financial regulation, which benefits from the top design of the internal financial cooperation in GBA. Despite its foundation of cross-border financial regulation, Shenzhen is also faced with the problems and challenges from the regulation cooperation and the regional legal conflicts. As the Demonstration Pilot Zone for socialism, Shenzhen can learn the lessons from the outbound cross-border regulation. The cross-border regulation tools could be innnovatively applied. Part of the cross-border regulation power could be proactively devolved downwards to promote the establishment of a unified intercity institution of cross-border regulation. The accuracy and validity of the cross-border regulation can be enhanced. Preventing from the systematic risks should be regarded as an unshakable bottom line.

Keywords: Guangdong-Hong Kong-Macao Bay Area; Cross-border Finance; Financial Regulation

B. 17 High Quality Development Driven by Innovation has Demonstrated Tremendous Dynamics of DPZ

Abstract: Since the 19th National Congress of the Communist Party of

China, Shenzhen has comprehensively implemented the spirit of General Secretary Xi Jinping's important speech to Guangdong province and his important instructions for Shenzhen. Shenzhen has taken General Secretary Xi Jinping's important statement on deepening the reform of the scientific and technological innovation as the fundamental follow-up. Shenzhen closely focused on the construction of the "Two Areas" —the Guangdong-Hong Kong-Macao Great Bay Area of and the Demonstration Pilot Area for socialism with Chinese characteristics. Therefore, Shenzhen firmly established the concept of innovative development, practiced the requirements of high-quality development, and always adhered to the innovation-driven principle. Shenzhen will accelerate the construction of an innovative and entrepreneurial capital with global influence and continuously enhance its charm, vitality, dynamics and innovation.

Keywords: Guangdong-Hong Kong-Macao Greater Bay Area; The Demonstration Pilot Zone; Technology Innovation; High-quality Development

Abstract: This paper utilized CiteSpace software to map the scientific knowledge of Guangdong-Hong Kong-Macao Greater Bay Area since 1992 with Peking University's core journal and CSSCI citation index database as data sources. Five perspectives, including CEPA, urban agglomeration, bay area economy, One Belt One Road and regional cooperation was selected for reviewing and analyzing the domestic research progress on the Guangdong-Hong Kong-Macao Greater Bay Area. Comprehensively Speaking, the level and scope of researches are gradually improving, the advantages of interdisciplinarity are obvious, in spite of fewer high-quality researches.

Keywords: Guangdong-Hong Kong-Macao Greater Bay Area; Knowledge Map; Bay Area Economy

Abstract: The deepening of economic globalization has witnessed the trend on the international innovation. For instance, the allocation of innovative resources, innovative entrepreneurial activities and innovative services have been increasingly globalized. Three development modes have been formed- offshore innovation, cross-border innovation and international innovation. Offshore innovation emphasizes on connecting the innovation resources from advanced areas; cross-border innovation focuses on the cross-border convenient flow of innovation elements; international innovation focuses on the radiation of innovation resources. The three modes can be conducted in parallel. Shenzhen can follow the trend, seize the opportunity, with the Shenzhen-Hongkong science and technology cooperation as its grasp. At the same time, Shenzhen can take the above-mentioned three modes using offshore innovation, thus actively integrating into the global innovation network.

Keywords: Offshore Innovation; Crossborder Innovation; International Innovation; Cooperation Between Shenzhen and Hong Kong

Ⅴ Urban Development Section

B. 20 The Study on the High-quality Development of the Professional Service Industry in Futian District

Pang Qing, *Wu Guoliang and Song Yan* / 250

Abstract: Professional service industry is the backbone of the modern economic system of Futian District. From 2010 to 2019, the professional services industry continued to grow at a high rate in the whole district with its industrial scale ranking at the first in the city, as well as other outstanding advantages such as legal services, fiscal and taxation services and human resource services. However, the professional service industry in Futian District is also facing problems such as lack of head resources, low level of internationalization and insufficient supply capacity of talents. In the future, the professional service industry in Futian District needs to optimize and upgrade the industrial structure, cultivate and attract talents, and continuously extend to specialization, internationalization and high-end value chain.

Keywords: Futian District; Professional Service Industry; High-quality Development

B. 21 Functional Orientation and Implementation Path of Nanshan District under the GBA and DPZ Strategic Background

—*Serzing the Three Keys-Resource*, *Hub and Ecology*, *Building Nanshan as the Pioneering Soldier*

Wang Yunxing, *Li Zhen* / 258

Abstract: A new round of Reform and Opening-up has launched in the new era. Nanshan, as the birthplace and pioneer area of Reform and Opening-up, should grasp the three core keys— "source, hub, ecology" in the new coordinate system of the "two areas" . Nanshan should improve the development magnitude, by not only being good and strong and excellent, but also demonstrating the high-quality development in the whole city and the whole Great Bay Area. Nanshan should fully activate its engine function, by building itself as the pioneering soldier in the "two areas" construction.

Keywords: "Double Zone" Construction; Technological Innovation; Shenzhen's Nanshan District

Abstract: The paper explained about the core concepts at the first place, such as the high-quality development, the modern industrial system. The work paths and measures that were taken by Longgang District in constructing the high-quality development and the modern indusrial system were summarized with the combination of the related practice and work in Longgang District. Several questions were thus proposed for the future work. Through the analysis in the paper, the conclusion can be drawn that constructing a modernized industrial system is a long-term, innovative and systematic great project, which requires the strengthend coordination among different departments. With the join efforts among different areas can the achievements be made. Longgang, as a key area of the real economy in Shenzhen, can be an important reference for the policymakers from other relevant areas.

Keywords: High-quality Development; Modern Industrial System; Shenzhen's Longgang District

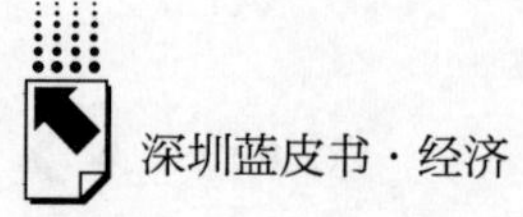

B. 23 The Countermeasures of Marine Economic Development in Bao'an District

Zhu Dongshan, Wang Zetian / 281

Abstract: Ocean accounts for 71% of the globle, with abundant resources. Shenzhen is vigorously promoting the construction of a global central city. Bao'an District has 45 kilometers of coastline resources, accounting for about 20% of the whole city. Bao'an District has its great potential in marine economy. The paper analyzed the significance and problems faced in the marine development of Bao'an Distric. It put forward the suggestion for Bao'an's development of marine economy from the aspects of space layout, key industry direction and main measures.

Keywords: Bao'an District; Marine Economy; Marine Technology

B. 24 A Study on the Industrial Synergetic Development between Bao'an District and Hongkong under Guangdong-Hongkong-Macao Greater Bay Area

Xiong Xueru, Zhang Xiaoyan / 289

Abstract: The construction of Guangdong-Hongkong-Macao Greater Bay Area is a national strategy that General Secretary Xi Jinping planned, deployed and promoted in person. Bao'an District participates into the construction of Guangdong-Hongkong-Macao Greater Bay Area through its advanced industries as an engine in Shenzhen-Hongkong cooperation, which is an important path in Bao'an's high-quality development. The paper analyzed the foundation of Bao'an-Hongkong industrial cooperation. The key elements in the industrial cooperation are also listed down. In the final analysis, there are six suggestions proposed to strengthen the synergetic industrial development between Bao'an and Hongkong.

Keywords: Bao'an; Guangdong-Hongkong-Macao Greater Bay Area; Industry Synergetic

Abstract: Facing the historical opportunity of the construction of Shenzhen demonstration pilot zone for socialism with Chinese characteristics, Shenzhen will devote itself to building a high-quality development highland and take the lead in building a high-quality development system. In this process, the breadth and depth of reform will go beyond the past. With a series of dividend released, the construction of Lin-gang Special Area of the Yantian FTZ is just in time. Yantian District must seize the rare historical opportunity, give full play to its advantages, actively plan to promote Lin-gang Special Area of the Yantian FTZ, and strive to build a strategic, heavyweight platform, become a strong engine of the demonstration pilot zone for socialism with Chinese characteristics.

Keywords: Demonstration Pilot Zone; Lin-gang Special Area of FTZ; Yantian Port

Abstract: Enterprise is the cell of market economy, the carrier of industry and the taxpayer itself. Nurturing enterprises is a process of cultivating tax source. Industrial incubation base can efficiently nurture enterprises and generate tax revenue. On the basis of expounding the relationship between the construction of industrial incubation base and the cultivation of tax source, this paper analyzed the current situation, characteristics and problems of the regional tax source structure in the Shenzhen-Shantou Special Cooperation Zone. The paper combined the real situation of economic development in the cooperation zone, applied the basic theory of economic taxation, and proposed suggestions for the construction of the industrial incubation base and the cultivation of tax source in the cooperation zone.

Keywords: Industry Incubation; Tax Source Cultivation; Shenzhen-Shantou Special Cooperation Zone

S 基本子库
UB DATABASE

中国社会发展数据库（下设 12 个子库）

整合国内外中国社会发展研究成果，汇聚独家统计数据、深度分析报告，涉及社会、人口、政治、教育、法律等 12 个领域，为了解中国社会发展动态、跟踪社会核心热点、分析社会发展趋势提供一站式资源搜索和数据服务。

中国经济发展数据库（下设 12 个子库）

围绕国内外中国经济发展主题研究报告、学术资讯、基础数据等资料构建，内容涵盖宏观经济、农业经济、工业经济、产业经济等 12 个重点经济领域，为实时掌控经济运行态势、把握经济发展规律、洞察经济形势、进行经济决策提供参考和依据。

中国行业发展数据库（下设 17 个子库）

以中国国民经济行业分类为依据，覆盖金融业、旅游、医疗卫生、交通运输、能源矿产等 100 多个行业，跟踪分析国民经济相关行业市场运行状况和政策导向，汇集行业发展前沿资讯，为投资、从业及各种经济决策提供理论基础和实践指导。

中国区域发展数据库（下设 6 个子库）

对中国特定区域内的经济、社会、文化等领域现状与发展情况进行深度分析和预测，研究层级至县及县以下行政区，涉及地区、区域经济体、城市、农村等不同维度，为地方经济社会宏观态势研究、发展经验研究、案例分析提供数据服务。

中国文化传媒数据库（下设 18 个子库）

汇聚文化传媒领域专家观点、热点资讯，梳理国内外中国文化发展相关学术研究成果、一手统计数据，涵盖文化产业、新闻传播、电影娱乐、文学艺术、群众文化等 18 个重点研究领域。为文化传媒研究提供相关数据、研究报告和综合分析服务。

世界经济与国际关系数据库（下设 6 个子库）

立足“皮书系列”世界经济、国际关系相关学术资源，整合世界经济、国际政治、世界文化与科技、全球性问题、国际组织与国际法、区域研究 6 大领域研究成果，为世界经济与国际关系研究提供全方位数据分析，为决策和形势研判提供参考。

法律声明